U1000499

产品合格证

检查员

37

江苏新华印刷厂

凡印装错误请向本厂生产质量部调换

地址:江苏省南京市张王庙 88 号　　邮政编码:210037

生产质量部电话:025-85640029

历代名著精选集

[唐]吴兢 著
肖群忠 郝玉明 注评

贞观政要

凤凰出版传媒集团 凤凰出版社

图书在版编目（CIP）数据

贞观政要 /（唐）吴兢著 ；肖群忠，郝玉明注评
. -- 南京 ：凤凰出版社，2010.3
（历代名著精选集）
ISBN 978-7-80729-688-1

Ⅰ. ①贞… Ⅱ. ①吴… ②肖… ③郝… Ⅲ. ①典章制度—中国—唐代②贞观政要—注释 Ⅳ. ①D691.5

中国版本图书馆CIP数据核字(2010)第034029号

书　　名	贞观政要
著　　者	（唐）吴兢　著　肖群忠　郝玉明　注评
责任编辑	卞　岐　林日波
出版发行	凤凰出版传媒集团 凤凰出版社（原江苏古籍出版社） 南京市中央路165号　邮编210009 发行部电话025—83223462
集团网址	凤凰出版传媒网　http://www.ppm.cn
照　　排	南京展望文化发展有限公司
印　　刷	江苏新华印刷厂 南京市张王庙88号　邮编210037
开　　本	960×1304毫米　1/32
印　　张	7.875
字　　数	234千字
版　　次	2010年3月第1版　2010年3月第1次印刷
标准书号	ISBN 978-7-80729-688-1
定　　价	20.00元

（本书凡印装错误可向承印厂调换，电话：025—85521756）

目　　录

前　言

《贞观政要》是我国历史上一部重要的经典史书，整部书以记述唐太宗与臣子的对话、进谏、纳谏的方式，生动而又真实地反映了唐贞观时期以太宗为核心的政治集团的治道理论与成功经验。集中体现了传统中国以儒家学说为核心的经世治国理念，为君为臣与做人之道，具有历久弥新的价值。

一、《贞观政要》的作者、版本与写作背景

吴兢(670—749)，汴州浚仪(今河南开封)人。年少时，勤勉好学，精熟经史，性格坦直。在武则天当政时期，由友人魏元忠荐入史馆修国史。后升为右拾遗内供奉，“拾而论国家遗事”。神龙初年，改右补阙，“补正国家过阙”，担任国家政事的谏诤之职。玄宗开元三年(715)，拜为谏议大夫。开元十七年，因“书事不当”被贬为荆州司马，历任洪州、饶州、舒州、蕲州等地刺史。后回京任太傅，累迁卫尉少卿，兼修文学馆学士。吴兢在修史期间，不畏权贵，秉笔直书，被时人誉为“今世董狐”。吴兢的一生不仅是为史学事业勤奋劳作的一生，他秉笔直书的高尚风范成为后世史家的楷模。

唐太宗李世民为唐高祖李渊的第二个儿子，辅佐父亲反隋兴唐，在“玄武门之变”后登上帝位，改年号为“贞观”，历时二十三年(627—649)。贞观年间，太宗以史为鉴、励精图治、精心治国。政治上，改革隋弊，任贤用能，仁德治国，平允公正；经济上，施行均田制，轻徭薄赋，以农为务，不扰民时，与民休息；军事上，征伐安边、铲除乱党，实现民族统一，民族融合；文化上，提倡儒学，推崇礼乐，吸收异族文化；个人修养上，更是戒骄奢贪鄙、纳谏悔过、慎言守信、俭约仁恻、忠孝仁义。使人民安居乐业，形成了政治清明、经济发展、社会稳定的“贞观之治”。

吴兢一生经历了唐高宗、武则天、唐中宗、唐睿宗、唐玄宗五个时期，深知当时政治优弊，加之兼任史臣和谏官，肩负如实记史、谏诤朝弊的双重职责，促使其欲以“贞观之治”为标准，思考和针砭现实政治，使君王“克遵前规，择善而从”，以保“可久之业益彰，可大之功尤著”。这就是吴兢编撰《贞观政要》的初衷。也正是因为有这样的现实政治目的，所以这部史书一直为历代统治者所珍视和推崇。

《贞观政要》的确切成书时间学界尚未有定论。南宋人陈振孙《直斋书录解题》引《馆阁书目》认为《贞观政要》是唐中宗“神龙中所进”。据吴兢《贞观政要自序》记载：“有唐良相，曰侍中安阳公、中书令河东公，以时逢圣明，位居宰辅，寅亮帝道，弼谐王政。”有学者推知《贞观政要》大约成书和进献在这段时间。也有学者推测《贞观政要》成书于开元十七年和开元、天宝之际。日本学者原田种成认为公元709年吴兢表上《贞观政要》。西方学者也曾细致研究过《贞观政要》的成书时间。英国学者崔德瑞在《剑桥中国隋唐史》第四章指出：“吴兢在705年编撰名著《贞观政要》。”大多数学者倾向于认为其成书于唐中宗复辟后不久。

据罗伟国、胡平编撰的《古籍版本题记索引》载，《贞观政要》一书在中国境内曾有16种版本，较易看到的为《四库全书》本、《四部丛刊续编》本、《四部备要》本、上海古籍出版社的整理本以及《东方学会丛书集成初编》中罗振玉收集的古写本。现今的通俗读本大多是依据以上版本进行标点、注释、评说。日本昭和三十七年（1962），财团法人无穷会东洋文化研究所纪要第三辑即原田种成校勘的《贞观政要定本》出版，其校勘了包括中、日、韩在内的含钞本系列、校本系列、刊本系列的35个版本。

二、《贞观政要》的主要思想内容

《贞观政要》记载的是唐太宗在位期间（627—649）的施政纲要，既是史实又是强国安邦、修身治世的经验总结。全书分十卷，共四十章（另附“直谏”一章），二百五十余节，约八万字，以“论君道”、“论政体”、“论任贤”、“论求谏”、“论纳谏”等为篇目，主要采用了唐太宗与魏征、房玄龄、杜如晦等四十五名大臣的谈话、上疏、谏诤。全书一方面记述了贞观年间的政治理念、制度法律及文化教化上的思想观念与国策，同时包含对贞观年间在经济、军事上所取得成就的歌颂；另一方面由于传统的中国政治是一种伦理政治，即政治是以伦理为基础的，因而书中又记述和阐发了大量政治道德、君臣道德的观念和规范。在我们看来，《贞观政要》一书十卷、四十章大致可以按其内在逻辑分为如下几个部分：

第一部分为第一卷至第四卷：所记述的是政治活动的根本问题和价值原则。由于封建统治体制是以君主为绝对领导的，一言可以兴邦，因此，卷一首言“君道”，次言“政体”，即如何正确处理君臣、君民关系。贞观君臣关系最有名的就是太宗的明君纳谏和魏征的忠臣直谏，因此，卷二有“任贤”、“求谏”、“纳谏”并附“直谏”加以记述。封建政治是一种圣君贤臣政治，因此，如何“择官”、“封建”、“君臣鉴戒”就成为卷三要论述的问题。这都是事关封建统治的重大问题。而如何为“太子诸王定分”，要他们“尊敬师傅”、皇帝如何“教戒太子”，大臣如何“规谏太子”，这些都事关政权能否延续，因此，在卷四中加以论述。

在这一部分中，提出了要以隋亡为鉴，深刻认识到君民之间的“舟”、“水”关系，阐述了“正己以安天下”、“民为邦本”、“以德治国”的为君之道。提出了“任用贤良”、“虚心纳谏”、“善始慎终”的为政之德，施行“任贤用才”、“从谏如流”、“君臣鉴戒”、“择官任贤”、“论功封建”的政治措施。从而塑造了治世明君和忠义良相的形象。教诫太子诸王礼敬师傅，撰太子接三师仪注。师关圣贤愚鄙，所以谨慎择师。教诫太子重德修业、知百姓艰难、容纳谏诤，教诫诸王从善去恶、慎遵礼法。亲撰文章规谏太子诸王立言立德，遵守人伦纲纪，遵礼乐，行忠敬仁孝，勤敏好学，研习经典，以成治道。以太子诸王之师谏诤其戒骄奢、知礼义、进贤臣、远小人、近贤良、退不肖。其中的君臣关系舟水之喻，千古谏臣魏征等史实都在很大程度上依赖此书而彪炳千秋，影响深远。

第二部分在我们看来，则包括卷五、卷六两卷，是传统政治道德的集中记述。封建政治是一种伦理政治，亦即政治以伦理为价值基础，因此，《贞观政要》记述了唐太宗君臣对这些传统政治道德的探讨和实践。卷五共五章，分别论述了“仁义”、“忠义”、“孝友”、“公平”、“诚信”五种道德，在我们看来，这是传统道德或政治道德的核心和基本原则，它可以广泛的运用于政治、社会活动和人际交往中。卷六共有九章，在我们看来，实际上涉及了三美德、三慎德、三反德。即“俭约”、“谦让”、“仁恻”，这是值得赞扬和歌颂的三美德，“慎所好”、“慎言语”、“杜谗邪”是三种要慎重对待的道德，而“悔过”、“奢纵”、“贪鄙”则是人要从反面注意的三种道德。总之，卷六在我们看来，所记述的都是政治主体所应注意的私德。

第三部分包括卷七、卷八、卷九三卷。记述的主要是贞观朝的文化、经济、法律、军事、民族政策及其实践。

文化方面：“尊儒重道”、“兴办学馆”，“立先圣、尊儒士、兴儒业”，“考定五经”、“注疏义理”；重视实际人才，不好标榜浮夸的文学。重视礼乐，革除伤风之俗；兴雅乐，撙节辩善，去亡国之音。

经济方面：“以农为务”、“行遵正道”、“不违民时”、“崇尚节俭”、“轻徭薄赋”、“减修宫室”，二十余载“风调雨顺，年登岁稔，人无水旱之弊，国无饥馑之灾”。

法律方面：“谨慎断案”、“用法宽简”；制定极刑复奏制，不违人情，不成冤案；赏善罚恶，不以好恶，断案公允。不发赦令，不以小仁害大仁，改朝贡邀名之风；纳贡时怀仁慈之心；虽四方来贡，仍时时谨慎，不受乱臣贼子之贡。

军事民族方面：收复夷狄，万国归附；不轻兴兵，不除武备，怀之以德；以义为战，和亲为上；平定四夷，征服万疆。

第四部分即卷十，涉及对君王行为的相关记述。《贞观政要》除在为君之道、为政之德方面加以阐述，同时也对君王个人行为规范提出了进一步的要求。禁行幸之欲，不轻用人力，令百姓安宁；诚纳臣谏，免于行幸无期；行幸务求节俭。减少畋猎，不违民时。不好灾祥，惟务公理。慎终如始。全书以“君道”为始，以“慎终”结篇，始终体现了君主在封建政治中的决定作用，也形成了一个自洽的逻辑体系。

《贞观政要》虽篇幅不算太长，但其内容丰富，特色鲜明。它产生于唐代，是我国文化发展到鼎盛时期的著作，融会了历史上的政治智慧，内容全面，以史述政，喻理于事，史论结合，对政治理念的论述真实、直观、可信，是一种政治实践中的智慧。另外，它虽直接以政治实践来论述思想理论，但并不因此而损害其理论的深刻性，而使人更容易把握和理解其中的政治理念与道德观念。这种理论与实践的高度结合,政治与伦理的高度结合,使政治家高度重视它,一般人也可以从中学到其中的政治伦理智慧和为人做事之道,这也许就是它能成为千古经典的原因吧!

三、《贞观政要》的历史影响和当代价值

《贞观政要》一书内含治世的典范,首先受到了后世帝王的重视。唐宪宗在宰相的建议下开始研读此书,振作朝政,得以“中外咸理,纪律在张”、“减削乱阶,诛除群盗”。唐文宗借鉴《贞观政要》,下令大臣仿其而撰《开元政要》,在位期间“能以治易乱,化危为安”。唐宣宗也从《贞观政要》中学习到治世之方,“书《贞观政要》于屏风,每正色拱手而读之”,“明察沈断,用法无私,从谏如流,重惜官赏,恭勤节俭,惠爱民物”而成大中之政。宋仁宗让大臣自己讲读《贞观政要》,君臣共勉。辽、西夏、金统治者甚爱读《贞观政要》一书,据载“辽圣宗好读《贞观政要》,并由汉臣摘录唐高祖、太宗、玄宗可以取法的事迹进呈”,在今内蒙古自治区额济纳旗黑水城遗址出土过西夏文的《贞观政要》残卷,金熙宗也曾说“朕每阅《贞观政要》,见其君臣议论,大可规法”。元朝帝王将《贞观政要》视为治国的重要参考书,元武宗、元仁宗都加以精心研讨。明代皇帝除三、六、九日上朝之外,每天中午都要请侍臣讲授《贞观政要》。清朝康熙帝、乾隆帝经常捧读,乾隆帝还两次撰写读《贞观政要》的体会。

不仅历代帝王重视,普通士人和民众也视《贞观政要》为治世之经典,智慧之精华,人生之宝鉴。《贞观政要》记述了唐贞观时期的重要史实,是史学家研究唐历史的重要史料来源。它是“帝王学”的顶峰之作,同《尚书》、《吕氏春秋》、《说苑》、《申鉴》、《帝范》、《唐鉴》、《康熙政要》共同成为“帝王学”的研究领域,为世人呈现了一部治世宝典。同时也成为了社会学、领导学、政治学、管理学、伦理学等多个领域的研究对象。《贞观政要》以其君臣共治,同心治国为现代社会处于不同地位、不同领域,拥有不同职位的人提供了行为准则,永垂示范。全书所论述的诸多规范美德对于我们吸取优良的传统道德,弘扬传统美德,为人处世,都具有重要的借鉴意义,直至今天《贞观政要》作为传统文化的经典仍广泛流传。

《贞观政要》一书在国外也有相当大的影响。大约在公元 800 年前

后，这部书传到了日本，平安朝以来历代天皇及辅佐的大臣也都努力研习，把《贞观政要》定为皇家幕府的必读书目；镰仓时代，幕府也深深信奉之，博士菅原为长专任讲官，为幕府讲解《贞观政要》，影响甚大；江户时代，德川幕府在 1615 年颁布《禁中并公家诸法度》，第一条就把《贞观政要》定为天子的必读书；明治天皇把《贞观政要》视为座右铭。日本诸多古代典籍如《将门记》、《平治物语》、《平家物语》等多次引用《贞观政要》语句。现代日本将《贞观政要》视为“领袖学”的名著。在韩国，《贞观政要》对第 14 任总统金泳三产生影响，使其借鉴太宗治世经验，在法律、舆论、行政、地方自治等方面进行了一系列的改革，基本上治愈了“韩国病”。

近年来，民众越来越重视并尊重本民族的传统文化，阅读民族文化的经典文本蔚然成风，从而推动了古代典籍的整理出版。《贞观政要》已有几种注译本，我们不厌其烦、不揣浅陋，愿意将此拙著付诸出版，主要是觉得它还有其独特助益之处。本书“注释”部分参验、斟酌各家之说并将我们的些许心得融入其中，所涉及的主要是为某些生僻字词加注音并作解释，扫清字词障碍，方便读者阅读原著。另外，“注释”还涉及人物、职官、地域演变、典故、史实等，这些都是阅读原著的辅助性资料，目的还在于帮助理解，读懂原文。“导读”部分也是本书的特色，其中不做“衍伸性”的议论，而是钩玄提要式的“诠释性”评述。首先，我们把每一章按其意义单元再划分为若干节，内容较短的节次，我们未做“导读”，有的节次文字较长，思想内容也较丰富，就在其节后加“导读”。之所以这样做“导读”，一是不想增加读者的阅读负担，二是鼓励读者直接面向经典原文。这便是我们大概所做的工作。由于我们学养肤浅，错误在所难免，恳请方家批评指正。如果本书对广大读者阅读《贞观政要》有所帮助，则不胜荣幸！

肖群忠　郝玉明

2009 年 8 月 30 日于中国人民大学

卷 一

论君道第一

贞观初，太宗谓侍臣曰："为君之道，必须先存百姓，若损百姓以奉其身，犹割股以啖腹①，腹饱而身毙。若安天下，必须先正其身，未有身正而影曲，上治②而下乱者。朕每思伤其身者不在外物，皆由嗜欲以成其祸。若耽嗜滋味③，玩悦声色，所欲既多，所损亦大，既妨政事，又扰生民。且复出一非理④之言，万姓为之解体⑤，怨讟⑥既作，离叛亦兴。朕每思此，不敢纵逸。"谏议大夫⑦魏征对曰："古者圣哲之主，皆亦近取诸身，故能远体诸物⑧。昔楚聘詹何⑨，问其治国之要，詹何对以修身之术。楚王又问治国何如？詹何曰：'未闻身治而国乱者。'陛下所明，实同古义。"

【注释】

① 啖(dàn)腹：填塞肚子。② "治"字原作"理"字，唐代避高宗李治名讳而改，今为便于读者阅读理解，一律改回"治"字。以下不再说明。③ 耽：沉溺。嗜(shì)：爱好，嗜好。④ 非理：不和事理。⑤ 解体：肢体解散，比喻人心涣散。⑥ 怨讟(dú)：痛恨而出怨言。⑦ 谏议大夫：官名。唐时门下省设置谏议大夫四员，掌侍从赞相，规谏讽喻。⑧ 近取诸身、远体诸物：就近修养自己，远处体察万物。⑨ 詹何：古代哲学家。反对纵欲，认为清心寡欲、重视养生则必然轻利。思想与道家接近。楚庄王问詹何治国之事见《列子·说符篇》。

【导读】

“君道”即为君之道，在封建社会的威权政治体制下，是明君还是昏君对政治影响极大，因此“君道”就成为政治的根本，故列为书首。本段指出了君道两个最主要的原则，即心存百姓或民本思想，君德为政治之基。也就是把君王是否能够有好的道德修养看做是政治是否清明和长治久安的基础。修身是治国的根本，这正是儒家内圣外王思想的体现，也是《大学》中“自天子以至于庶人皆是以修身为本”这一思想的体现。

贞观二年，太宗问魏征曰：“何谓为明君暗君？”征曰：“君之所以明者，兼听也；其所以暗者，偏信也。《诗》[①]云：‘先民有言，询于刍荛[②]。’昔唐、虞之理，辟四门，明四目，达四聪[③]。是以圣无不照[④]，故共、鲧之徒[⑤]，不能塞也；靖言庸回[⑥]，不能惑也。秦二世[⑦]则隐藏其身，捐隔疏贱而偏信赵高[⑧]，及天下溃叛，不得闻也。梁武帝偏信朱异[⑨]，而侯景举兵向阙[⑩]，竟不得知也。隋炀帝偏信虞世基[⑪]，而诸贼攻城剽邑[⑫]，亦不得知也。是故人君兼听纳下，则贵臣不得壅蔽[⑬]，而下情必得上通也。”太宗甚善其言。

【注释】

①《诗》：指《诗经》。中国最早的诗歌总集。本名《诗》，儒家列为经典之一，故称《诗经》。编成于春秋时代，共收诗 305 篇，分为风、雅、颂三部分。② 刍(chú)荛(ráo)：刍，草；荛，柴。借指割草砍柴的农夫、樵夫等，后多指草野鄙陋的人。本句见《诗・大雅・板》。按，“民”字原作“人”字，乃唐代避太宗李世民名讳而改，今一律回改为“民”字，以下不再说明。③ 唐、虞：唐尧和虞舜，传说中的圣君。“辟四门”句：广开四方之门，招揽天下贤德之士；广开耳目，听取民间呼声；审查民情，使上情下达，天下无壅塞。本句见于《尚书・舜典》。④ 圣无不照：圣明的君主对天下的事物无不知晓。照，知晓。⑤ 共(gōng)、鲧(gǔn)：共，共工，古代传说中的人物，《史记・五帝本纪》载，共工与驩兜、三苗及鲧并称为“四凶”，被舜流放于幽州（今河北北部）。鲧，夏禹的父亲，尧的臣子，因治水无功，被舜戮于羽山。文中用来泛指一切奸佞之人。⑥ 靖言庸回：邪佞小人的言行。靖言：恭维的话。庸回：小人的奸计。⑦ 秦二世：秦始皇少子，名

胡亥。始皇死后继位，称二世皇帝，在位三年，厉行严刑峻法，后被专权的宦官赵高逼死。⑧ 捐隔疏贱：舍弃不亲近的臣子，疏远百姓。比喻幽居深宫，与外界隔绝。赵高：秦朝宦官。秦始皇死，他与李斯伪造遗诏，逼死世子扶苏，立胡亥为二世皇帝。逐李斯，独擅朝政，居中弄权。后又逼死胡亥而立子婴为王，为子婴所杀。⑨ 梁武帝：即萧衍，南朝梁开国之主，执政期间，崇奉佛教，建寺造塔，大兴土木，对农民残酷剥削，多次镇压农民起义。公元549年，侯景引兵渡江攻入建康，他受困台城，疾病而死。朱异：字彦和。梁武帝时历官自员外常侍至侍中，为人奸佞骄贪，蔽主弄权，为时人所痛恨。⑩ 侯景：原为东魏臣子，公元547年，因朱异而降梁，任梁朝大将军、封河南王。公元549年，他举兵反梁，攻陷台城，梁武帝被逼死，史称“侯景之乱”。阙(què)：古代宫殿、祠庙和陵墓前的建筑物，“两两相对，中间阙然为道”。文中用以指代京城。⑪ 隋炀帝：即杨广，隋文帝杨坚次子，隋朝第二个皇帝。在位期间荒淫奢侈，横征暴敛，大兴土木，兵役繁重，民不堪命，怨声载道。公元618年，隋朝在农民起义打击下灭亡，炀帝在江都被禁军将领宇文化及逼迫自杀。虞世基：隋炀帝佞臣，宇文化及在江都发动叛乱，与炀帝同时被杀。⑫ 邑(yì)：国，古代称国为邑。⑬ 壅(yōng)：阻塞。

【导读】

本节魏征用大量史实回答了太宗的问题“何为明君暗君”？后被《资治通鉴》规范地表达为“兼听则明，偏信则暗”，成为政治和领导艺术的名言。虽然今天君主已不存在，但各级组织和单位都还会有领导，要做一个英明的领导，最重要的条件就是要认识“兼听则明，偏信则暗”的道理。

贞观十年，太宗谓侍臣曰：“帝王之业，草创[1]与守成孰难?”尚书左仆射[2]房玄龄对曰：“天地草昧[3]，群雄竞起，攻破乃降，战胜乃克。由此言之，草创为难。”魏征对曰：“帝王之起，必承衰乱。覆彼昏狡[4]，百姓乐推，四海归命，天授人与[5]，乃不为难。然既得之后，志趣骄逸，百姓欲静而徭役不休，百姓凋残而侈务不息。国之衰弊，恒[6]由此起。以斯而言，守成则难。”太宗曰：“玄龄昔从我定天下，备尝艰苦，出万死而遇一生，所以见草创之难也。魏征与我安天下，虑生骄逸之端[7]，必践危亡之地，所以见守成之难也。今草创之难，既已往矣，守成之难者，当思与公等慎之。”

【注释】

① 草创：开创。事情的开始谓之草创。② 尚书左仆射(yè)：尚书省长官。唐代中央行政机构设三省：中书省决策，门下省审议，尚书省执行。尚书省设左、右仆射襄助尚书令工作，因唐太宗曾任尚书令，此官职不再任命，所以左、右仆射实际上成了尚书省的官长，与中书、门下二省之长同为宰相之职。③ 天地草昧(mèi)：原始蒙昧，这里借喻国家草创，秩序未定。④ 覆彼昏狡：消灭混乱狂暴的人。⑤ 天授人与：上天授予，人民奉与。⑥ 恒：常常。⑦ 骄逸之端：骄奢淫逸的开始。

【导读】

太宗与其两位主要大臣房玄龄、魏征讨论政治事业是创业难还是守成难，从而总结了政治及其它事业创业难守成更难的普遍规律，旨在强调在守成之时善始慎终。这一名言也在历史上产生非常大的影响，如今我们无论是从事政治、经济还是文化事业，这一规律对我们都是一个很好的警戒。

贞观十一年，特进[1]魏征上疏[2]曰：臣观自古受图膺运[3]，继体守文[4]，控御英雄，南面临下[5]，皆欲配厚德于天地，齐高明于日月，本支百世[6]，传祚[7]无穷；然而克终者鲜[8]，败亡相继，其故何哉？所以求之，失其道也。殷鉴不远[9]，可得而言。昔在有隋，统一寰宇，甲兵强锐，三十余年，风[10]行万里，威动殊俗[11]，一旦举而弃之，尽为他人之有。彼炀帝岂恶天下之治安，不欲社稷之长久，故行桀虐[12]，以就灭亡哉？恃其富强，不虞[13]后患。驱天下以从欲，罄[14]万物而自奉，采域中之子女，求远方之奇异。宫苑是饰，台榭是崇[15]，徭役无时，干戈不戢[16]。外示严重[17]，内多险忌，谗邪者必受其福，忠正者莫保其生。上下相蒙，君臣道隔，民不堪命，率土分崩。遂以四海之尊，殒于匹夫之手[18]，子孙殄绝[19]，为天下笑，可不痛哉！

【注释】

① 特进：官名。汉代对功高德重、有特殊地位的人，赐位特进，位在三公。唐宋时特进为文散官第二阶，正二品。② 上疏：向皇帝上奏章。疏，古代用来分条陈述的一种文体。③ 受图膺(yīng)运：天人感应的一种说法。受图，得到"河图"。膺运，接受天命。传说伏羲氏时，有龙马背驮"河图"出现于黄河，神龟负"洛书"现于洛水。封建统治阶级便将"河图洛书"说成是上天旨意，帝王是接受天命来统治万民的。④ 继体守文：继承皇位、坚持和维护礼乐制度与法令条文。体，整体，这里指皇位。文，礼乐制度、法令条文。⑤ 南面临下：居帝位而治理天下。南面，面向南坐。古代以面朝南为尊位，有所谓南面而王，北面称臣之说。⑥ 本支百世：国家的根本牢固就可支持百世。⑦ 祚(zuò)：禄位，这里指帝位。⑧ 克：能；鲜(xiǎn)，少。⑨ 殷鉴不远：后世宜以前朝覆灭的教训为诫。《诗·大雅·荡》："殷鉴不远，在夏后世。"是说商纣所当鉴者，近在夏桀之世。鉴，镜子。⑩ 风：教化。⑪ 殊俗：风俗异于中原的异邦及周边少数民族地区。⑫ 桀虐：桀，夏朝最后一个国君，名履癸。在位时荒淫残暴，后被商汤所灭。⑬ 虞：料想，臆度。⑭ 罄(qìng)：器皿中空，引申为尽、完全。⑮"宫苑是饰"句：追求宫殿园林的华丽装饰，亭台楼榭的伟峻。⑯ 戢(jí)：止息，停止。⑰ 外示严重：外表显得威严持重。⑱"遂以四海之尊"句：指隋炀帝于公元618年在江都被亲信宇文化及等人逼死一事。⑲ 殄(tiǎn)：灭绝。

圣哲乘机，拯其危溺，八柱倾而复正[①]，四维弛而更张[②]。远肃迩安[③]，不逾于期月[④]；胜残去杀[⑤]，无待于百年。今宫观台榭，尽居之矣；奇珍异物，尽收之矣；姬姜淑媛[⑥]，尽侍于侧矣；四海九州，尽为臣妾矣。若能鉴彼之所以失，念我之所以得，日慎一日，虽休勿休[⑦]，焚鹿台之宝衣[⑧]，毁阿房之广殿[⑨]，惧危亡于峻宇[⑩]，思安处于卑宫[⑪]，则神化潜通，无为而治，德之上也。若成功不毁，即仍其旧，除其不急，损之又损。杂茅茨于桂栋[⑫]，参玉砌以土阶[⑬]，悦以使人，不竭其力，常念居之者逸，作之者劳，亿兆悦以子来[⑭]，群生仰而遂性[⑮]，德之次也。若惟圣罔念[⑯]，不慎厥终[⑰]，忘缔构[⑱]之艰难，谓天命之可恃，忽采椽之恭俭，追雕墙[⑲]之靡丽，因其基以广之，增其旧而饰之，触类而长[20]，不知止足，人不见德，而劳役是闻，斯为下矣。譬之负薪救火，扬汤止沸，以暴易乱，与乱同道，莫可测也，后嗣何观！夫事无可观则人怨，人怨则神怒，神怒则灾害必生，灾害既生，则祸乱必作，祸乱既作，而能以身名全者鲜矣。顺天革命[21]之后，将隆七百之祚[22]，贻厥子孙[23]，传之万叶，难得易失，可不念哉！

【注释】

①八柱倾而复正：古人认为地有八柱，支撑着天。传说共工与颛顼争为帝，共工怒而触不周之山，天柱折，地维绝，天便发生倾斜。这里借喻国家转危为安。②四维：维，原指系物大绳。四维与八柱相对，天圆地方，即天由八柱支着，地由四维系着。后又借指维系封建统治的道德伦理规范的礼、义、廉、耻四维。四维弛，封建道德规范松弛。更张，重新振作。③远肃迩(ěr)安：远处的前来朝拜，近处的得到安宁。肃，参拜。④期月：期，周。指一年的时间。⑤胜残去杀：使凶暴的人从善，不用刑杀。语见《论语·子路》。⑥姬(jī)姜淑媛：均指宫中美女。姬姜，周代姬、姜两王族常通婚，故姬姜成贵族妇女美称，借指贤惠美丽的女子。⑦虽休勿休：虽有美德而不自恃。⑧焚鹿台之宝衣：周武王伐纣，纣王败，登鹿台而自焚。鹿台，殷纣王所筑，故址在今河南汤阴朝歌镇南。⑨毁阿(ē)房(páng)之广殿：指秦亡，项羽入据咸阳，火烧阿房宫。阿房宫，秦始皇所建，遗址在今西安市西阿房村。⑩峻宇：高峻的宫殿。⑪卑宫：低矮的宫室。⑫茅茨(cí)：茅草屋盖，泛指简陋的房屋。桂栋：桂树作的房梁，指华丽的房屋。⑬玉砌：玉石台阶。土阶：泥土台阶。⑭亿兆：万民。子来：像子女侍奉父母。⑮遂性：成就其本然之性，即性情归于纯朴。⑯惟圣罔念：君王自以为是，而不作反思。惟，思。罔，不。⑰厥(jué)：其。⑱缔构：缔造。文中指创建国家的大业。⑲采椽(chuán)：绘有彩图的椽子。雕墙：在墙上雕刻花纹、图案，以为装饰。文中泛指华美的宫室。⑳触类而长：类似这样增长。㉑顺天革命：顺从天意而改朝换代。《易·革》："汤武革命，顺乎天而应乎人。"㉒七百之祚：据说周成王曾用占卜的方法预测周朝气数，卦象显示周的帝位将延续三十世、七百年。事见《左传·宣公三年》。㉓贻厥子孙：遗留给子孙后代。语见

《尚书·五子之歌》。

【导读】

以上两节是魏征谏诤太宗的《论君德疏》,以隋之鉴谏诤君王,诫隋之失,念唐之得,以德克终。君主要守政道君道,坚持“无为之治”,戒骄奢、尚节俭、恬淡治国、德化教民。

是月,征又上疏曰:臣闻求木之长者,必固其根本;欲流之远者,必浚[①]其泉源;思国之安者,必积其德义。源不深而望流之远,根不固而求木之长,德不厚而思国之理,臣虽下愚,知其不可,而况于明哲乎!人君当神器[②]之重,居域中之大[③],将崇极天之峻[④],永保无疆之休[⑤]。不念居安思危,戒奢以俭,德不处其厚,情不胜其欲,斯亦伐根以求木茂,塞源而欲流长者也。凡百元首[⑥],承天景命[⑦],莫不殷忧[⑧]而道著,功成而德衰。有善始者实繁,能克终者盖寡,岂取之易而守之难乎?昔取之而有余,今守之而不足,何也?夫在殷忧,必竭诚以待下;既得志,则纵情以傲物。竭诚则胡越为一体[⑨],傲物则骨肉为行路[⑩]。虽董[⑪]之以严刑,震之以威怒,终苟免而不怀仁,貌恭而不心服。怨不在大[⑫],可畏惟人,载舟覆舟[⑬],所宜深慎。奔车朽索[⑭],其可忽乎!

【注释】

① 浚(jùn):疏通,挖深。② 神器:帝位、政权。语出《老子》。③ 域中之大:宇宙中间有道、天、地、王四大。语出《老子》。此指帝王之位。④ 将崇极天之峻:要想秉承昊天的大德。将,欲、要想之意。崇,尊重。峻,大。⑤ 无疆之休:无穷尽的美好日子。语见《尚书·大甲》。⑥ 凡百元首:众多国君。元首,本指人头,后均用来比喻国君。⑦ 承天景命:秉承上天授予的王位之命。⑧ 殷忧:深切的忧虑。⑨ 胡越为一体:胡在北,泛指西北各民族;越在南,泛指东南各民族。以胡越比喻关系疏远,但还可合为一体。⑩ 骨肉为行路:比喻兄弟之间不和睦,就像走在路上的陌生人。⑪ 董:督。⑫ 怨不在大:民怨虽大,也不可怕。《尚书·康诰》:“怨不在大,亦不在小。”⑬ 载舟覆舟:《孔子家语·五仪解》中记载:“君

者，舟也；庶人者，水也。水所以载舟，亦所以覆舟。”说明国君与百姓间的关系和水与船的关系一样。⑭ 奔车朽索：用朽坏的绳子去驾驶奔驰的车，比喻危险。

君[1]人者，诚能见可欲则思知足以自戒，将有作[2]则思知止以安人，念高危[3]则思谦冲[4]而自牧[5]，惧满溢则思江海下百川，乐盘游[6]则思三驱[7]以为度，忧懈怠则思慎始而敬终，虑壅蔽则思虚心以纳下，想谗邪则思正身以黜恶，恩所加则思无因喜以谬赏，罚所及则思无因怒而滥刑。总此十思，弘兹九德[8]，简能[9]而任之，择善而从之，则智者尽其谋，勇者竭其力，仁者播其惠，信者效其忠。文武争驰，君臣无事，可以尽豫游[10]之乐，可以养松、乔[11]之寿，鸣琴垂拱[12]，不言而化。何必劳神苦思，代下司职，役聪明之耳目，亏无为之大道哉！

【注释】

① 君：本指国君，这里用作动词，意为统治。② 有作：兴办劳民伤财的事情。作，劳作。③ 高危：地位高容易出危险。《孝经·诸侯》：“在上不骄，高而不危。”④ 谦冲：谦虚和蔼。⑤ 自牧：自己修养。⑥ 盘游：畋猎，娱乐游逸。语出《尚书·五子之歌》。⑦ 三驱：一种说法指，一年之中畋猎三次。另一种说法指，天子打猎时，只从三面驱赶禽兽，让出一条生路。《易·比》：“王用三驱，失前禽。”⑧ 弘兹九德：发扬九种美德。九德，谓忠、信、敬、刚、柔、和、固、贞、顺。⑨ 简能：选拔能人。⑩ 豫游：君王巡游。⑪ 松、乔：传说中的古仙人赤松、王乔，或作赤松子、王子乔，以长寿著称。⑫ 鸣琴垂拱：弹琴、垂衣拱手，形容不庸人自扰而无为而治。典出《尚书·武成》、《吕氏春秋·察贤》。

太宗手诏[1]答曰：省频抗表[2]，诚极忠款，言穷切至[3]。披览忘倦，每达宵分[4]。非公体国情深，启沃[5]义重，岂能示以良图，匡其不及。朕闻晋武帝[6]自平吴已后，务在骄奢，不复留心治政。何曾[7]退朝谓其子劭曰：“吾每见主上不论经国远图[8]，但说平生常语，此非贻厥子孙者，尔身犹可以免。”指诸孙曰：“此等必遇乱死。”及孙绥[9]，果为淫刑[10]所戮。前史美之，以为明于先见。朕意不然，谓曾之不忠其罪大矣。夫为人臣，当进思尽忠，退思补过，将顺其美，匡救其恶，所以共为治也。曾位极台司⑪，名器崇重⑫，当直辞正谏，论道佐时。今乃退有后言，进无廷诤，以为明智，不亦谬乎！危而不持，焉用彼相⑬？公之所陈，朕闻过矣。当置之几案，事等弦、韦⑭。必望收彼桑榆⑮，期之岁暮，不使康哉良哉，独美于往日，若鱼若水，遂爽于当今。迟复嘉谋⑯，犯而无隐⑰朕将虚襟静志，敬伫⑱德音。

【注释】

① 手诏：亲自写诏书。② 省：视、察看。频：屡次、连续几次。表：古代奏章的一种。抗表，上书。③ 切至：很切合实际。④ 宵分：夜半。⑤ 启沃：臣下竭诚对君王进忠告。《尚书·说命上》："启乃心，沃朕心。"⑥ 晋武帝：司马炎。家世仕魏，后代魏称帝，建立晋朝。公元 280 年灭吴，统一全国。⑦ 何曾：字颖考，西晋初任太傅，曾参与司马炎代魏活动。子何劭字敬祖，仕晋为司徒。父子均以生活奢侈闻名。⑧ 经国远图：治理国家的远大宏图。⑨ 绥(suí)：即何绥，字伯蔚。何曾之孙，仕晋为尚书，后被东海王司马越所杀。⑩ 淫刑：滥用的刑罚。⑪ 位极台司：指何曾任西晋丞相。台司即官司之意。汉代尚书、御史、谒者合称为三台。后亦称三公，又称三司。⑫ 名器崇重：地位高，名望重。名，爵号。器，车服。⑬ "危而不持"句：王朝有危险时如果袖手旁观，那还要你这个宰相干什么？语出《论语·季氏》。⑭ 弦、韦：弦指弓弦，韦指兽皮，弦紧皮软，古人佩弦以自警性缓，佩韦以自警性急，后来就把弦韦比喻朋友规劝。⑮ 桑榆：本指日落时余光所在处，借代日暮。一种观点认为这里指万年、暮年的意思。另一种观点认为是比喻开始在这方面虽然失败了，最终在另一方面获得胜利。⑯ 嘉谋：善言。⑰ 犯而无隐：国君有问，便毫不隐讳，不怕冒犯，直言得失。《礼记·檀弓上》："事君有犯而无隐。"郑玄注："既谏，人有问其国政者，可以语其得失。"⑱ 敬伫(zhù)：恭敬地等待。

【导读】

以上三节记载魏征进谏，太宗诏答之语。魏征上疏曰，凡事皆有本有源，君道、君德即为政之本，因此，君王要居安思危、善始善终，克欲修德，谨守“十思九德”。魏征进《十思之疏》，言辞恳切、竭尽忠诚，太宗以鱼水比喻君臣关系，欣然纳谏。魏征之历史谏臣地位正是因为遇到了太宗这样的明君；太宗之所以成为英明圣主，也在于有魏征这样的忠臣良相，君明臣忠，同心治国，这也许就是“贞观之治”能够取得成功的原因吧！

贞观十五年，太宗谓侍臣曰：“守天下难易？”侍中魏征对曰：“甚难。”太宗曰：“任贤能，受谏诤，即可。何谓为难？”征曰：“观自古帝王，在于忧危之间，则任贤受谏。及至安乐，必怀宽怠，言事者惟令兢惧，日陵月替①，以至危亡。圣人所以居安思危，正为此也。安而能惧，岂不为难？”

【注释】

① 日陵月替：国势一天连一天，一月接一月地衰败。陵、替，均为衰落之意。

【导读】

魏征在回答太宗问询时再次强调守成之难，劝勉太宗要有居安思危意识，才能保证政权长治久安。

论政体第二

贞观初，太宗谓萧瑀①曰：“朕少好弓矢，自谓能尽其妙。近得良弓十数，以示弓工。乃曰：‘皆非良材也。’朕问其故，工曰：‘木心不正，则脉理皆邪，弓虽刚劲而遣箭②不直，非良弓也。’朕始悟焉。朕以弧矢③定四方，用弓多矣，而犹不得其理。况朕有天下之日浅，得为理④之意，固未及于弓，弓犹失之，而况于理乎？”自是诏京官⑤五品以上，更宿⑥中书内省⑦，每召见，皆赐坐与语，询访外事，务知百姓利害、政教得失焉。

【注释】

① 萧瑀：字时文，后梁明帝子，唐高祖时任广禄大夫、内史令。贞观初，拜太子少师，迁尚书仆射，又迁御史大夫，参预朝政，后拜太子少傅。② 遣箭：射出去的箭。③ 弧矢：弓和箭。④ 为理：治理。⑤ 京官：旧时称在京师做官的人为京官。⑥ 更宿：轮流值夜班。⑦ 中书内省：唐制，中书省在禁中，故称内省。

【导读】

太宗以自已未知弓箭之理，比附自身未尽治国之道。时时以治国安邦为系，自律甚严，反求诸己，并落实到治国实践中去，询访外事，知利害得失。以木心不正，箭矢不直比附君心正直，治国之要。正如孟子有言"一正君而国定"，董仲舒言："为人君者，正心以正朝廷，正朝廷以正百官，正百官以正万民，而远近莫不一于正。"百姓利害是政教得失的标准，知悉治政利弊，方可正天下。

贞观元年，太宗谓黄门侍郎[①]王珪曰："中书所出诏敕[②]，颇有意见不同，或兼错失而相正以否。元置中书、门下[③]，本拟相防过误。人之意见，每或不同，有所是非，本为公事。或有护己之短，忌闻其失，有是有非，衔[④]以为怨，或有苟避私隙，相惜颜面[⑤]，知非政事，遂即施行。难违一官之小情，顿为万人之大弊。此实亡国之政，卿辈特须在意防也。隋日内外庶官，政以依违[⑥]而致祸乱，人多不能深思此理。当时皆谓祸不及身，面从背言[⑦]，不以为患。后至大乱一起，家国俱丧，虽有脱身之人，纵不遭刑戮，皆辛苦仅免，甚为时论所贬黜。卿等特须灭私徇公，坚守直道，庶事相启沃，勿上下雷同[⑧]也。"

【注释】

① 黄门侍郎：官名。唐制，黄门侍郎为门下省的副长官，职掌祭祀、赞献、奏天下祥瑞。② 诏敕(chì)：帝王的文告命令。③ 中书、门下：中书、门下、尚书，合称三省。唐制，门下省与中书省同掌机要，共议国政。中书掌军国政令，凡是皇帝的制命、封册、诏令等，都由中书省签署施行。

④ 衔：含，怀藏未露。⑤“苟避私隙”句：苟且避开私人成见，互相照顾脸面。⑥ 依违：犹豫不决，模棱两可。⑦ 面从背言：当面奉承，背后乱说。⑧ 雷同：没有主见，一味附和人言。语出《礼记·曲礼上》。

【导读】

这是太宗对臣下的告诫，要大臣在处理政务时要去除私欲，秉公办事，这样才能既不害民害政，又利国利身。

贞观二年，太宗问黄门侍郎王珪曰："近代君臣治国，多劣于前古，何也？"对曰："古之帝王为政，皆志尚清静①，以百姓之心为心。近代则唯损百姓以适其欲，所任用大臣，复非经术之士②。汉家宰相，无不精通一经，朝廷若有疑事，皆引经决定，由是人识礼教，理致太平。近代重武轻儒，或参以法律，儒行既亏，淳风大坏。"太宗深然其言。自此百官中有学业优长、兼识政体者，多进其阶品，累加迁擢③焉。

【注释】

① 志尚清静：志趣在于崇尚清静无为之治，即以德行教化百姓。② 经术之士：精通经学儒术的人。③ 迁擢(zhuó)：提升。

【导读】

王珪应对太宗询问，认为崇道敬儒，心存百姓，是政治成功之保证，而"近代重武轻儒，或参以法律，儒行既亏，淳风大坏"是政治失误之原因，任用大臣应以"学业优长、兼识政体者"为标准。

贞观三年，太宗谓侍臣曰："中书、门下，机要之司。擢才而居，委任实重。诏敕如有不稳便，皆须执论。比来①惟觉阿旨②顺情，唯唯苟过③，遂无一言谏诤者，岂是道理？若惟署诏敕、行文书而已，人谁不堪？何烦简择，以相委付？自今诏敕疑有不稳便，必须执言，无得妄有畏惧，知而寝默④。"

【注释】

① 比来：近来。② 阿旨：迎合旨意。③ 苟过：草率通过。④ 寝默：沉默。

【导读】

这是太宗对大臣的要求，要求他们认真对待政务而不苟过，秉公办事。

贞观四年，太宗问萧瑀曰："隋文帝[①]何如主也？"对曰："克己复礼[②]，勤劳思政，每一坐朝，或至日昃[③]，五品已上，引坐[④]论事，宿卫[⑤]之士，传飧[⑥]而食，虽性非仁明，亦是励精之主。"太宗曰："公知其一，未知其二。此人性至察[⑦]而心不明。夫心暗则照有不通，至察则多疑于物。又欺孤儿寡妇[⑧]以得天下，恒恐群臣内怀不服，不肯信任百司，每事皆自决断，虽则劳神苦形，未能尽合于理。朝臣既知其意，亦不敢直言。宰相以下，惟即承顺而已。朕意则不然，以天下之广，四海之众，千端万绪，须合变通，皆委百司商量，宰相筹画，于事稳便，方可奏行。岂得以一日万机[⑨]，独断一人之虑也。且日断十事，五条不中，中者信善，其如不中[⑩]者何？以日继月，乃至累年，乖谬既多，不亡何待？岂如广任贤良，高居深视[⑪]，法令严肃，谁敢为非？"因令诸司，若诏敕颁下有未稳便者，必须执奏，不得顺旨便即施行，务尽臣下之意。

【注释】

① 隋文帝：即杨坚，弘农（今陕西华阴）人。北周时袭父爵为隋国公，后总揽大权，封隋王。公元581年废北周静帝自立，建立隋朝，两年后灭陈，统一全国。② 克己复礼：约束自己，使言行符合礼的要求。语见《论语·颜渊》。③ 日昃（zè）：太阳西斜，约下午二时前后。④ 引坐：召见赐坐。⑤ 宿卫：负责保卫的人员。⑥ 传飧（sūn）：传，送、转送。飧，简单的饭食。此指隋文帝坐朝过午，与群臣议事忘记吃饭时间，侍卫不能坐食，故站立传餐而食。⑦ 至察：极为审细的督察。⑧ 欺孤儿寡妇：隋文帝的女儿为北周宣帝皇后。宣帝死后，他废黜年幼的周静帝自立。

⑨ 一日万机：时间很短而处理的事情极多。⑩ 不中：不对，出了偏差。⑪ 高居深视：形容站得高，看得远。

【导读】

这一节通过太宗与大臣对隋文帝的评价，总结出了政治治理和领导行为的一个一般规律。中国传统的治道理论向来坚持“君道无为，臣道有为”的原则，要求将权力集中与职务分工相结合。一般认为在中国历史上，主张皇帝勤政并事必躬亲的只有隋朝和清朝，因为他们的权利来源或不正当，或是少数民族入主中原，对大臣和汉人不放心，因此皇帝都是事必躬亲。一般认为皇帝应该“正南面而坐”、清静无为，抓大放小，君臣共治，才是正道。此所谓“隋文勤而无功，太宗逸而有成”的原因。即“古之君天下者，劳于求贤，逸于得人，未有身代群臣之事而自以为励精者也”。这一规律对我们从事各级领导行为的人是很有借鉴作用的。

贞观五年，太宗谓侍臣曰：“治国与养病无异也。病人觉愈，弥须将护①，若有触犯，必至殒命。治国亦然，天下稍安，尤须兢慎，若便骄逸，必至丧败。今天下安危，系之于朕。故日慎一日，虽休勿休②。然耳目股肱③，寄于卿辈，既义均一体，宜协力同心，事有不安，可极言无隐。傥④君臣相疑，不能备尽肝膈⑤，实为国之大害也。”

【注释】

① 弥须将护：更加需要将息保护。② 虽休勿休：虽然美好也不自夸，以示谦虚谨慎。语出《尚书·吕刑》。③ 股肱(gōng)：本指人的大腿和手臂，旧时常用来比喻辅佐帝王的得力臣子。④ 傥(tǎng)：假若、倘若。⑤ 肝膈(gé)：本指人的内脏，此处引申为发自肺腑之意。

【导读】

贞观五年(631)，事业初定，太宗将治国喻为养病，劝勉大臣“尤须兢慎”，君为元首，臣为股肱，君臣一体，同心协力，才能治国安邦。君臣相疑，实为国之大害也。

贞观六年，太宗谓侍臣曰："看古之帝王，有兴有衰，犹朝[①]之有暮，皆为蔽其耳目，不知时政得失。忠正者不言，邪谄者日进，既不见过，所以至于灭亡。朕既在九重[②]，不能尽见天下事，故布之卿等，以为朕之耳目。莫以天下无事，四海安宁，便不存意。'可爱非君，可畏非民[③]？'天子者，有道则人推而为主，无道则人弃而不用，诚可畏也。"魏征对曰："自古失国之主，皆为居安忘危，处治忘乱，所以不能长久。今陛下富有四海，内外清晏[④]，能留心治道，常临深履薄[⑤]，国家历数[⑥]，自然灵长[⑦]。臣又闻古语云：'君，舟也；人，水也。水能载舟，亦能覆舟。'陛下以为可畏，诚如圣旨。"

【注释】

① 朝（zhāo）：早晨。② 九重：又称九门，天子所具，泛指君门深邃（suì），常人不可到达。③"可爱非君"句：语见《尚书·大禹谟》，是舜告诫禹要谨慎从事的话，意思是说百姓所爱者不是君吗？君所畏者不是百姓吗？④ 清晏（yàn）：河清海晏，喻天下太平。⑤ 临深履薄：《诗经·小雅·小旻》："战战兢兢，如临深渊，如履薄冰。"意思是非常小心谨慎地行事。⑥ 历数：原指推算岁时节候的次序。古代迷信，以为帝位相承，与天象运行的次序相应，故称帝王继承的次第为"历数"。文中指国运。⑦ 灵长：绵延久长。

【导读】

传统政治中君民关系是一个极其重要的问题，太宗君臣能自觉认识到"君"与"民"、"舟"与"水"、"载"与"覆"是一种辩证的关系，因此提出民爱君、君畏民、心存百姓的"民为邦本"的政治主张，君民关系的"舟"、"水"、"载"、"覆"之喻成为历史名言和警示。

贞观六年，太宗谓侍臣曰："古人云：'危而不持，颠而不扶，焉用彼相[①]？'君臣之义，得不尽忠匡救乎？朕尝读书，见桀杀关龙逄[②]，汉诛晁错[③]，未尝不废书叹息。公等但能正词直谏，裨益政教[④]，终不以犯颜忤旨，妄有诛责。朕比来临朝断决，亦有乖于律令者。公等以为小事，遂不执言。凡大事皆起于小事,小事不论,大事又将不可救,社稷倾危,莫不由此。隋主残暴,身死匹夫之手,率土苍生,罕闻嗟痛[5]。公等为朕思隋氏灭亡之事,朕为公等思龙逄、晁错之诛,君臣保全,岂不美哉!"

【注释】

①"危而不持"句:语见《论语·季氏》,谓国家倾危、人主颠覆,不能扶救,怎么能用这种相辅佐。② 关龙逄(páng):夏桀时的贤大夫,因直谏而被杀。③ 晁(cháo)错:汉景帝时任御史大夫,因建议逐步削夺诸侯王,遭诸王强烈反对而被汉景帝处死。④ 裨益政教:对国家的政治教化有帮助。⑤ 嗟(jiē)痛:叹息悲痛。

【导读】

此节太宗提出了为臣的职责:尽直劝谏、不轻小事。并以桀杀关龙逄、汉诛晁错、世基媚炀帝为鉴而阐发安危祸福、君臣一体之见。君明臣忠,裨益政教,也能实现君臣共保,上下交泰。

贞观七年,太宗与秘书监[1]魏征从容论自古理政得失,因曰:"当今大乱之后,造次不可致治。"征曰:"不然,凡人在危困,则忧死亡。忧死亡则思治,思治则易教。然则乱后易教,犹饥人易食也。"太宗曰:"善人为邦百年,然后胜残去杀。大乱之后,将求致治,宁可造次而望乎?"征曰:"此据常人,不在圣哲。若圣哲施化,上下同心,人应如响,不疾而速,期月而可,信不为难,三年成功,犹谓其晚。"太宗以为然。封德彝[2]等对曰:"三代以后,人渐浇讹[3],故秦任法律,汉杂霸道,皆欲治而不能,岂能治而不欲?若信魏征所说,恐败乱国家。"征曰:"五帝[4]、三王,不易人而治。行帝道[5]则帝,行王道[6]则王,在于当时所治,化之而已。考之载籍[7],可得而知。昔黄帝[8]与蚩尤[9]七十余战,其乱甚矣,既胜之后,便致太平。九黎[10]乱德,颛顼[11]征之,既克之后,不失其治。桀为乱虐,而汤[12]放之,在汤之代,既致太平。纣为无道,武王[13]伐之,成王[14]之代,亦致太平。若言人渐浇讹,不及纯朴,至今应悉为鬼魅,宁可复得而教化耶?"德彝等无以难之,然咸以为不可。太宗每力行不倦,数年间,海内康宁,突厥[15]破灭,因谓群臣曰:

"贞观初,人皆异论,云当今必不可行帝道、王道,惟魏征劝我。既从其言,不过数载,遂得华夏安宁,远戎宾服。突厥自古以来常为中国勍敌[16],今酋长并带刀宿卫,部落皆袭衣冠。使我遂至于此,皆魏征之力也。"顾谓征曰:"玉虽有美质,在于石间,不值良工琢磨,与瓦砾不别。若遇良工,即为万代之宝。朕虽无美质,为公所切磋,劳公约朕以仁义,弘朕以道德,使朕功业至此,公亦足为良工尔。"

【注释】

① 秘书监:秘书省长官,掌图书著作等事。唐制,秘书省置监一人,掌邦国经籍图书。② 封德彝(yí):名伦。唐渤海(今河北省景县)人。隋时为内史舍人,隋亡降唐,先为秦王参谋军事,贞观初,官尚书右仆射。③ 浇讹(é):风俗衰薄,人心狡诈。④ 五帝:黄帝、颛顼、高辛、唐尧、虞舜。⑤ 帝道:成就帝业大道。文中指无为而治。⑥ 王道:儒家主张以仁义治天下称为"王道"。⑦ 载籍:典籍所载。⑧ 黄帝:传说中的帝王,又称轩辕氏,建国于有熊,又称有熊氏。⑨ 蚩(chī)尤:传说中的黎族首领,兽身人头,勇猛善战,黄帝征兵同他大战于涿鹿之野,被擒杀。⑩ 九黎:古代部落名,传说为三苗之祖,是黄帝子少昊时的一支部族,或说是黎族中的九个人。⑪ 颛顼:传说中黄帝之孙,建国于高阳,称高阳氏。⑫ 汤:商朝开国君主,姓子,名履,原是夏桀的诸侯。夏桀无道,被放逐到南巢,汤取得天下。另说为传说中"五帝"之一。⑬ 武王:周文王之子,姓姬,名发。纣王无道,武王率诸侯东征,在牧野战败纣军,建立周朝。⑭ 成王:周武王之子,名诵。武王死后,他继位为王,因年幼,其叔周公旦摄政,周公旦的兄弟管叔、蔡叔、霍叔不服,联合商朝后裔武庚和东方夷族反叛,于是周公东征,平定了叛乱,然后分封诸侯,巩固了西周统治后归政于成王。⑮ 突厥:南北朝后期兴起于北方的少数民族,隋初分裂为东突厥和西突厥。贞观四年(630),唐征服东突厥。⑯ 勍(qíng)敌:劲敌,强有力的敌人。

【导读】

天下初定后,能否在短时间内达到大治善政的局面,魏征认为可以,而封德彝认为不可以，太宗采魏征之言，经数年励精图治，终致善政。这说明一个清明有为的君主，首先必须具有追求善政的理想和积极有为的态度。另外，太宗以玉石和良工来比喻自己和魏征的君臣关系，再次体现出太宗谦己纳下、从善如流的美德，对于处于封建专制体制塔尖的皇帝来说难能可贵，更值得我们今天的各级领导人深思借鉴。

贞观八年，太宗谓侍臣曰："隋时百姓纵有财物，岂得保此？自朕有天下已来，存心抚养，无有所科差①，人人皆得营生，守其资财，即朕所赐。向使朕科唤②不已，虽数资赏赐，亦不如不得。"魏征对曰："尧、舜在上，百姓亦云'耕田而食，凿井而饮'，含哺鼓腹，而云'帝何力③'于其间矣。今陛下如此含养，百姓可谓日用而不知。"又奏称："晋文公出田，逐兽于砀④，入大泽，迷不知所出。其中有渔者，文公谓曰：'我，若君也，道将安出？我且厚赐若。'渔者曰：'臣愿有献。'文公曰：'出泽而受之。'于是送出泽。文公曰：'今子之所欲教寡人者，何也？愿受之。'渔者曰：'鸿鹄⑤保河海，厌而徙之小泽，则有矰丸⑥之忧。鼋鼍⑦保深渊，厌而出之浅渚⑧，必有钓射之忧。今君出兽砀，入至此，何行之太远也？'文公曰：'善哉！'谓从者记渔者名。渔者曰：'君何以名？君尊天事地，敬社稷，保四国，慈爱万人，薄赋敛，轻租税，臣亦与焉。君不尊天，不事地，不敬社稷，不固四海，外失礼于诸侯，内逆民心，一国流亡，渔者虽有厚赐，不得保也。'遂辞不受。"太宗曰："卿言是也。"

【注释】

① 科差：古代统治者对平民财物或劳役的征发。② 科唤：科税征役。③ 帝何力：帝尧时，政治清平，百姓无事。有老人击壤于道路，说："吾日出而作，日入而息，凿井而饮，耕田而食，帝何力于我哉？"后世用此典故表示统治者不扰百姓；百姓安居乐业，几乎感觉不到统治者的存在。④ 砀（dàng）：地名。⑤ 鸿鹄（hú）：鸟名，俗称天鹅。⑥ 矰（zēng）丸：弓箭、弹丸。⑦ 鼋（yuán）鼍（tuó）：鼋，俗称癞头鼋。鼍，即扬子鳄，俗称猪婆龙。⑧ 浅渚（zhǔ）：水中的小洲，浅滩。

【导读】

本段的中心是在阐述轻徭薄赋，慈爱万民是清明政治的基础，另外也暗含劝告皇帝不要远道田猎，否则将会是迷途之举。

贞观九年，太宗谓侍臣曰："往昔初平京师，宫中美女珍玩，无院不满。炀帝意犹不足，征求无已，兼东西征讨，穷兵黩武①，百姓不堪，遂致灭亡。此皆朕所目见。故夙夜孜孜，惟欲清净，使天下无事。遂得徭役不兴，年谷丰稔②，百姓安乐。夫治国犹如栽树，本根不摇，则枝叶茂荣。君能清净，百姓何得不安乐乎？"

【注释】

① 黩(dú)武：滥用武力，好战。② 年谷丰稔(rěn)：庄稼成熟。

【导读】

总结隋炀帝败亡之历史教训，就在于他贪得无厌，穷奢极欲，因此，明君应清静不贪，百姓才会得到安乐，这也是政治的本根。

贞观十六年，太宗谓侍臣曰："或君乱于上，臣理于下；或臣乱于下，君理于上。二者苟逢，何者为甚？"特进魏征对曰："君心治，则照见下非。诛一劝百，谁敢不畏威尽力？若昏暴于上，忠谏不从，虽百里奚①、伍子胥②之在虞、吴，不救其祸，败亡亦继。"太宗曰："必如此，齐文宣③昏暴，杨遵彦④以正道扶之得理，何也？"征曰："遵彦弥缝⑤暴主，救治苍生，才得免乱，亦甚危苦。与人主严明，臣下畏法，直言正谏，皆见信用，不可同年而语也。"

【注释】

① 百里奚：春秋时虞国大夫。晋灭虞后被俘，又作为陪嫁之臣被遣送至秦。后出走，被楚人捉住。秦穆公闻其贤名，以五张羊皮把他赎回，委以国政，与蹇叔、由余等人共辅秦穆公建成霸业。② 伍子胥(xū)：名员，字子胥。因父兄被楚平王杀害，投奔吴国。帮助吴王阖闾伐楚，攻下楚都郢。又助吴王夫差击败越国，并劝夫差拒绝越国求和。夫差听信谗

言，迫他自杀。③ 齐文宣：姓高名详，字子进。原为东魏大臣，后封齐王。后代魏自立，国号齐。在位十年，荒淫暴虐，常无故杀人。④ 杨遵彦：名愔，北齐大臣。辅佐文宣帝，使朝政清明。⑤ 弥缝：设法遮掩或补救缺点、过失，不使人察觉。

【导读】

君明臣贤，同心治国，安国兴邦，这是一种最理想的政治状态。那么，在出现君臣两者不统一的情况下，哪一方更重要呢？魏征认为，还是君明最重要，这符合封建政治的实际。在现代民主社会中应该通过制度约束主要领导人的过失，但在制度尚不完善且有人治传统的中国当代政治文化中，我们常常可以看到一个单位的主要领导的品质、能力将会对事业发展起到或正或反的关键作用。

贞观十九年，太宗谓侍臣曰："朕观古来帝王，骄矜而取败者，不可胜数。不能远述古昔，至如晋武平吴[①]、隋文伐陈[②]已后，心逾骄奢，自矜诸己，臣下不复敢言，政道因兹弛紊[③]。朕自平定突厥、破高丽[④]已后，兼并铁勒[⑤]，席卷沙漠以为州县，夷狄远服，声教[⑥]益广。朕恐怀骄矜，恒自抑折[⑦]，日旰而食[⑧]，坐以待晨。每思臣下有谠言[⑨]直谏，可以施于政教者，当拭目以师友待之。如此，庶几于时康道泰[⑩]尔。"

【注释】

① 晋武平吴：晋武帝司马炎于公元 280 年灭吴，统一全国。② 隋文伐陈：隋文帝杨坚于公元 589 年出兵灭陈，结束南北朝分立局面，统一全国。③ 弛紊（wěn）：松懈、紊乱。④ 破高丽：贞观十七年（643），高丽国野心勃发，合谋百济国欲瓜分新罗国。新罗国受大唐庇护，太宗率兵攻讨高丽，破之。⑤ 铁勒（lè）：我国古代北方民族名，匈奴的后裔，南北朝时为突厥所并，北魏时称敕勒。唐太宗时被讨平。⑥ 声教：声威教化。⑦ 抑折：控制约束。⑧ 日旰（gàn）而食：到晚上才吃饭。⑨ 谠（dǎng）言：正直的言论。⑩ 时康道泰：时局康宁，行路平安。

太宗自即位之始，霜旱为灾，米谷踊贵[①]，突厥侵扰，州县骚然。帝志在忧人，锐精[②]为政，崇尚节俭，大布恩德。是时，自京师及河东、河南、陇右[③]，饥馑[④]尤甚，一匹绢才得一斗米。百姓虽东西逐食，未尝嗟怨，莫不自安。至贞观三年，关中[⑤]丰熟，咸自归乡，竟无一人逃散。其得人心如此。加以从谏如流，雅[⑥]好儒术，孜孜求士[⑦]，务在择官，改革旧弊，兴复制度，每因一事，触类为善。初，息隐、海陵[⑧]之党，同谋害太宗者数百千人，事宁，复引居左右近侍，心术豁然，不有疑阻。时论以为能断决大事，得帝王之体。深恶官吏贪浊，有枉法受财者，必无赦免。在京流外[⑨]有犯赃者，皆遣执奏，随其所犯，置以重法。由是官吏多自清谨。制驭王公、妃主之家，大姓豪猾之伍，皆畏威屏迹[⑩]，无敢侵欺细人[⑪]。商旅野次[⑫]，无复盗贼，囹圄[⑬]常空，马牛布野，外户不闭。又频致丰稔，米斗三四钱，行旅自京师至于岭表[⑭]，自山东[⑮]至于沧海[⑯]，皆不赍粮[⑰]，取给于路。入山东村落，行客经过者，必厚加供待，或发时有赠遗。此皆古昔未有也。

【注释】

① 踊(yǒng)贵：涨价，物价上涨。② 锐精：锐敏精心。③ 河东、河南、陇(lǒng)右：唐代的主要行政区划为道，河东、河南、陇右都是道名，三道包括东起山东、西至新疆的大片地区。④ 饥馑(jǐn)：谷不熟为饥，菜不熟为馑，饥馑泛指灾荒。⑤ 关中：古地区名，其范围大小，各代不一，一般指山西渭河流域一带。⑥ 雅：很，甚。⑦ 孜孜求士：想方设法地招揽人才。⑧ 息隐、海陵：息隐，即李建成，唐高祖长子，曾立为皇太子。海陵，即李元吉，高祖第四子，曾封为齐王。⑨ 流外：隋唐时官分九品，流外为不入九品的小官。⑩ 屏迹：隐蔽形迹。⑪ 细人：平民。⑫ 野次：野外。⑬ 囹(líng)圄(yǔ)：牢狱。⑭ 岭表：古地区名，即岭南。⑮ 山东：古地区名。战国秦汉时，华山以东为山东，也有以太行山以东为山东的说法。⑯ 沧海：东海。⑰ 赍(jī)粮：指旅行时随带粮食。赍，随带、拿着。

【导读】

本节描述了贞观盛世的一些景象，如经济发展、丰衣足食、任人唯贤、严肃法纪等等，并通过总结前朝和本朝正反两个方面的经验教训，得出了戒骄敬慎的成功经验。

卷 二

论任贤第三

房玄龄，齐州临淄人[①]也。初仕隋，为隰城尉[②]。坐事[③]，除名徙上郡[④]。太宗徇地渭北[⑤]，玄龄杖策[⑥]谒于军门[⑦]。太宗一见，便如旧识，署渭北道行军记室参军[⑧]。玄龄既遇知己，遂罄竭心力[⑨]。是时，贼寇每平，众人竞求金宝，玄龄独先收人物[⑩]，致之幕府，及有谋臣猛将，与之潜相申结，各致死力。累授秦王府记室，兼陕东道大行台考功郎中[⑪]。玄龄在秦府十余年，恒典管记[⑫]。隐太子、巢刺王[⑬]以玄龄及杜如晦为太宗所亲礼，甚恶之，谮之高祖[⑭]，由是与如晦并遭驱斥。及隐太子将有变也，太宗召玄龄、如晦，令衣道士服，潜引入阁[⑮]谋议。及事平，太宗入春宫[⑯]，擢拜太子左庶子[⑰]。贞观元年，迁中书令[⑱]。三年，拜尚书左仆射，监修国史[⑲]，封梁国公，实封一千三百户[⑳]。既总任百司[㉑]，虔恭夙夜，尽心竭节，不欲一物失所。闻人有善，若己有之。明达吏事，饰以文学，审定法令，意在宽平。不以求备[㉒]取人，不以己长格物[㉓]，随能收叙[㉔]，无隔疏贱。论者称为良相焉。十三年，加太子少师[㉕]。玄龄自以一居端揆[㉖]十有五年，频抗表辞位，优诏不许。十六年，进拜司空[㉗]，仍总朝政，依旧监修国史。玄龄复以年老请致仕[㉘]，太宗遣使谓曰："国家久相任使，一朝忽无良相，如失两手。公若筋力不衰，无烦此让。自知衰谢，当更奏闻。"玄龄遂止。太宗又尝追思王业之艰难，佐命之匡弼，乃作《威凤赋》[㉙]以自喻，因赐玄龄，其见称类如此。

【注释】

① 齐州：州名。南朝宋于其地侨置冀州，北魏改为齐州，治所在历

城，唐代沿袭。临淄，县名。春秋、战国时为齐国国都。汉朝置县，属齐国。历代沿袭。今已并入山东省淄博市。② 隰（xí）城尉：隰城，汉朝置县，属西河郡，地在今山西汾阳县西。尉，掌地方治安。③ 坐事：因事犯罪。④ 除名：取消原有身份。上郡：郡名，秦昭王时置，地在今陕西延安、榆林一带。⑤ 徇地：攻占土地。渭北，渭河之北。渭河，水名，黄河主要支流之一，源出甘肃渭源县西北，东流至潼关入黄河。自汉至唐，都是关中漕运要道。⑥ 杖策：拄着拐杖。⑦ 谒（yè）：禀告、求见。⑧ 署：代理、暂任或试充官职。渭北道：行政区划名。记室参军：官名。为王公府、军府掌管文书。⑨ 罄竭心力：尽心竭力。⑩ 收人物：收揽人才。⑪ 陕东道：行政区划名。大行台：晋朝以后，在地方代表朝廷管理政务的机构称行台，其权重者称大行台。考功郎中：官名。掌考察百官功过、善恶之职。⑫ 恒典管记：长期执掌记室。⑬ 隐太子：即唐太宗李世民之兄李建成。巢刺王：即太宗之弟李元吉。唐武德九年，李世民在“玄武门之变”中杀了建成、元吉。⑭ 谮（zèn）之高祖：谮，说坏话陷害别人。高祖，即李渊，祖籍陇西成纪（今甘肃秦安）。隋朝末年任太原留守，乘农民大起义之机起兵攻取长安，建立唐朝。在位九年，于公元 626 年传位给次子世民，自称太上皇。⑮ 阁：旁门，小门。⑯ 春宫：太子所居之宫，亦称东宫。⑰ 太子左庶子：太子属官，掌侍从、赞相礼仪、驳正启奏之职。⑱ 中书令：中书省长官，即宰相。⑲ 监修国史：唐制，史馆监修国史，由宰相兼领。⑳ 实封一千三百户：汉制，诸侯王有封地者可得其租税收入。魏晋以后，渐成虚名。只有实封者，才能实得其租税收入。㉑ 总任百司：总管百官。㉒ 求备：求全责备。㉓ 格物：研究事物的原理。这里指衡量人物。㉔ 收叙：谓收录任用。叙，旧时按规定的等级次第授官职及按劳绩大小给予奖励称叙。㉕ 太子少师：官名。掌辅导太子之职。㉖ 端揆（kuí）：宰相的别称。㉗ 司空：官名，与司徒、太尉合称三公。隋唐时为大官的加衔。㉘ 致仕：辞官。㉙《威凤赋》：按，《新唐书》、《旧唐书》都说“太宗追思王业艰难，佐命之力，作《威凤赋》以赐无忌”。《资治通鉴》也同此说。

【导读】

房玄龄，唐之良相，以君心为己心，罄竭心力，其良相之良不仅在于其为人忠直，更在于具体的行为上。“凡三十三年，其持身也敬，其谋国也忠，盖庶乎古大臣之风矣。”闻人之善，待人宽平，不以求备取人，不以己长格物。

杜如晦，京兆万年[①]人也。武德初，为秦王府兵曹参军[②]，俄迁陕州[③]总管府长史[④]。时府中多英俊，被外迁者众，太宗患之。记室房玄龄曰：“府僚[⑤]去者虽多，盖不足惜。杜如晦聪明识达，王佐才也。若大王守藩端拱[⑥]，无所用之；必欲经营四方，非此人莫可。”太宗自此弥加礼重，寄以心腹，遂奏为府属，常参谋帷幄[⑦]。时军国多事，剖断如流[⑧]，深为时辈所服。累除天策府从事中郎[⑨]，兼文学馆学士[⑩]。隐太子之败，如晦与玄龄功第一，迁拜太子右庶子[⑪]。俄迁兵部尚书[⑫]，进封蔡国公，实封一千三百户。贞观二年，以本官检校侍中。三年，拜尚书右仆射，兼知吏部选事[⑬]。仍与房玄龄共掌朝政。至于台阁规模[⑭]，典章文物[⑮]，皆二人所定，甚获当时之誉，时称房、杜焉。

【注释】

① 京兆：汉代京畿的行政区划名。在今陕西西安市东。后代因此沿称京都为京兆。万年：县名。在今陕西临潼县一带。② 秦王府：高祖在位时，封世民为秦王，世民的官府称秦王府。兵曹参军：官名。唐时掌王府武官簿书、考课、仪卫、假使等事。③ 陕州：地名。在今河南省。④ 长史：总官府次官。⑤ 府僚(liáo)：府中官员。⑥ 守藩(fān)端拱：守藩，保持藩王地位。端拱，端坐拱手，意为无所事事，无所作为。⑦ 帷(wéi)幄(wò)：谋划。⑧ 剖断如流：分析、决断迅速异常。⑨ 天策府：武德四年(621)，高祖以秦王功高，旧官号不足以相称，故加号天策上将，位在王公上，开府置官属，其府第谓之天策府。从事中郎：天策府属官。汉以后三公及州郡长官皆自选僚属，多称从事，如从事史、从事中郎、别驾从事等，宋代废除。⑩ 文学馆学士：唐初，太宗在宫城西置文学馆，收聘贤才。在文学馆任职者称为学士。⑪ 太子右庶子：太子属官。掌侍从、献纳、启奏之职。⑫ 兵部尚书：唐制，兵部掌武官选用及地图、军械之政令。尚书，兵部主官。⑬ 知吏部选事：知，主持、执掌。吏部，官署名。

掌管全国官吏的任免、考课、升降、调动等。选事，铨选职官之事。⑭ 台阁规模：中央机构的组织规模。⑮ 典章文物：法令制度、礼仪等。

【导读】

“房谋杜断”是说“玄龄善谋，如晦善断”。二人相得、优势互补。谋为出主意，断为做决断，多谋基于多种客观条件，足智才可多谋，明断以谋为基。广开言路、增加视听以成多谋；科学方法、积累经验以成明断。

魏征，钜鹿[①]人也，近徙家相州之内黄[②]。武德末，为太子洗马[③]。见太宗与隐太子阴相倾夺，每劝建成早为之谋。太宗既诛隐太子，召征责之曰：“汝离间我兄弟，何也？”众皆为之危惧。征慷慨自若，从容对曰：“皇太子若从臣言，必无今日之祸。”太宗为之敛容[④]，厚加礼异，擢拜谏议大夫。数引之卧内，访以政术。征雅有经国之才，性又抗直，无所屈挠。太宗每与之言，未尝不悦。征亦喜逢知己之主，竭其力用。又劳[⑤]之曰：“卿所谏前后二百余事，皆称朕意，非卿忠诚奉国，何能若是？”三年，累迁秘书监，参预朝政[⑥]，深谋远算，多所弘益。太宗尝谓曰：“卿罪重于中钩，我任卿逾于管仲[⑦]，近代君臣相得，宁有似我于卿者乎？”六年，太宗幸九成宫[⑧]，宴近臣，长孙无忌[⑨]曰：“王珪、魏征，往事息隐[⑩]，臣见之若仇，不谓今者又同此宴。”太宗曰：“魏征往者实我所仇，但其尽心所事，有足嘉者。朕能擢而用之，何惭古烈？征每犯颜切谏，不许我为非，我所以重之也。”征再拜曰：“陛下导臣使言，臣所以敢言。若陛下不受臣言，臣亦何敢犯龙鳞，触忌讳[⑪]也。”太宗大悦，各赐钱十五万。七年，代王珪为侍中，累封郑国公。寻以疾乞辞所职，请为散官[⑫]。太宗曰：“朕拔卿于仇虏[⑬]之中，任卿以枢要[⑭]之职，见朕之非，未尝不谏。公独不见金之在矿，何足贵哉？良冶锻而为器，便为人所宝。朕方自比于金，以卿为良工。虽有疾，未为衰老，岂得便尔耶？”征乃止。后复固辞，听解侍中，授以特进，仍知[⑮]门下省事。十二年，太宗以诞皇孙，诏宴公卿，帝极欢，谓侍臣曰：“贞观以前，从我平定天下，周旋艰险，玄龄之功无所与让。贞观之后，尽心于我，献纳忠谠[⑯]，安国利人，成我今日功业，为天下所称者，惟魏征而已。古之名臣，何以加也。”于是亲解佩刀以赐二人。庶人承乾[⑰]在春宫，不修德业。魏王泰[18]宠爱日隆，内外庶寮[19]，咸有疑议。太宗闻而恶之，谓侍臣曰："当今朝臣，忠謇[20]无如魏征，我遣傅皇太子[21]，用绝天下之望。"十七年，遂授太子太师[22]，知门下事如故。征自陈有疾，太宗谓曰："太子宗社之本[23]，须有师傅，故选中正，以为辅弼。知公疹病[24]，可卧护之。"征乃就职。寻遇疾。征宅内先无正堂，太宗时欲营小殿，乃辍其材为造，五日而就。遣中使赐以布被素褥，遂其所尚。后数日，薨[25]。太宗亲临恸哭，赠司空，谥[26]曰文贞。太宗亲为制碑文，复自书于石。特赐其家食实封[27]九百户。太宗后尝谓侍臣曰："夫以铜为镜，可以正衣冠；以古为镜，可以知兴替[28]；以人为镜，可以明得失。朕常保此三镜，以防己过。今魏征殂逝[29]，遂亡一镜矣！"因泣下久之。乃诏曰："昔惟魏征，每显予过。自其逝也，虽过莫彰。朕岂独有非于往时，而皆是于兹日[30]？故亦庶僚苟顺，难触龙鳞者欤！所以虚己外求，披迷内省[31]。言而不用，朕所甘心。用而不言，谁之责也？自斯已后，各悉乃诚。若有是非，直言无隐。"

【注释】

①钜(jù)鹿：唐属河北道，在今河北省平乡县。②相州：北魏时始置，唐属河北道，在今河南省临漳县西。内黄，县名，在今河南省内黄县西北。③太子洗马：官名，为东宫属官，汉初置，太子出宫，洗马在前面清道。唐制，东宫左春坊司经局置洗马，掌管东宫图书，负责接收、整理天下进奉给东宫的图籍。④敛容：正容，肃静。⑤劳：慰劳。⑥参预朝政：指魏征以秘书省长官的身份行使宰相职权。唐初尚书、中书、门下三省长官是为宰相，凡是以较低职务行使宰相职权的，都要加上"参预朝政"、"参知机务"等名义。⑦"卿罪重于中钩"句：指魏征的罪大于当年曾用箭射中齐桓公所佩戴钩的管仲，而太宗对魏征的信任则超过齐桓公对管仲的信任。管仲，名夷吾，字仲。得齐桓公重用，以"尊王攘夷"相号召，从而辅助齐桓公成为春秋时代第一个霸主。⑧九成宫：唐宫名，唐时为皇帝避暑的地方。宫在陕西省麟游县西，即隋代的仁寿宫。⑨长孙无忌：字辅机，河南洛阳人。太宗皇后长孙之兄。武德九年(626)，助太宗夺取帝位，官拜尚书右仆射、司空、司徒等职。高宗朝任太尉，后因反对高宗立武则天为皇后，被放逐，自杀。⑩往事息隐：过去侍奉隐太子李建成。⑪"犯

龙鳞”句：诤臣敢于直谏。语出《史记·韩非传》。⑫ 散官：指仅有官阶而无具体职务的文武官员，也称阶官，作为表示官员的品级。⑬ 仇虏：敌人。文中指皇太子李建成的党羽。⑭ 枢要：枢纽，每以指行政中心机关。⑮ 知：主管。⑯ 献纳忠谠：提出忠正的意见。⑰ 庶人承乾：庶人，没有官爵的平民。承乾，唐太宗长子，初立为太子，后因有罪被废为庶人。⑱ 魏王泰：字惠褒，太宗第四子，封魏王。礼贤下士，文思敏捷，后贬为濮王，谥曰恭。⑲ 庶寮（liáo）：即为百官。庶为众多，寮即僚。⑳ 忠謇（jiǎn）：忠诚正直。㉑ 傅皇太子：做皇太子的师傅。㉒ 太子太师：官名，唐制以太子太师、太傅、太保为三师，从一品，掌以道德辅导皇太子。㉓ 宗社之本：宗庙社稷的根本。宗社，亦常用来指代国家。㉔ 疹（zhěn）病：疾病。㉕ 薨（hōng）：周代诸侯之死称薨。唐代二品以上官员亦称薨。㉖ 谥（shì）：封建时代，在帝王、贵族、大臣等死后按其生前事迹评定褒贬给予的称号。帝王之谥，由礼仪官议上；臣下之谥，由朝廷赐予。㉗ 食实封：唐制，凡有功之臣赐实封者，按功劳大小，定食实封数之多寡，享所封户的租调。㉘ 兴替：兴衰。㉙ 殂（cú）逝：去世。㉚ 兹日：现在。㉛ 披迷内省：解除疑惑，内心反省。

【导读】

本节为魏征小传，记述魏征与太宗相遇相知之事。魏征原为隐太子的门人，本为太宗旧仇政敌，太宗坦然迎纳，其胸怀度量实令人敬佩，这也就是千古圣君的过人之处，其虚心纳谏，海纳百川的品德也成就了魏征这个千古谏诤名臣。其“以人为镜，可以明得失”更成为历史名言警语。

王珪，太原祁县[①]人也。武德中，为隐太子中允[②]，甚为建成所礼。后以连其阴谋事，流于嶲州[③]。建成诛后，太宗即位，召拜谏议大夫。每推诚尽节，多所献纳。珪尝上封事[④]切谏，太宗谓曰：“卿所论皆中朕之失，自古人君莫不欲社稷永安，然而不得者，只为不闻己过，或闻而不能改故也。今朕有所失，卿能直言，朕复闻过能改，何虑社稷之不安乎？”太宗又尝谓珪曰：“卿若常居谏官，朕必永无过失。”顾待益厚。贞观元年，迁黄门侍郎，参预政事，兼太子右庶子。二年，进拜侍中。时房玄龄、魏征、李靖、温彦博[⑤]、戴胄[⑥]与珪同知国政，尝因侍宴，太宗谓珪曰："卿识鉴精通[⑦]，尤善谈论，自玄龄等，咸宜品藻[⑧]。又可自量孰与诸子贤？"对曰："孜孜奉国，知无不为，臣不如玄龄。每以谏诤为心，耻君不及尧、舜，臣不如魏征。才兼文武，出将入相，臣不如李靖。敷奏详明，出纳[⑨]惟允，臣不如温彦博。处繁理剧，众务必举，臣不如戴胄。至如激浊扬清，嫉恶好善，臣于数子，亦有一日之长。"太宗深然其言，群公亦各以为尽己所怀，谓之确论。

【注释】

① 太原：地名。今山西太原市一带。祁(qí)县：县名。② 中允：官名。太子东宫属官，掌侍从礼仪，驳正启奏，总管经典、膳药等。③ 巂(xī)州：州名。在今四川西昌地区。④ 封事：古时臣下上书奏事，为防泄漏，用袋封装，即为密封的奏章。⑤ 温彦博：祁县（今属山西）人。隋朝末年在幽州总管罗艺部下任司马，后归唐。武德八年(625)，与突厥战于太谷，兵败被俘，太宗即位后释还。贞观四年(630)，任中书令。他性格慎密，自从参预国家机密就不与人私下交往；每见太宗，必定陈说政事利害。曾多次得到太宗褒奖。⑥ 戴胄(zhòu)：字玄胤，相州安阳（今属河南）人。贞观初年，任大理少卿，后又任尚书左丞、建议大夫。因杜如晦临终遗言推荐，任检校吏部尚书。为人刚正不阿。⑦ 识鉴精通：识别人才。⑧ 品藻：品评。⑨ 出纳：上传下达。

【导读】

此节为王珪小传。推诚尽节、多所献纳、匡君以善。对同代之臣予以客观评价，知人之长，识己之短，自知知人。正所谓君臣合契。

李靖，京兆三原[①]人也。大业[②]末，为马邑郡丞[③]。会高祖为太原留守，靖观察高祖，知有四方之志，因自锁上变[④]，诣江都[⑤]。至长安，道塞不通而止。高祖克京城，执靖，将斩之，靖大呼曰："公起义兵除暴乱[⑥]，不欲就大事，而以私怨斩壮士乎？"太宗亦加救靖，高祖遂舍之。武德中，以平萧铣、辅公祏功[⑦]，历迁扬州大都督府[⑧]长史。太宗嗣位，召拜刑部尚书[⑨]。贞观二年，以本官检校中书令。三年，转兵部尚书，为代州行军总管[⑩]，进击突厥定襄城[11]，破之。突厥诸部落俱走碛北[12]，北擒隋齐王暕之子杨道政[13]及炀帝萧后，送于长安。突利可汗来降[14]，颉利可汗仅以身遁[15]。太宗谓曰："昔李陵[16]提步卒五千，不免身降匈奴，尚得名书竹帛[17]。卿以三千轻骑，深入虏庭，克复定襄，威振北狄[18]，实古今未有，足报往年渭水之役矣。"以功进封代国公。此后，颉利可汗大惧，四年，退保铁山[19]，遣使入朝谢罪，请举国内附。又以靖为定襄道行军总管，往迎颉利。颉利虽外请降，而心怀疑贰[20]。诏遣鸿胪卿唐俭[21]、摄户部尚书[22]将军安修仁慰谕之，靖谓副将张公谨[23]曰："诏使到彼，虏必自宽，乃选精骑[24]赍二十日粮，引兵自白道[25]袭之。"公谨曰："既许其降，诏使在彼，未宜讨击。"靖曰："此兵机也，时不可失。"遂督军疾进。行至阴山[26]，遇其斥候[27]千余帐，皆俘以随军。颉利见使者甚悦，不虞[28]官兵至也。靖前锋乘雾而行，去其牙帐[29]七里，颉利始觉，列兵未及成阵，单马轻走，虏众因而溃散。斩万余级，杀其妻隋义成公主，俘男女十余万，斥土界自阴山至于大漠[30]，遂灭其国。寻获颉利可汗于别部落，余众悉降。太宗大悦，顾谓侍臣曰："朕闻主忧臣辱，主辱臣死。往者国家草创，突厥强梁[31]，太上皇以百姓之故，称臣于颉利，朕未尝不痛心疾首，志灭匈奴，坐不安席，食不甘味。今者暂动偏师[32]，无往不捷，单于稽颡[33]，耻其雪乎！"群臣皆称万岁。寻拜靖光禄大夫[34]、尚书右仆射，赐实封五百户。又为西海道行军大总管，征吐谷浑[35]，大破其国。改封卫国公。及靖身亡，有诏许坟茔制度[36]依汉卫、霍故事[37]，筑阙象突厥内燕然山、吐谷浑内碛石二山[38]，以旌殊绩。

【注释】

① 三原：县名。在今陕西省。② 大业：隋炀帝年号，沿用 14 年(605—618)。③ 马邑郡：郡名，今山西朔州市一带。丞：地方行政次官。④ 自锁上变：自己封锁守邑，向朝廷报告李渊即将举兵反隋的情况。⑤ 江都：郡名。今江苏扬州市一带。⑥ 除暴乱：指大盗隋炀帝。⑦ 萧铣：隋大业末年起兵，后称皇帝，建元凤鸣，迁都江陵。唐高祖命副赵郡王孝恭讨之，兵败降唐，被斩于长安。辅公祏(shí)：隋末与同乡杜伏威起兵反隋，归唐，任淮南行台。武德中，举兵造反，国号宋，年号天明，后被擒斩。⑧ 大都督府：唐军政区划。唐制，十州者为大都督。掌所管诸州兵

马、甲仗、粮食、镇戍等事务，常以亲王遥领，而以都督府长吏总领其事。⑨ 刑部尚书：刑部，六部之一，属尚书省，掌管法律、刑狱事务；尚书，刑部主管。⑩ 代州：地名。辖境相当于今山西代县一带。行军总管：官名，唐高祖武德初年置，用以统军。⑪ 定襄城：地名。即今山西定襄县。⑫ 走：逃往。碛(qì)北：漠北，古代泛称蒙古高原大沙漠以北地区。碛：沙漠。⑬ 齐王暕(jiǎn)：杨道政，隋炀帝之孙。⑭ 突利可汗：突厥酋长。贞观二年(628)，因受颉利可汗攻击，归附唐朝，被太宗任为右卫大将军。⑮ 颉(jié)利可汗：突厥可汗。贞观四年(630)，李靖将其击败，后擒送京师。遁(dùn)：逃走，逃跑。⑯ 李陵：西汉陇西成纪(今甘肃秦安)人，字少卿，善骑射。汉武帝时，自请率步骑五千，出击匈奴，以少击众，后病死于匈奴。⑰ 竹帛：指代史书。⑱ 北狄：古代北方少数民族的总称。⑲ 铁山：山名，在今内蒙古阴山北。⑳ 疑贰：犹豫。㉑ 鸿胪(lú)卿：官名。掌朝贺庆吊。㉒ 摄：代理。户部：六部之一，属尚书省，掌土地、户籍、赋税等事务。户部尚书：户部主管。㉓ 张公谨：字弘慎，魏州繁水(今河北大名)人。贞观初，为代州都督，因佐李靖破突厥颉利可汗，进封邹国公。㉔ 骑(jì)：骑兵。㉕ 白道：古道路名。在今内蒙古呼和浩特市西北，是河套东北地区通往阴山以北的交通要道。㉖ 阴山：即今内蒙古阴山山脉。㉗ 斥候：侦察人员。㉘ 不虞：意料不到。㉙ 牙帐：主帅所住营帐。主帅树牙旗于营帐之前，故名。㉚ 斥土界：开拓疆界。大漠：指蒙古高原的大沙漠。㉛ 强梁：凶暴。㉜ 偏师：非主力部队。㉝ 单于：汉朝时匈奴君长的称呼。此处借指突厥首领。稽(jī)颡(sǎng)：屈膝下拜，以头触地，是古代的一种礼节。㉞ 光禄大夫：文散官名称，从二品。㉟ 吐谷(yù)浑：我国古代鲜卑族所建立的王朝名。其族原居辽东，魏晋时西迁，晋末往于今青海省北部和新疆东南部。唐太宗贞观年间，被李靖等攻破，国势渐衰。㊱ 坟茔(yíng)制度：坟茔规模。㊲ 卫、霍：指西汉名将卫青和霍去病。卫青，字仲卿，河东平阳(今山西临汾)人，汉武帝卫皇后同母异父弟，曾为平阳公主家奴，后得武帝重用。前后七次出击匈奴，屡立大功，官至大将军，封长平侯。霍去病，河东平阳人。曾六次出击匈奴，积功官至骠骑将军，封冠军侯。㊳ 燕然、碛石：古山名。燕然山，即蒙古人民共和国境内的杭爱山。东汉时军骑将军窦宪追击北匈奴，曾登此山刻石纪功。碛石山：即今大雪山，在青海省南部。

【导读】

正如王珪所称之李靖，才兼文武，出将入相。豪迈志宏、深谋远虑、英勇善战、屡立战功；性格上慎谋谦退、待人宽平、恂恂然似不能答。武功、人格完美结合的典范，以武力提升了唐朝在世界上的地位，贞观之治因有李靖而更为显赫，更塑造了后世良臣的楷模。

虞世南，会稽余姚[①]人也。贞观初，太宗引为上客，因开文学馆[②]，馆中号为多士，咸推世南为文学之宗。授以记室[③]，与房玄龄对掌文翰[④]。尝命写《列女传》[⑤]以装屏风，于时无本，世南暗书之，一无遗失。贞观七年，累迁秘书监。太宗每机务之隙[⑥]，引之谈论，共观经史。世南虽容貌懦弱，如不胜衣，而志性抗烈，每论及古先帝王为政得失，必存规讽，多所补益。及高祖晏驾[⑦]，太宗执丧过礼[⑧]，哀容毁悴[⑨]，久替万机[⑩]，文武百寮，计无所出，世南每入进谏，太宗甚嘉纳之，益所亲礼。尝谓侍臣曰："朕因暇日，每与虞世南商榷古今，朕有一言之善，世南未尝不悦；有一言之失，未尝不怅恨。其恳诚若此，朕用嘉焉。群臣皆若世南，天下何忧不治？"太宗尝称世南有五绝：一曰德行，二曰忠直，三曰博学，四曰词藻[⑪]，五曰书翰[⑫]。及卒，太宗举哀于别次[⑬]，哭之甚恸。丧事官给，仍赐以东园秘器[⑭]，赠礼部尚书[⑮]，谥曰文懿[⑯]。太宗手敕魏王泰[⑰]曰："虞世南于我，犹一体也。拾遗补阙，无日暂忘，实当代名臣，人伦准的[⑱]。吾有小善，必将顺而成之；吾有小失，必犯颜而谏之。今其云亡，石渠、东观[⑲]之中，无复人矣，痛惜岂可言耶！"未几，太宗为诗一篇，追思往古理乱之道，既而叹曰："钟子期死，伯牙不复鼓琴[⑳]。朕之此篇，将何所示？"因令起居褚遂良[㉑]诣其灵帐读讫[㉒]焚之，其悲悼也若此。又令与房玄龄、长孙无忌、杜如晦、李靖等二十四人，图形于凌烟阁[㉓]。

【注释】

① 会(kuài)稽：郡名。今江苏东南部及浙江西部。余姚：旧县名。② 文学馆：贞观初，太宗招聘儒学之士研究经史，并为之建馆，称文学

馆。③ 记室：官名。掌书记章表文案。④ 文翰：信札、公文。⑤《列女传》：西汉刘向撰。分母仪、贤明、仁智、贞顺、节义、辩通、孽嬖七卷，列记古代妇女事迹104则。⑥ 机务之隙：处理政务之后的闲暇时间。⑦ 晏驾：古代称帝王死亡的委婉语。⑧ 执丧过礼：守丧超过了“礼”的规定。⑨ 毁悴：衰弱憔悴。⑩ 久替万机：长久不理朝政。⑪ 词藻：本指诗文中工巧有文采的词语。此处指善于写文章。⑫ 书翰：本指书札等。此处主要指书法。⑬ 别次：别处。⑭ 东园秘器：汉有官署名东园，掌管王公贵族墓内器物的制作，故称棺木为东园秘器。⑮ 礼部尚书：礼部长官。礼部为六部之一，掌礼乐、祭祀、贡举等职。⑯ 文懿（yì）：文美。⑰ 手敕：亲手书写诏命。⑱ 人伦准的：做人的楷模。⑲ 石渠、东观：分别为西汉和东汉皇家收藏秘籍图书与著作之所。此处借指唐代有关部门。⑳ “钟子期死”句：传说钟子期、伯牙二人是春秋时人，伯牙善奏琴，只有钟子期能理解欣赏。钟子期一死，伯牙便不再演奏，因为没有知音了。㉑ 起居：官名。唐制，于门下省置起居郎，于中书省置起居舍人，掌记录天子日常起居。褚（chǔ）遂良：字登善，河南阳翟（今河南禹州）人，博通文史，善书法。曾任起居郎、中书令。直言敢谏，受太宗遗诏辅政。高宗时因反对废王皇后、立武则天为后，被贬职，忧愤而死。㉒ 讫（qì）：完毕，终了。㉓ 图形：画像。凌烟阁：古代为表彰功臣而建筑的高阁，绘有功臣画像。

【导读】

世南性格沉静寡欲、孝亲敬长、善文学书法，为唐时名儒。终身事君匡救，太宗赞他具德行、忠直、博学、词藻以及书翰五绝。对太宗劝谏委婉而有见地，谏诤风格有别于魏征、王珪等，是一位年长而谨慎的儒者。

李勣，曹州离狐人也[①]。本姓徐，初仕李密[②]，为左武侯大将军[③]。密后为王世充[④]所破，拥众归国，勣犹据密旧境十郡之地。武德二年，谓长史郭孝恪[⑤]曰：“魏公既归大唐，今此人众土地，魏公所有也。吾若上表献之，则是利主之败，自为己功，以邀富贵，是吾所耻。今宜具录州县及军人户口，总启[⑥]魏公，听公自献，此则魏公之功也，不亦可乎？”乃遣使启密。

使人初至，高祖闻无表，惟有启与密，甚怪之。使者以勣意闻奏，高祖方大喜曰："徐勣感德推功，实纯臣[7]也。"拜黎州[8]总管，赐姓李氏，附属籍于宗正[9]。封其父盖为济阴王，固辞王爵，乃封舒国公，授散骑常侍[10]。寻加勣右武侯大将军[11]。及李密反叛伏诛，勣发丧行服[12]，备君臣之礼，表请收葬。高祖遂归其尸。于是大具威仪[13]，三军缟素，葬于黎阳山。礼成，释服而散，朝野义之。寻为窦建德[14]所攻，陷于建德，又自拔归京师。从太宗征王世充、窦建德，平之。贞观元年，拜并州都督[15]，令行禁止，号为称职，突厥甚加畏惮。太宗谓侍臣曰："隋炀帝不解精选贤良，镇抚边境，惟远筑长城，广屯将士，以备突厥，而情识之惑，一至于此。朕今委任李勣于并州，遂得突厥畏威远遁，塞垣[16]安静，岂不胜数千里长城耶?"其后并州改置大都督府，又以勣为长史，累封英国公。在并州凡十六年，召拜兵部尚书，兼知政事。勣时遇暴疾，验方云须灰可以疗之，太宗自剪须为其和药。勣顿首见血，泣以陈谢。太宗曰："吾为社稷计耳，不烦深谢。"十七年，高宗居春宫，转太子詹事[17]，加特进，仍知政事。太宗又尝宴，顾勣曰："朕将属以孤幼[18]，思之无越卿者。公往不遗于李密，今岂负于朕哉!"勣雪涕[19]致辞，因噬指流血。俄沉醉，御服覆之，其见委信如此。勣每行军，用师筹算，临敌应变，动合事机。自贞观以来，讨击突厥、颉利及薛延陀、高丽[20]等，并大破之。太宗尝曰："李靖、李勣二人，古之韩、白[21]、卫、霍岂能及也!"

【注释】

① 曹州：州名，唐属河南道，州治在今山东省曹县西北。离狐：曹州属县，在今山东省。② 李密：京兆长安（今属陕西）人，大业九年(613)，与杨玄感起兵反隋，十二年，投奔瓦岗义军，击杀隋将张须陀，后僭称魏公，年号永平。被王世充击败后降唐，不久以反叛罪被杀。③ 左武侯大将军：隋唐时，左、右武侯大将军均为禁军的高级武官。④ 王世充：隋炀帝时任江都郡丞，大业十四年，炀帝死，他在东都拥立杨侗为帝，又击败瓦岗军。次年，废杨侗，自称皇帝，国号郑。武德四年(621)，兵败降唐，在长安为仇人所杀。⑤ 郭孝恪(kè)：许州阳翟（今河南禹州）人，隋末率众归附李密，李密失败时，由他去长安洽降，被封为阳翟郡公，宋州刺史，与李

勣一起经略武牢以东地区。秦王世民用他的计谋，擒窦建德，拜上柱国。后任昆丘道副大总管，在进讨龟兹时，中流矢而死。⑥ 启：汇报，告诉。⑦ 纯臣：一心为君主服务的臣子。⑧ 黎州：武德时，置黎州总管府，贞观元年(627)，领黎阳、临河、内黄等县，十七年废并。⑨ 宗正：秦汉所置九卿之一，多由皇族中人充任，为皇族事务机关之长官。所掌为序录王国嫡庶之次及诸宗室亲属远近，历代职掌略同，唐时又称宗正寺卿。⑩ 散骑(jì)常侍：三国魏始置之官名，在皇帝左右规谏过失，以备顾问，隋唐相沿。属清望之官，多用为将相大臣的兼职。⑪ 右武侯大将军：唐设武卫之职。各有大将军、将军，以统率禁卫部队。⑫ 行服：穿丧服。⑬ 威仪：古时典礼中的动作仪文及待人接物的礼节。⑭ 窦建德：清河漳南(今山东武城)人。农民出身，曾为里长。大业七年(611)，任二百人长。因助孙安祖起义，家属被杀，遂率部起义，投高鸡泊义军高士达，高士达牺牲后，继为领袖，称将军，拥众十余万。大业十三年，称长乐王，后又称夏王，建都乐寿，国号夏。后因率军驰援被李世民围攻的王世充，轻敌兵败，被杀于长安。⑮ 并州都督：唐代并州即今山西阳曲以南、文水以北汾水中游地区，由总管统辖，武德七年(624)改总管为都督，立府置佐史。⑯ 塞垣(yuán)：边疆城池。垣，矮墙，古时用以指代城池或某些官署。⑰ 太子詹事：秦始置官名，职掌皇后、太子家事，历代相沿，为太子官属之长。⑱ 属以孤幼：托孤。古代帝王将死之前，往往嘱托亲信大臣辅佐尚未成人的太子，谓“托孤”。⑲ 雪涕：擦拭涕泪。⑳ 突厥、颉利及薛延陀、高丽：隋文帝开皇二年(682)，突厥分裂为东、西二部，这里突厥指西突厥，颉利指东突厥颉利可汗；薛延陀本延陀部，与薛种杂居，号薛延陀。贞观中，为唐灭，置为州县；高丽即高句丽。㉑ 韩、白：韩信和白起。韩信，汉初诸侯王；白起，战国时秦国名将。

【导读】

李勣，又是一位名将，但其特点，不仅在其武功，而且在于其为人臣子，对于主人忠心耿耿，因而得太宗器重。甚至在其病时，太宗剪须配药为其治病；当其喝醉时，太宗脱下自己的御服盖在他身上，这些记述更显太宗之礼臣高风。

马周，博州茌平[①]人也。贞观五年，至京师，舍于中郎将常何[②]之家。时太宗令百官上书言得失，周为何陈便宜[③]二十余事，令奏之，事皆合旨。太宗怪其能，问何，何对曰："此非臣所发意，乃臣家客马周也。"太宗即日召之，未至间，凡四度遣使催促。及谒见，与语甚悦。令直门下省，授监察御史[④]，累除中书舍人[⑤]。周有机辩，能敷奏，深识事端，故动无不中。太宗尝曰："我于马周，暂时不见，则便思之。"十八年，历迁中书令，兼太子左庶子，周既职兼两宫，处事平允，甚获当时之誉。又以本官摄吏部尚书[⑥]。太宗尝谓侍臣曰："周见事敏速，性甚慎至。至于论量人物，直道而言，朕比任使之，多称朕意。既写[⑦]忠诚，亲附于朕，实藉此人，共康时政也。"

【注释】

① 茌(chí)平：时属河北清河郡，汉时始置县，今属山东。② 中郎将：原为秦时所置官名，汉后仍之。唐制为太子府署，是禁卫军的低职军官。常何：贞观年间武将，因荐马周而著名，太宗以为知人，赐帛三百匹。③ 便(biàn)宜：便于公、利于民的事，特指对国家有利的事。④ 监察御史：唐御史台分为三院，其中监察御史属察院，品秩低而权限广。⑤ 中书舍人：中书省的属官，掌管诏令、侍从、宣旨、接纳上奏文表等事。⑥ 摄吏部尚书：代理吏部尚书。吏部为六部之一。⑦ 写：尽。

【导读】

马周以一介草民的身份由于特殊的机遇而为太宗重用。马周见识非凡，处事平允，性格谨慎，深得太宗赏识，太宗有识人之明，君臣相得，共康时政。

论求谏第四

太宗威容俨肃[①]，百僚进见者，皆失其举措。太宗知其若此，每见人奏事，必假颜色[②]，冀闻谏诤，知政教得失。贞观初，尝谓公卿曰："人欲自照，必须明镜；主欲知过，必藉忠臣。主若自贤，臣不匡正，欲不危败，岂可得乎？故君失其国，臣亦不能独全其家。至于隋炀帝暴虐，臣下钳口[3]，卒令不闻其过，遂至灭亡，虞世基等，寻亦诛死。前事不远，公等每看事有不利于人，必须极言规谏。”

【注释】

① 俨(yǎn)肃：恭敬庄重。② 假颜色：改换脸色，装作和气的样子。③ 钳(qián)口：闭口。

【导读】

求谏必须态度谦虚，臣才敢谏，“人欲自照，必须明镜；主欲知过，必藉忠臣”。此节言求谏之客观必要性与意义，臣不谏诤，君失其国，臣也不能独全其家。

贞观元年，太宗谓侍臣曰：“正主任邪臣，不能致理[1]；正臣事邪主，亦不能致理。惟君臣相遇，有同鱼水，则海内可安。朕虽不明，幸诸公数相匡救，冀凭直言鲠议[2]，致天下太平。”谏议大夫王珪对曰：“臣闻，木从绳则正，后从谏则圣[3]。是故古者圣主必有争臣七人[4]，言而不用，则相继以死[5]。陛下开圣虑，纳刍荛，愚臣处不讳之朝，实愿罄其狂瞽[6]。”太宗称善，诏令自是宰相入内平章国计[7]，必使谏官随入，预闻政事。有所开说[8]，必虚己纳之。

【注释】

① 致理：治国达到天下太平。② 直言鲠(gěng)议：耿直议论，不避忌讳。③ “木从绳则正”句：贤臣傅说告殷商高宗之辞，以木工需从绳而正的道理，说明帝王对于谏诤不可不受。④ 是故古者圣主必有争(zhèng)臣七人：语出《孝经·谏诤》。争臣即诤臣，直言谏诤之臣。⑤ 相继以死：继之以死来劝谏。⑥ 罄其狂瞽(gǔ)：自己虽愚昧无知，也愿尽到自己的忠心。⑦ 平章国计：筹商国家大事。⑧ 开说：规谏。

【导读】

太宗认识到“君有忠臣，如鱼得水；臣匡君过，方得贤明”，通过君臣对话及记述制定“谏官入阁制度”，进一步彰显谏诤对于保持政治清明、长治久安的意义和价值。

贞观二年，太宗谓侍臣曰：“明主思短而益善，暗主护短而永愚。隋炀帝好自矜夸，护短拒谏，诚亦实难犯忤。虞世基不敢直言，或恐未为深罪。昔箕子佯狂[①]自全，孔子亦称其仁[②]。及炀帝被杀，世基合同死否？”杜如晦对曰：“天子有诤臣，虽无道不失其天下。仲尼称：‘直哉史鱼[③]，邦有道如矢[④]，邦无道如矢。’世基岂得以炀帝无道，不纳谏诤，遂杜口无言[⑤]？偷安重位，又不能辞职请退，则与箕子佯狂而去，事理不同。昔晋惠帝贾后将废愍怀太子[⑥]，司空张华[⑦]竟不能苦争，阿意苟免。及赵王伦[⑧]举兵废后，遣使收华，华曰：‘将废太子日，非是无言，当时不被纳用。’其使曰：‘公为三公[⑨]，太子无罪被废，言既不从，何不引身而退？’华无辞以答，遂斩之，夷其三族[⑩]。古人有云：‘危而不持，颠而不扶，则将焉用彼相？’故‘君子临大节[⑪]而不可夺也。’张华既抗直不能成节，逊言[⑫]不足全身，王臣之节固已坠矣。虞世基位居宰辅[⑬]，在得言之地，竟无一言谏诤，诚亦合死[⑭]。”太宗曰：“公言是也。人君必须忠良辅弼，乃得身安国宁。炀帝岂不以下无忠臣，身不闻过，恶积祸盈，灭亡斯及。若人主所行不当，臣下又无匡谏，苟在阿顺，事皆称美，则君为暗主，臣为谀臣，君暗臣谀，危亡不远。朕今志在君臣上下，各尽至公，共相切磋，以成治道。公等各宜务尽忠谠[⑮]，匡救朕恶，终不以直言忤意，辄相责怒。”

【注释】

① 箕(jī)子佯狂：商纣王的叔父，因纣王无道，劝谏不听，便佯装发狂避免灾祸。② 孔子亦称其仁：孔子曾把箕子、微子、比干称为殷之“三仁”。③ 史鱼：春秋末卫国史官，以正直著称。④ 如矢：像箭那样直。比喻敢于直言规谏。⑤ 杜口无言：闭口不说。⑥ 晋惠帝：西晋皇帝，在位期间放任贾后专政，引起皇族争相残杀的“八王之乱”。贾后：名南风，晋惠帝皇后，扰乱朝政，在“八王之乱”中被杀。愍(mǐn)怀太子：晋惠帝

太子，为贾后所杀，赵王伦执政后谥为愍怀。⑦ 张华：字茂先，晋惠帝时为丞相。⑧ 赵王伦：司马懿第九子。在永康三年(466)起兵杀贾后、废惠帝，后以谋逆之罪遭诛。⑨ 三公：东汉以后，以太尉、司徒、司空合称三公，又称三司。⑩ 夷其三族：古代株连犯罪者亲属的一种酷刑。三族指父族、母族、妻族。⑪ 大节：大的名节，即死节。⑫ 逊言：逃避责任的话。⑬ 宰辅：丞相。⑭ 合死：应该杀死。⑮ 忠谠：竭尽忠诚，忠于职守。

【导读】

这段君臣对话，通过总结历史经验，说明“君暗臣谀，危亡不远”的道理，说明君主虚心纳谏与臣子忠诚谏诤之必要性和价值。

贞观三年，太宗谓司空裴寂[①]曰：“比有上书奏事，条数甚多，朕总粘之屋壁，出入观省。所以孜孜不倦者，欲尽臣下之情。每一思政理，或三更方寝。亦望公辈用心不倦，以副[②]朕怀也。”

贞观五年，太宗谓房玄龄等曰：“自古帝王多任情喜怒，喜则滥赏无功，怒则滥杀无罪。是以天下丧乱，莫不由此。朕今夙夜未尝不以此为心，恒欲公等尽情极谏。公等亦须受人谏语，岂得以人言不同己意，便即护短不纳？若不能受谏，安能谏人？”

【注释】

① 裴(péi)寂：隋末助李渊起兵，攻克长安后，又劝李渊称帝。武德年间任尚书左仆射，奉命制定《唐律》。贞观初任司空，后被免官，流放静州而死。② 副：符合，相称。

【导读】

太宗不仅和颜求谏，而且以一种极其恳切之心对待臣之进谏，以不倦之心勉励群臣同心协力，不仅谏君，也要善于纳谏。

贞观六年，太宗以御史大夫韦挺[①]、中书侍郎杜正伦[②]、秘书少监[③]虞世南、著作郎姚思廉[④]等上封事称旨[⑤]，召而谓曰："朕历观自古人臣立忠之事，若值明主，便宜尽诚规谏，至如龙逄、比干[⑥]，不免孥戮[⑦]。为君不易，为臣极难。朕又闻龙可扰而驯，然喉下有逆鳞[⑧]。卿等遂不避犯触，各进封事。常能如此，朕岂虑宗社之倾败！每思卿等此意，不能暂忘，故设宴为乐。"仍赐绢有差。

【注释】

① 御史大夫：御史台长官，掌刑法典章，纠查百官罪恶。韦挺：京兆人，少与隐太子相友善，后为太子宫臣。武德七年(624)，被流放。贞观初，经王珪多次推荐，起用为御史大夫，后兼魏王府事，又改为太常卿，后因太子得罪而被废为民。② 杜正伦：相州洹水(今属河北魏县)人，隋代秀才。贞观初，经魏征推荐，升任兵部员外郎，逐渐升到中书侍郎。承乾太子被废，受牵连而被流放。显庆初，起用为中书令，不久被贬为横州刺史。③ 秘书少监：唐时为秘书省副长官，掌典图书古今文字，考古异同。④ 著作郎：秘书省属官。掌修撰碑志、祝文、祭文，与佐郎分判局事。姚思廉：名简，以字行。吴兴武康(今浙江德清)人，仕隋为河间郡司法、代王侍郎。唐军入长安，受任亲王府文学。李世民即位，改弘文馆学士，又为著作郎。⑤ 上封事称旨：所奏的事都符合太宗心意。⑥ 比干：殷末纣王叔伯父，因为犯颜强谏，被纣王剖心而死。⑦ 孥(nú)戮：孥为子，戮为杀。孥戮指连儿子一起杀死。⑧"龙可扰而驯"句：龙性柔顺，可以与之狎戏，骑在它的背上。但是它的喉下有逆鳞，如果触及逆鳞，龙一定会杀人。此以龙之逆鳞比喻皇帝的威严。见《韩非子·说难》。

太常卿[①]韦挺尝上疏陈得失，太宗赐书曰："所上意见，极是谠言，辞理可观，甚以为慰。昔齐境之难[②]，夷吾有射钩之罪，蒲城之役，勃鞮为斩袂之仇，而小白不以为疑，重耳待之若旧[③]。岂非各吠非主[④]，志在无二。卿之深诚，见于斯矣。若能克全此节，则永保令名[⑤]。如其怠之，可不惜也。勉励终始，垂范将来，当使后之视今，亦犹今之视古，不亦美乎？朕比不闻其过，未睹其阙，赖竭忠恳，数进嘉言，用沃朕怀，一何可道！"

贞观八年，太宗谓侍臣曰："朕每闲居静坐，则自内省。恒恐上不称天心，下为百姓所怨。但思正人匡谏，欲令耳目外通，下无怨滞。又比见人来奏事者，多有怖慑[⑥]，言语致失次第。寻常奏事，情犹如此，况欲谏诤，必当畏犯逆鳞。所以每有谏者，纵不合朕心，朕亦不以为忤。若即嗔责[⑦]，深恐人怀战惧，岂肯更言！”

【注释】

① 太常卿：九卿之一，专掌祭祀、礼乐。② 齐境之难：公元前685年，齐襄公被杀，国中大乱。当时公子小白在莒，公子纠在鲁，两人闻讯，起兵回国争夺王位。管仲助公子纠拦截小白，弯弓射中小白带钩。后来小白继位，是为桓公。管仲因公子纠党而被囚，他的好友鲍叔牙在桓公面前竭力推荐他，桓公也不因射钩之罪而记恨他，任命他为大夫，大加信用。管仲相齐，遂成霸业。③“蒲城之役”句：晋献公宠信骊姬，欲立其子奚齐。骊姬设计陷害太子申生，逼其自杀，又在献公面前进谗言，欲置公子夷吾与重耳于死地。夷吾奔屈，重耳奔浦城。献公又派贾华伐屈，使勃鞮刺杀公子重耳。重耳越墙而逃，勃鞮追杀不及仅斩去他的衣袂。重耳奔狄，过了很长一段流亡生活后，重新回到晋国即位，是为晋文公。文公不以勃鞮当年刺杀他未遂一事为意，待之如旧故。④ 各吠(fèi)非主：各为其主。⑤ 令名：美名，好的名声。⑥ 怖慑：害怕的样子。⑦ 嗔(chēn)责：呵责怪罪。

【导读】

太宗体恤下情，能了解为臣谏诤之难，这种认识和态度正是他虚心求谏的思想前提，也是臣子敢谏愿谏的条件，只有君臣互相信任，才敢谏诤。正是因为太宗有“诤言不合朕心，也不以为忤”的雅量，才能打消臣子因谏诤而触犯龙颜、获罪亡家的恐惧，使谏诤成为可能，这些记述都体现出太宗虚心求谏的清明态度。

贞观十五年，太宗问魏征曰：“比来朝臣都不论事，何也？”征对曰：“陛下虚心采纳，诚宜有言者。然古人云：‘未信而谏，则以为谤己；信而不谏，则谓之尸禄[①]。’但人之才器，各有不同。懦弱之人，怀忠直而不能言；疏远之人，恐不信而不得言；怀禄[②]之人，虑不便身而不敢言。所以相与缄默[3]，俯仰过日[4]。"太宗曰："诚如卿言。朕每思之，人臣欲谏，辄惧死亡之祸，与夫赴鼎镬[5]、冒白刃，亦何异哉？故忠贞之臣，非不欲竭诚。竭诚者，乃是极难。所以禹拜昌言[6]，岂不为此也！朕今开怀抱，纳谏诤。卿等无劳怖惧，遂不极言。"

【注释】

① 尸禄：做官拿俸禄而不干事。语出《说苑》。② 怀禄：贪恋爵位俸禄。③ 缄默：沉默。④ 俯仰：应付、周旋。⑤ 鼎镬(huò)：鼎为古代青铜炊器，有足曰鼎，无足曰镬。鼎镬原指烹饪器具，此指用鼎镬来烹人的酷刑刑具。⑥ 禹拜昌言：禹推辞舜要他直言进谏的要求。昌言，尽情进言。

【导读】

太宗和魏征在分析了群臣不谏的各种原因后，进一步表明了自己"开怀抱，纳谏诤"的求谏之心，太宗虽偶然有不受谏诤的行为，大体上看，他的虚心求谏仍能贯彻终始，反身自省，开怀纳谏。

贞观十六年，太宗谓房玄龄等曰："自知者明，信[1]为难矣。如属文之士，伎巧之徒[2]皆自谓己长，他人不及。若名工文匠，商略诋诃[3]，芜词[4]拙迹，于是乃见。由是言之，人君须得匡谏之臣，举其愆过[5]。一日万机，一人听断，虽复忧劳，安能尽善？常念魏征随事谏正，多中朕失，如明镜鉴形，美恶必见。"因举觞[6]赐玄龄等数人勖[7]之。

【注释】

① 信：确实。② 属(zhǔ)文之士：写文章的人。伎(jì)巧之徒：有技艺的人。③ 商略诋(dǐ)诃(hē)：比较品评，诋毁斥责。④ 芜词：杂乱无章没有条理的言词。⑤ 愆(qiān)过：过失。⑥ 觞(shāng)：古代盛酒器。⑦ 勖(xù)：勉励。

【导读】

此节乃太宗针对魏征于贞观十七年(643)春正月卒一事而阐发，论述了人之自知实难，人君尤需谏臣，勉励群臣以魏征为榜样，多事匡谏。

贞观十七年，太宗问谏议大夫褚遂良曰："昔舜造漆器，禹雕其俎[①]，当时谏者十有余人。食器之间，何须苦谏？"遂良对曰："雕琢害农事，纂组伤女工[②]。首创奢淫，危亡之渐。漆器不已，必金为之。金器不已，必玉为之。所以诤臣必谏其渐，及其满盈，无所复谏。"太宗曰："卿言是矣，朕所为事，若有不当，或在其渐[③]，或已将终，皆宜进谏。比见前史，或有人臣谏事，遂答云'业已为之'，或道'业已许之'，竟不为停改。此则危亡之祸，可反手而待也。"

【注释】

① 舜造漆器：世传造漆器自舜始。禹雕其俎(zǔ)：雕为镂饰，俎为古代用来盛祭品的器皿，又谓割肉所用的砧板，长方形，两端有足。相传禹初为雕俎。②"雕琢害农事"句：精雕细刻会危害农业生产，编织五彩绦带会损害妇女的工作。女工，女红。纂，用丝织成的五彩绦带。组，用丝织成的阔带子。③ 渐：事物的开端。

【导读】

太宗通过与褚遂良对历史经验的总结，要求臣下或渐或终，及时进谏。事前谏诤可预防错误决断，事中谏诤可止恶，事后谏诤可作检讨，终必有益于政。

论纳谏第五

贞观初，太宗与黄门侍郎王珪宴语[①]，时有美人[②]侍侧，本庐江王瑗[③]之姬也，瑗败，籍没[④]入宫。太宗指示珪曰："庐江不道，贼杀其夫而纳其室，暴虐之甚，何有不亡者乎！"珪避席[⑤]曰："陛下以庐江取之为是邪，为非邪？"太宗曰："安有杀人而取其妻，卿乃问朕是非，何也？"珪对曰："臣闻于《管子》曰：齐桓公之郭国，问其父老曰：'郭何故亡？'父老曰：'以其善善而恶恶也。'桓公曰：'若子之言，乃贤君也，何至于亡？'父老曰：'不然，郭君善善而不能用，恶恶而不能去，所以亡也。'今此妇人尚在左右，臣窃以为圣心是之。陛下若以为非，所谓知恶而不去也。"太宗大悦，称为至善，遽[6]令以美人还其亲族。

【注释】

① 宴语：在宴席上交谈。② 美人：宫中女官名称，正四品。③ 庐江王瑗（yuàn）：唐太宗的本族叔父李瑗，封庐江王后，因谋反罪被杀。④ 籍没：官府把罪犯的家人和财产登记没收。⑤ 避席：古人席地而坐，离座而起，以示尊敬。⑥ 遽（jù）：立刻。

【导读】

"善善而恶恶"是一种美德，"善善而不能用，恶恶而不能去"徒有理念，而无行动，于事无补。太宗如此之行为的心理状态或许有二：其一未意识到已之过错，王珪之谏，过而改之，"过而不改，是谓过矣"；其二，此为情欲之际，过而难改。王珪言人之所难言，是为忠直之臣，太宗改人之所难改，是为贤明之君。

贞观四年，诏发卒修洛阳之乾元殿以备巡狩[1]。给事中张玄素[2]上书谏曰：

陛下智周万物[3]，囊括四海。令之所行，何往不应？志之所欲，何事不从？微臣窃思秦始皇之为君也，藉周室之余，因六国[4]之盛，将贻之万叶[5]，及其子而亡，谅由逞嗜奔欲[6]，逆天害人者也。是知天下不可以力胜，神祇不可以亲恃。惟当弘俭约，薄赋敛，慎终始，可以永固。

【注释】

① 乾元殿：洛阳宫中主要大殿，隋时所建。巡狩（shòu）：即巡守，指天子巡行视察各地。② 给事中：门下省官名，正五品。掌侍奉皇帝，襄助侍中、侍郎处理省事，审查弘文馆缮写的情况，对诏令奏议不便者封驳，对冤狱或拖欠未办之案，提出处理意见。张玄素：蒲州虞乡（今山西永济）人，隋时为景城县户曹。贞观初，任太子詹事、右庶子。因太子被废，而削职为民。不久，起用为刺史。③ 智周万物：智慧高超，遍及万物。

④ 六国：战国时的齐、楚、韩、燕、赵、魏。⑤ 万叶：万世。⑥ 逞(chěng)嗜奔欲：放纵嗜欲。指秦始皇盛营宫阙，生活奢侈，迷信方士，求神仙等事。

方今承百王[1]之末，属凋弊之余，必欲节之以礼制，陛下宜以身为先。东都未有幸期[2]，即令补葺[3]；诸王今并出藩[4]，又须营构。兴发数多，岂疲人之所望？其不可一也。陛下初平东都之始，层楼广殿，皆令撤毁，天下翕然[5]，同心欣仰。岂有初则恶其侈靡，今乃袭其雕丽[6]？其不可二也。每承音旨[7]，未即巡幸，此乃事不急之务，成虚费之劳。国无兼年[8]之积，何用两都之好？劳役过度，怨讟将起。其不可三也。百姓承乱离之后，财力凋尽，天恩含育[9]，粗见存立[10]，饥寒犹切，生计未安，三五年间，未能复旧。奈何营未幸之都，而夺疲人之力？其不可四也。昔汉高祖将都洛阳，娄敬一言[11]，即日西驾[12]。岂不知地惟土中[13]，贡赋所均，但以形胜不如关内也[14]。伏惟陛下化凋弊之人，革浇漓之俗[15]，为日尚浅[16]，未甚淳和，斟酌事宜，讵[17]可东幸？其不可五也。

【注释】

① 百王：指隋末混乱中各地割据势力和农民起义军。② 幸期：巡幸东都的日期。③ 补葺(qì)：修补，修缮。④ 出藩：皇子、亲王出守地方为国家藩卫。⑤ 翕(xī)然：安定的样子。⑥ 雕丽：雕琢华丽。文中意谓奢华。⑦ 音旨：言辞、信息。⑧ 兼年：两年。⑨ 含育：精心养育。⑩ 粗见存立：初步得到生存自立。⑪ 娄敬一言：娄敬为汉时齐人，汉高祖在洛阳时，曾建议建都长安，高祖不从。后来因张良极力主张而终于定都长安，汉高祖就赐娄敬姓刘氏，拜郎中，号奉春君。⑫ 西驾：起驾西行。⑬ 地惟土中：洛阳地居国土正中。⑭ 关内：唐建都长安，所以把函谷关以西地区称为关内，置设关内道，归京兆管辖。⑮ 浇漓(lí)之俗：浮薄的社会风气。⑯ 为日尚浅：用的时间还短。⑰ 讵(jù)：岂。

臣尝见隋室初造此殿，楹栋[1]宏壮，大木非近道所有，多自豫章[2]采来，二千人拽一柱，其下施毂[3]，皆以生铁为之，中间若用木轮，动即火出。

略计一柱,已用数十万,则余费又过倍于此。臣闻阿房成,秦人散[4];章华[5]就,楚众离;乾元毕工,隋人解体[6]。且以陛下今时功力,何如隋日?承凋残之后,役疮痍之人,费亿万之功,袭百王之弊,以此言之,恐甚于炀帝远矣。深愿陛下思之,无为由余[7]所笑,则天下幸甚矣。

【注释】

① 楹(yíng)栋:楹,厅堂前的柱子。栋,房屋的正梁。② 豫章:古地名,一作江北淮南地,一作江西南昌。③ 毂(gǔ):车轮的中心部分,周围与车辐的一端相接,中有圆孔,可以插轴。用为车轮的代称。④“阿房成”句:阿房宫建成,秦朝也随之灭亡。⑤ 章华:台名,楚灵王时建,在湖北监利西北。⑥“乾元毕工”句:乾元殿竣工,隋朝也随之灭亡。⑦ 由余:春秋时西戎人,西戎王派由余考察秦国,秦穆公示以宫室积聚。由余笑曰:“此乃中国所以乱也。”

太宗谓玄素曰:“卿以我不如炀帝,何如桀、纣?”对曰:“若此殿卒兴,所谓同归于乱。”太宗叹曰:“我不思量,遂至于此。”顾谓房玄龄曰:“今玄素上表,洛阳实亦未宜修造,后必事理须行,露坐亦复何苦?所有作役,宜即停之。然以卑干尊,古来不易,非其忠直,安能如此?且众人之唯唯,不如一士之谔谔[1]。可赐绢二百匹。”魏征叹曰:“张公遂有回天之力,可谓仁人之言,其利博哉!”

【注释】

① 谔谔(è):直言争辩。

【导读】

此则为太宗接受下属批评意见,虚心纳谏的范例。唐制,“给事中”是陪伴在皇帝左右参与侍应以备顾问等事宜的小官。从其官职地位分析,玄素为民众利益敢“以卑干尊”、“以下犯上”实表明其为官之忠直和勇气;更能表现太宗接受下属批评的心胸和气魄。真乃“众人之唯唯,不如一士之谔谔”。

太宗有一骏马，特爱之，恒于宫中养饲，无病而暴死。太宗怒养马宫人，将杀之。皇后[①]谏曰："昔齐景公[②]以马死杀人，晏子[③]请数其罪云：'尔养马而死，尔罪一也。使公以马杀人，百姓闻之，必怨吾君，尔罪二也。诸侯闻之，必轻吾国，尔罪三也。'公乃释罪。陛下尝读书见此事，岂忘之邪？"太宗意乃解。又谓房玄龄曰："皇后庶事相启沃，极有利益尔。"

【注释】

① 皇后：即长孙皇后，少好读书，重礼节，性俭约，能规谏，补救太宗的失误。② 齐景公：春秋时齐国国君，为政残暴，导致齐国内乱，政归田氏。③ 晏子：名婴，字平仲，齐国夷维人，任齐卿三十多年，以简朴著称。常劝齐景公减轻刑罚，听取臣下意见，主张礼治，君臣应为"社稷"办事。

贞观七年，太宗将幸九成宫，散骑常侍姚思廉进谏曰："陛下高居紫极[①]，宁济[②]苍生，应须以欲从人，不可以人从欲。然而离宫游幸，此秦皇、汉武之事，故非尧、舜、禹、汤之所为也。"言甚切至。太宗谕[③]之曰："朕有气疾[④]，热便顿剧，故非情好游幸，甚嘉卿意。"因赐帛五十段。

【注释】

① 紫极：指帝王高位。② 宁济：安定救济。③ 谕（yù）：旧时上告下的通称。也指告诉。④ 气疾：一种呼吸系统疾病。

贞观三年，李大亮为凉州[①]都督，尝有台使[②]至州境，见有名鹰，讽[③]大亮献之。大亮密表曰："陛下久绝畋猎[④]，而使者求鹰。若是陛下之意，深乖昔旨[⑤]；如其自擅，便是使非其人。"太宗下书曰："以卿兼资文武，志怀贞确[⑥]，故委藩牧[⑦]，当兹重寄。比在州镇，声绩远彰，念此忠勤，岂忘寤寐[⑧]？使遣献鹰，遂不曲顺，论今引古，远献直言。披露腹心，非常恳到，览用嘉叹，不能已已。有臣若此，朕复何忧！宜守此诚，终始若一。《诗》云：'靖共尔位，好是正直。神之听之，介尔景福。'[⑨]古人称一言之重，侔[⑩]于千金，卿之所言，深足贵矣。今赐卿金壶瓶、金碗各一枚，虽无千镒[⑪]之重，是朕自用之物。卿立志方直，竭节至公，处职当官，每副所委，方大任使，以申重寄。公事之闲，宜观典籍。兼赐卿荀悦《汉纪》[12]一部，此书叙致简要，论议深博，极为政之体，尽君臣之义，今以赐卿，宜加寻阅。"

【注释】

① 李大亮：有文武才略。唐高祖入关时归唐，任土门令。贞观八年(634)，讨伐吐谷浑有功，进封武阳公。为人刚直不阿。凉州：州名，今甘肃武威县。② 台使：朝廷的使者。③ 讽：婉言劝说。④ 畋猎：打猎。⑤ 深乖昔旨：大大违背了昔日的旨意。⑥ 贞确：坚定。⑦ 藩牧：藩镇长官。藩，指藩镇，唐初都督府通称为藩镇。⑧ 寤(wù)寐(mèi)：睡觉。⑨"靖共尔位"句：语见《诗经·小雅·小明》。意为安于你的职位，亲近正直的人。神明听到，赐你大福。⑩ 侔(móu)：齐等。⑪ 镒(yì)：古代重量单位。相当于二十两，一说二十四两。⑫ 荀悦：汉献帝时，曾任黄门侍郎、秘书监、侍中等职。《汉纪》，荀悦撰。共三十卷，编年体史书。

【导读】

纳皇后婉谏，重人轻马。思廉劝谏太宗克制欲望，顺从人民，不好巡幸，不扰民息。太宗虽未从谏，但仍对思廉予以嘉奖。大亮谏诤太宗绝养鹰之好，太宗纳谏，并予以鼓励。巡幸、畋猎、养鹰驯马，历代君王各有所好，好之过甚则生谗佞之人、贿赂之风。虽是个人喜好之小事，太宗亦表现出其纳谏态度之诚恳，使谏者感恩图报，群臣得以鼓励。"投其所好"是小人媚上得以通行的关键因素，如果领导干部能制约其好、清廉自守，那也能防止奸佞小人的贿赂之风。

贞观八年，陕县丞皇甫德参上书忤旨[1]，太宗以为讪谤[2]。侍中魏征进言曰："昔贾谊当汉文帝[3]上书云云'可为痛哭者一，可为长叹息者六'。自古上书，率多激切。若不激切，则不能起人主之心。激切即似讪谤，惟陛下详其可否。"太宗曰："非公无能道此者。"令赐德参帛二十段。

【注释】

① 陕县：今河南省陕县。丞：县丞，县令的主要佐吏。② 讪(shàn)

谤：诽谤。③ 贾谊：西汉政论家、文学家。汉文帝：汉高祖仲子。在位期间，推行轻徭薄赋、与民休息的政策，政治安定。死后，景帝继续推行其治国方针，出现盛世，后人称为“文景之治”。

【导读】

子夏曰：“信而后谏；未信，则以为谤己。”谏诤是一门学问，既需掌握心理策略，又需运用委婉言语。皇甫德参上书必有不逊，激怒太宗。太宗受魏征之谏诤知过能改，由盛怒转为嘉奖以示宽大胸怀。上至宰相魏征，下至县丞德参皆不畏龙威，激言谏诤，可谓臣有尽忠之心，君有改过之诚。

贞观十五年，遣使诣西域立叶护可汗①，未还，又令人多赍②金帛，历诸国市马③。魏征谏曰：“今发使以立可汗为名，可汗未定立，即诣诸国市马，彼必以为意在市马，不为专立可汗。可汗得立，则不甚怀恩，不得立，则生深怨。诸蕃④闻之，且不重中国。但使彼国安宁，则诸国之马，不求自至。昔汉文帝有献千里马者，曰：‘吾吉行⑤日三十，凶行⑥日五十，鸾舆⑦在前，属车⑧在后，吾独乘千里马，将安之乎？’乃偿其道里所费而返之。又光武⑨有献千里马及宝剑者，马以驾鼓车⑩，剑以赐骑士。今陛下凡所施为，皆邈过三王⑪之上，奈何至此欲为孝文、光武之下乎？又魏文帝⑫求市西域大珠，苏则⑬曰：‘若陛下惠及四海，则不求自至，求而得之，不足贵也。’陛下纵不能慕汉文之高行，可不畏苏则之正言耶？”太宗遽令止之。

【注释】

① 西域：汉朝以后对玉门关以西地区的总称。叶护可汗：西突厥可汗。曾遣使入贡唐朝。② 赍：带。③ 历诸国市马：到西域各国去买马。④ 诸蕃：西域诸国。⑤ 吉行：巡幸祭祀。⑥ 凶行：出兵打仗。⑦ 鸾(luán)舆(yú)：皇帝的车驾。⑧ 属车：皇帝的侍从车子。也称副车。⑨ 光武：东汉光武帝刘秀。建武元年(529)，正式称帝，定都洛阳，建立东汉政权，统一全国。在位期间，加强中央集权、轻徭薄赋、经济得以恢复。⑩ 鼓车：载鼓之车。皇帝出行的仪仗之一。⑪ 邈(miǎo)：超过。

三王：夏禹、商汤、周文王。⑫ 魏文帝：曹丕，曹操次子。国号魏，在位期间，实行九品中正制，确立士族豪强在政治上的特权。⑬ 苏则：魏扶风人，字文师。少以学行闻名，被举荐为孝廉茂才。仕魏，官至侍中。

贞观十七年，太子右庶子高季辅[1]上疏陈得失。特赐钟乳[2]一剂，谓曰："卿进药石之言[3]，故以药石相报。"

【注释】

① 高季辅：贞观初年任监察御史，弹劾不避权贵。曾经数次上疏议论政治得失。官至侍中，死后谥宪。② 钟乳：石灰岩洞自顶部下垂的碳酸钙淀积物，可供药用。③ 药石之言：针砭时弊的良言。药石，治病的药物和砭石，亦泛指药物。

【导读】

魏征谏诤太宗慎处中原与四夷的关系，不以喜功贪利而使夷狄生怨恨。太宗赠高季辅钟乳以示君臣互诫。钟乳在中医上有通气和胃的功效，太宗特赠此物，用意颇深，以嘉人臣之进言，以望人臣之清鉴。

贞观十八年，太宗谓长孙无忌等曰："夫人臣之对帝王，多顺从而不逆，甘言以取容[1]。朕今发问，不得有隐，宜以次言朕过失[2]。"长孙无忌、唐俭[3]等皆曰："陛下圣化道致太平，以臣观之，不见其失。"黄门侍郎刘洎[4]对曰："陛下拨乱创业，实功高万古，诚如无忌等言。然顷有人上书，辞理不称者，或对面穷诘[5]，无不惭退。恐非奖进言者。"太宗曰："此言是也，当为卿改之。"

【注释】

① 取容：取得帝王的欢心。② 宜以次言朕过失：应按次序说出我的过失。③ 唐俭：年少时与唐太宗交游，见隋朝政治昏乱，于是辅佐太宗平定天下，为天策府长史，封莒国公。曾出使突厥，后任民部尚书，因事受牵连被贬。④ 刘洎（jì）：贞观年间为治书御史，后迁为侍中。因引起

唐太宗疑心而受命自杀。⑤ 穷诘(jié)：寻根究底地追问。

【导读】

贞观末年，魏征去世之后，朝廷内多谄谀之风，长孙无忌为最甚。刘洎虽勇于进谏，但已非魏征时代谏臣直言之风格，成为唐末的隐患。也正体现谏诤制度是君臣间的一种道德契约，在专制社会，皇帝的个人意志、情绪、态度是谏诤是否能取得成效的决定因素，谏诤活动因时、因事、因人而定，不具有稳定性，只存在弱制约性。

太宗尝怒苑西监①穆裕，命于朝堂斩之。时高宗②为皇太子，遽③犯颜进谏，太宗意乃解。司徒长孙无忌曰："自古太子之谏，或乘间从容而言④。今陛下发天威之怒，太子申犯颜之谏，诚古今未有。"太宗曰："夫人久相与处，自然染习。自朕御天下，虚心正直，即有魏征朝夕进谏。自征云亡，刘洎、岑文本⑤、马周、褚遂良等继之。皇太子幼在朕膝前，每见朕心说⑥谏者，因染以成性，故有今日之谏。"

【注释】

① 苑西监：唐代司农寺下设京都苑四面监，监各一人，掌管皇家园林内的宫馆园池及种植修葺之事。② 高宗：唐高宗李治。初封晋王，贞观十七年(643)，立为太子。③ 遽：勇于。④ 从容而言：慢慢地说。⑤ 岑(cén)文本：贞观年间，历任秘书郎、中书舍人、中书侍郎，迁中书令。太宗伐辽，命他筹度军务，劳累过度而死，陪葬昭陵。⑥ 说：通"悦"，喜欢。

【导读】

太子乘危而谏，受太宗、群臣熏染所成。贞观年间，不仅有众多名谏臣，长孙皇后、太子皆敢谏，说明太宗时期确有谏诤之风。贞观期间，上至国家军政大事，下至君王一举一动，无事不可谏；不分贵贱、亲疏、内外，无人不能谏。这种善听人言、善识己过，不畏尊贵，直言敢谏的行为恐怕在今天的民主社会也难以完全实现。

直谏(附)

贞观二年,隋通事舍人[①]郑仁基女,年十六七,容色绝姝,当时莫及。文德皇后[②]访求得之,请备嫔御[③]。太宗乃聘为充华[④]。诏书已出,策使[⑤]未发。魏征闻其已许嫁陆氏,方遽进而言曰:"陛下为人父母[⑥],抚爱百姓,当忧其所忧,乐其所乐。自古有道之主,以百姓之心为心,故君处台榭,则欲民有栋宇之安;食膏粱,则欲民无饥寒之患;顾嫔御,则欲民有室家之欢。此人主之常道也。今郑氏之女,久已许人,陛下取之不疑,无所顾问,播之四海,岂为民父母之道乎?臣传闻虽或未的[⑦],然恐亏损圣德,情不敢隐。君举必书[⑧],所愿特留神虑。"太宗闻之大惊,手诏答之,深自克责,遂停策使,乃令女还旧夫。左仆射房玄龄、中书令温彦博、礼部尚书王珪、御史大夫韦挺等云:"女适陆氏,无显然之状[⑨],大礼既行,不可中止。"又陆氏抗表云:"某父康在日,与郑家往还,时相赠遗资财,初无婚姻交涉亲戚。"并云:"外人不知,妄有此说。"大臣又劝进。太宗于是颇以为疑,问征曰:"群臣或顺旨,陆氏何为过尔分疏[⑩]?"征曰:"以臣度之,其意可识,将以陛下同于太上皇[⑪]。"太宗曰:"何也?"征曰:"太上皇初平京城,得辛处俭妇,稍蒙宠遇。处俭时为太子舍人[⑫],太上皇闻之不悦,遂令出东宫为万年县,每怀战惧,常恐不全首领。陆爽[⑬]以为陛下今虽容之,恐后阴加谴谪[⑭],所以反复自陈,意在于此,不足为怪。"太宗笑曰:"外人意见,或当如此。然朕之所言,未能使人必信。"乃出敕曰:"今闻郑氏之女,先已受人礼聘,前出文书之日,事不详审,此乃朕之不是,亦为有司[⑮]之过。授充华者宜停。"时莫不称叹。

【注释】

① 通事舍人:递呈奏章、引见臣僚,传达圣旨的官员。② 文德皇后:即长孙皇后,从小知书达礼,朴素俭约。著《女则》十篇。③ 嫔(pín)御:妃嫔。④ 充华:宫中女官,九嫔之一。⑤ 策使:古代帝王对臣下或后妃授爵,记其语于简册,谓之"册封",派遣去宣读"册封"的使者谓之册使或策使。⑥ 为人父母:古人以皇帝为百姓的父母。《尚书·泰誓上》:"元

后作民父母。”⑦ 未的：不准确。⑧ 君举必书：举，举动，行动。隋、唐时设有起居舍人，侍从皇帝，掌记录皇帝言行。⑨ 显然之状：明显的情状。此处指确切的证据。⑩ 过尔分疏：尔，这样。疏，分条陈述。谓过分地这样分辩陈述。⑪ 太上皇：皇帝之父称太上皇。本为尊敬死者，后来凡传位太子者亦称为太上皇。此指唐高祖李渊。⑫ 太子舍人：唐制，东宫右春坊置舍人，掌行令书表启。⑬ 陆爽：郑仁基女儿的未婚夫。⑭ 谴谪(zhé)：谴责贬官。⑮ 有司：有关官署。

【导读】

谏诤有多种方式：讽谏、顺谏、规谏、至谏和直谏。直谏指谏者直接针对问题所作的切直不隐的谏诤，言词恳切、针锋相对、直击人心。《贞观政要》之所以把其单列，目的是想表明贞观时期臣谏言激切，君宽坦纳谏的实况。“古者天子一后，三夫人、九嫔、二十七世妇、八十一御妻”，皆为才性貌美女子。《诗经》有言：“窈窕淑女，君子好逑。”太宗亦不例外，人之欲莫大于此，敢对皇帝纳妃之事谏诤，真乃直谏，太宗能纳此言，更为难得。

贞观三年，诏关中免二年租税，关东给复一年[①]。寻有敕：“已役已纳，并遣输纳[②]，明年总为准折[③]。”给事中魏征上书曰：“伏见[④]八月九日诏书，率土皆给复一年。老幼相欢，或歌且舞。又闻有敕，丁已配役[⑤]，即令役满折造[⑥]，余物亦遣输了[⑦]，待明年总为准折。道路之人，咸失所望。此诚平分百姓，均同七子[⑧]。但下民难与图始，日用不足，皆以国家追悔前言，二三其德[⑨]。臣窃闻之，天之所辅者仁，人之所助者信。今陛下初膺大宝[⑩]，亿兆观德。始发大号[⑪]，便有二言[⑫]。生八表[⑬]之疑心，失四时之大信。纵国家有倒悬之急，犹必不可。况以泰山之安，而辄行此事！为陛下为此计者，于财利小益，于德义大损。臣诚智识浅短，窃为陛下惜之。伏愿少览臣言，详择利益。冒昧之罪，臣所甘心。”

【注释】

① 关东给复一年：关东，指函谷关以东之地。给复，免除徭役。

②输纳：继续缴纳。③准折：作准折算，即准予折算。④伏见：我看到。⑤配役：调配服役。⑥折造：折算租税。造，农作物收获的次数，文中借指租税。⑦输了：缴纳完毕。⑧均同七子：一视同仁。⑨二三其德：三番两次地改变主意，言行不一。⑩初膺(yīng)大宝：膺，当。大宝，帝位。⑪大号：诏命。⑫二言：改变圣旨。⑬八表：全国上下。

简点使[1]、右仆射封德彝等，并欲中男[2]十八已上，简点入军。敕三四出，征执奏以为不可。德彝重奏："今见简点者云，次男[3]内大有壮者。"太宗怒，乃出敕："中男已上，虽未十八，身形壮大，亦取。"征又不从，不肯署敕[4]。太宗召征及王珪，作色[5]而待之，曰："中男若实小，自不点入军。若实大，亦可简取。于君何嫌？过作如此固执，朕不解公意！"征正色曰："臣闻竭泽取鱼，非不得鱼，明年无鱼。焚林而畋，非不获兽，明年无兽。若次男已上，尽点入军，租赋杂徭，将何取给？且比年国家卫士，不堪攻战。岂为其少，但为礼遇失所，遂使人无斗心。若多点取人，还充杂使，其数虽众，终是无用。若精简壮健，遇之以礼，人百其勇[6]，何必在多？陛下每云，我之为君，以诚信待物，欲使官人百姓，并无矫伪之心。自登极已来，大事三数件，皆是不信，复何以取信于人？"太宗愕然曰："所云不信，是何等也？"征曰："陛下初即位，诏书曰：'逋租宿债[7]，欠负官物，并悉原免[8]。'即令所司，列为事条，秦府国司，亦非官物，陛下自秦王为天子，国司不为官物，其余物复何所有？又关中免二年租调[9]，关外给复一年[10]。百姓蒙恩，无不欢悦。更有敕旨：'今年白丁多已役讫[11]，若从此放免，并是虚荷国恩[12]，若已折已输[13]，令总纳取了，所免者皆以来年为始。'散还[14]之后，方更征收，百姓之心，不能无怪，已征得物，便点入军，来年为始，何以取信？又共理所寄[15]，在于刺史[16]、县令，常年貌税[17]，并悉委之。至于简点，即疑其诈伪。望下诚信，不亦难乎？"太宗曰："我见君固执不已，疑君蔽此事。今论国家不信，乃人情不通。我不寻思，过亦深矣。行事往往如此错失，若为致理？"乃停中男，赐金瓮一口，赐珪绢五十匹。

【注释】

①简点使：唐代一种临时差遣的官名。主持督察应役入军事务。

② 中男：唐初规定百姓十六以上为中男，二十一以上为成丁，其后岁数规定有变更。③ 次男：长子以下的男子。④ 署敕(chì)：签发文书。⑤ 作色：板起面孔。⑥ 人百其勇：人人勇气百倍。⑦ 逋(bū)租宿债：拖欠的租税和积累下来的旧债。⑧ 原免：赦免。⑨ 租调：唐代均田制下的赋税制度。⑩ 关外：关东，指潼关以东地域。给复：免除其徭役。⑪ 白丁：本无军籍，临时征集起来的壮丁。⑫ 虚荷国恩：名义上接受国家恩惠，实际上并没有受益。⑬ 已折已输：已经折算过"庸"，缴纳了"租调"。⑭ 散还：拖欠的租税和积累下来的旧债已经征得。⑮ 共理所寄：管理国家的事务。⑯ 刺史：汉代将全国分为十三监察区，各置刺史，为皇帝派往各地了解施政得失，考察风俗民情的使者，位不高。唐武德初，改郡为州，改太守为刺史，刺史成了地方高级行政长官，掌宣德化，每年视察属县，考察民风，审理属县难于断决而上报的案件等等。⑰ 貌税：隋、唐均田制或租庸调制的依据是每户的丁口数，为防止百姓隐瞒实际年龄来逃避赋役，郡县官吏要亲自查看户口，验证老少之实来确认交租服役人数。

【导读】

孔子曰："人而无信，不知其可也。大车无輗(ní)，小车无軏(yuè)，其何以行之哉?"魏征即谏君守信之重。"天之所辅者，仁；人之所助者，信。"人无信不立，君无信则亡。直言谏诤太宗勿以小利而伤德信，并历数太宗与民无信之事，极言诘问，可谓忠直。魏征针对征兵问题，从长远考虑，以民为重、为君树信，分析透彻而有见地，深得太宗嘉许，终于去固执，责己过。

贞观五年，治书侍御史权万纪、侍御史李仁发[1]，俱以告讦谮毁[2]，数蒙引见，任心弹射[3]，肆其欺罔[4]，令在上震怒，臣下无以自安。内外知其不可，而莫能论诤。给事中魏征正色而奏之曰："权万纪、李仁发并是小人，不识大体，以谮毁为是，告讦为直，凡所弹射，皆非有罪。陛下掩其所短，收其一切，乃骋其奸计[5]，附下罔上，多行无礼，以取强直之名[6]。诬房玄龄，斥退张亮[7]，无所强直肃厉[8]，徒损圣明。道路之人，皆兴谤议。臣伏度圣心，必不以为谋虑深长，可委以栋梁之任，将以其无所避忌，欲以警厉[9]群臣。若信狎回邪[10]，犹不可以小谋大，群臣素无矫伪，空使臣下离心。以玄龄、亮之徒，犹不可得伸其枉直，其余疏贱，孰能免其欺罔？伏愿陛下留意再思。自驱使二人以来，有一弘益[11]，臣即甘心斧钺[12]，受不忠之罪。陛下纵未能举善以崇德，岂可进奸而自损乎？"太宗欣然纳之，赐征绢五百匹。其万纪又奸状渐露，仁发亦解黜，万纪贬连州司马[13]。朝廷咸相庆贺焉。

【注释】

① 治书侍御史：唐初官名，御史台副长官。权万纪：唐京兆万年县人，官至治书侍御史。侍御史，御史台官名，掌纠察百官以及接受诏谕审理杂事。② 告讦(jié)谮毁：密告、诬陷中伤别人。谮毁，中伤。③ 弹射：指责。④ 肆其欺罔：放肆地欺骗蒙蔽。⑤ 骋其奸计：放肆地施行奸计。⑥ 强直：刚强正直。⑦ 张亮：唐郑州荥阳人，秦王府车骑将军。李世民即位，历任三州都督，颇有政绩。迁刑部尚书，参预朝政，后遭诬告被斩。⑧ 强直：整肃勉励。⑨ 警厉：告诫劝勉。⑩ 信狎回邪：信任亲近枉曲不正之人。回邪，枉曲不正。⑪ 驱使：任用。有一弘益：有一件对国家有增益的事。⑫ 甘心斧钺(yuè)：甘心情愿被处死。⑬ 连州：隋熙平郡。唐武德四年(621)，平萧铣，置连州，治所在桂阳。司马：官名。唐时为州郡佐官。

【导读】

纳谏虽为太宗之美德，但纳谏也不是无原则的。若不辨忠奸、不分是非，这样就会给小人进谗言留下可乘之机，魏征所谏正是此意，被太宗接受难能可贵。清明政治只有"近贤臣，远小人"才是正道。

贞观六年，有人告尚书右丞魏征，言其阿党[1]亲戚。太宗使御史大夫温彦博案验其事，乃言者不直。彦博奏称，征既为人所道[2]，虽在无私，亦有可责。遂令彦博谓征曰："尔谏正我数百条，岂以此小事，便损众美。自今已后，不得不存形迹。"居数日，太宗问征曰："昨来[3]在外，闻有何不是事？"征曰："前日令彦博宣敕语臣云：'因何不存形迹？'此言大不是。臣闻君臣同气[④]，义均一体。未闻不存公道，惟事形迹。若君臣上下，同遵此路，则邦国之兴丧，或未可知！”太宗瞿然[⑤]改容曰：“前发此语，寻已悔之。实大不是，公亦不得遂怀隐避。”征乃拜而言曰：“臣以身许国，直道而行，必不敢有所欺负。但愿陛下使臣为良臣，勿使臣为忠臣。”太宗曰：“忠良有异乎？”征曰：“良臣使身获美名，君受显号。子孙传世，福禄无疆。忠臣身受诛夷，君陷大恶。家国并丧，独有其名。以此而言，相去远矣。”太宗曰：“君但莫违此言，我必不忘社稷之计。”乃赐绢二百匹。

【注释】

① 阿党：偏私，偏袒一方。② 为人所道：被别人指责。③ 昨来：近来。④ 同气：一条心，一个整体，义气相合。⑤ 瞿(qú)然：肃然。

【导读】

魏征被人谗陷，后经调查清白，太宗肯定之余稍加提醒，却被魏征顶回，可谓直臣，也就是魏征敢述，也就是太宗能容。太宗之清君，魏征之直臣，相互为因，相互成就。

贞观六年，匈奴[①]克平，远夷入贡，符瑞日至[②]，年谷频登[③]。岳牧等屡请封禅[④]，群臣等又称述功德，以为“时不可失，天不可违，今行之，臣等犹谓其晚”。惟魏征以为不可。太宗曰：“朕欲得卿直言之，勿有所隐。朕功不高耶？”曰：“高矣。”“德未厚耶？”曰：“厚矣。”“华夏未安耶？”曰：“安矣。”“远夷未慕耶？”曰：“慕矣。”“符瑞未至耶？”曰：“至矣。”“年谷未登耶？”曰：“登矣。”“然则何为不可？”对曰：“陛下功高矣，民未怀惠[⑤]。德厚矣，泽未旁流[⑥]。华夏安矣，未足以供事[⑦]。远夷慕矣，无以供其求。符端虽臻，而罻罗[⑧]犹密。积岁丰稔，而仓廪尚虚。此臣所以切谓未可。臣未能远譬[⑨]，且借近喻于人。有人长患疼痛，不能任持[⑩]，疗理且愈，皮骨仅存，便欲负一石米，日行百里，必不可得。隋氏之乱，非止十年。陛下为之良医，除其疾苦，虽已乂安[⑪]，未甚充实，告成天地[⑫]，臣窃有疑。且陛下东封[⑬]，万国咸萃，要荒[⑭]之外，莫不奔驰。今自伊、洛之东[⑮]，暨乎海、岱[⑯]，萑莽巨泽[⑰]，茫茫千里，人烟断绝，鸡犬不闻，道路萧条，进退艰阻。宁可引彼戎狄，示以虚弱？竭财以赏，未厌[18]远人之望；加年给复，不偿百姓之劳。或遇水旱之灾，风雨之变，庸夫邪议，悔不可追。岂独臣之诚恳，亦有舆人之论。”太宗称善，于是乃止。

【注释】

① 匈奴：这里指东突厥。② 符瑞：祥瑞的征兆。③ 频登：多次丰收。④ 封禅（shàn）：帝王祭祀天地山川。⑤ 怀惠：内心记着恩惠。⑥ 泽未旁流：恩泽没有像水那样向四方流淌，即尚未施及众人之意。⑦ 供事：负担举行封禅典礼的费用。⑧ 罻（wèi）罗：网罗，这里指法网。⑨ 远譬（pì）：远，较早的。譬，比喻，例子。⑩ 任持：忍受坚持。⑪ 乂（yì）安：通过治理使社会达到安宁。⑫ 告成天地：将事业的成功向天地祝告。⑬ 东封：封禅。⑭ 要荒：古代把天子所在之国以外二千里远的地方叫要服，要服以外五百里远的地方叫荒服，要荒即指边远地区。⑮ 伊、洛之东：伊水、洛水的东面，泛指今河南东部以及山东广大地区。⑯ 岱：泰山。⑰ 萑（huán）莽巨泽：灌木丛生的巨大沼泽地。⑱ 厌：满足。

【导读】

封禅为国家的一种最高仪式，由天子在泰山向上天报告功绩，也是借以歌功颂德的方式。众臣表功，唯有魏征冷静劝谏，客观分析国内外忧患以及封禅之举的利弊，劝太宗暂停封禅，终获太宗同意。如此重要的国家大事，群臣皆拥护，唯魏征谏之，真乃直臣也。

贞观七年，蜀王[1]妃父杨誉，在省竞婢[2]，都官郎中[3]薛仁方留身勘问[4]，未及予夺[5]。其子为千牛[6]，于殿庭陈诉云：“五品以上非反逆不合留身，以是国亲，故生节目[7]，不肯决断，淹留岁月[8]。”太宗闻之，怒曰：“知是我亲戚，故作如此艰难[9]。”即令杖仁方一百，解所任官。魏征进曰：“城狐社鼠[10]皆微物，为其有所凭恃[11]，故除之犹不易。况世家贵戚，旧号难理，汉、晋以来，不能禁御[12]，武德之中，以多骄纵，陛下登极，方始萧条。仁方既是职司[13]，能为国家守法，岂可枉加刑罚，以成外戚之私乎！此源一开，万端争起，后必悔之，将无所及。自古能禁断此事，惟陛下一人。备豫不虞[14]，为国常道。岂可以水未横流，便欲自毁堤防？臣窃思度，未见其可。”太宗曰：“诚如公言，向者不思。然仁方辄禁不言，颇是专权，虽不合重罪，宜少加惩肃。”乃令杖二十而赦之。

【注释】

① 蜀王：唐太宗第六子。② 在省竞婢：在皇宫禁地追逐婢女。省，皇宫禁地；竞，追逐。③ 都官郎中：刑部的属官。掌发配役徒、登录俘囚等。④ 留身：拘留。勘(kān)问：审问。⑤ 未及予夺：没有及时处理。⑥ 千牛：禁卫武官。⑦ 节目：枝节。⑧ 淹留岁月：拖延时间。⑨ 艰难：刁难。⑩ 城狐社鼠：穴居在城墙下的狐狸和神社里的老鼠。比喻仗势作恶的小人。⑪ 恃：依仗。⑫ 汉、晋以来，不能禁御：东汉末年和西晋后期，外戚和宦官专权，导致祸乱。⑬ 职司：主管官员。⑭ 备豫不虞(yú)：防备意外。

【导读】

仁方虽未按制度约束皇亲国戚，但其目的还在于惩罚不善。太宗并未嘉赏，还重罚其罪，以徇外戚之私。自古外戚仗势、扰乱朝政致使国家衰微，并不鲜见。魏征不畏权贵，直言进谏以防外戚之患。太宗虽勉强受谏，仍存偏私之心，虽贤明，仍具狭隘性。

贞观八年，左仆射房玄龄、右仆射高士廉[1]于路逢少府监[2]窦德素，问北门[3]近来更何营造。德素以闻。太宗乃谓玄龄曰：“君但知南衙[4]事，我北门少有营造，何预君事？”玄龄等拜谢。魏征进曰：“臣不解陛下责，亦不解玄龄、士廉拜谢。玄龄既任大臣，即陛下股肱耳目，有所营造，何容不知？责其访问官司，臣所不解。且所为有利害[5]，役工有多少，陛下所为善，当助陛下成之，所为不是，虽营造，当奏陛下罢之。此乃君使臣、臣事君之道[6]。玄龄等问既无罪，而陛下责之，臣所不解；玄龄等不识所守，但知拜谢，臣亦不解。”太宗深愧之。

【注释】

① 高士廉：武德初年，秦王李世民为雍州牧，举为治中。历任右庶子、益州都督长史等职，后入为吏部尚书，拜仆射。② 少府监：主管修缮营作建筑的机构。③ 北门：宫城北门，即玄武门。④ 南衙：宰相官属，因为在皇宫南面，故称南衙，亦称南司。⑤ 所为有利害："所为"及"有"字原脱，据《魏郑公谏录》卷二补。⑥ 君使臣、臣事君之道：国君以礼待臣，臣子以忠事君。

【导读】

玄龄等人对太宗的不当申斥只会拜谢，然唯有魏征敢直言以谏，本来此事与己无关，但他敢犯颜直谏，此真天下莫能与之相比。

贞观十年，越王[①]，长孙皇后所生，太子介弟[②]，聪敏绝伦，太宗特所宠异。或言三品以上，皆轻蔑王者，意在谮侍中魏征等，以激上怒。上御齐政殿，引三品已上入坐定，大怒作色而言曰："我有一言，向公等道。往前天子，即是天子。今时天子，非天子耶？往年天子儿，是天子儿。今日天子儿，非天子儿耶？我见隋家诸王，达官已下，皆不免被其踬顿[③]。我之儿子，自不许其纵横，公等所容易过，得相共轻蔑。我若纵之，岂不能踬顿公等！"玄龄等战栗，皆拜谢。征正色而谏曰："当今群臣，必无轻蔑越王者。然在礼，臣、子一例[④]，《传》[⑤]称，王人[⑥]虽微，列入诸侯之上。诸侯用之为公，即是公；用之为卿，即是卿。若不为公卿[⑦]，即下士于诸侯也。今三品已上，列为公卿，并天子大臣，陛下所加敬异。纵其小有不是，越王何得辄加折辱？若国家纪纲废坏，臣所不知。以当今圣明之时，越王岂得如此。且隋高祖[⑧]不知礼义，宠树诸王，使行无礼，寻以罪黜，不可为法，亦何足道？"太宗闻其言，喜形于色，谓群臣曰："凡人言语理到[⑨]，不可不伏[⑩]。朕之所言，当身私爱。魏征所论，国家大法。朕向者[⑪]忿怒，自谓理在不疑，及见魏征所论，始觉大非道理。为人君言，何可容易！"召玄龄等而切责之，赐征绢一千匹。

【注释】

① 越王：名泰，太宗第四子，后改封魏王。② 介弟：称人之弟为介

弟,表示尊敬。③ 蹶顿:摧残、欺侮。④ 一例:同等的。⑤《传》:指《谷梁传》。⑥ 王人:王臣,帝王之使者。⑦ 公卿:三公、九卿,古时的高级官品。⑧ 隋高祖:隋文帝。庙号高祖。⑨ 理到:理由充足周到。⑩ 伏:服从。⑪ 向者:刚才。

【导读】

魏征之谏要太宗在私人感情和国之纲纪之间进行选择,守国纲而轻私情。皆是经国大要,然别的大臣不敢谏处,唯魏征敢直谏。

贞观十一年,所司奏凌敬[1]乞贫之状,太宗责侍中魏征等滥进人。征曰:"臣等每蒙顾问,常具言其长短。有学识,强谏诤,是其所长。爱生活[2],好经营,是其所短。今凌敬为人作碑文,教人读《汉书》,因兹附托[3],回易求利,与臣等所说不同。陛下未用其长,惟见其短,以为臣等欺罔,实不敢心伏。"太宗纳之。

【注释】

① 凌敬:初为窦建德的谋臣,窦建德失败后降唐。② 生活:境遇、生计。③ 因兹附托:以此为借口。

【导读】

直谏不仅要有勇气,而且要言之在理,更需要太宗这样能明辨是非的明君,如果是一个昏君,恐怕就不会问是非,光凭臣下顶撞自己就大怒了。人都不是完美无缺的,魏征谏太宗"用人之长,容人之短"是领导科学之要诀。

贞观十二年,太宗谓魏征曰:"比来所行得失政化[1],何如往前?"对曰:"若恩威所加,远夷朝贡,比于贞观之始,不可等级而言。若德义潜通[2],民心悦服,比于贞观之初,相去又甚远。"太宗曰:"远夷来服,应由德义所加。往前功业,何因益大?"征曰:"昔者四方未定,常以德义为心[3],旋以海内无虞[4],渐加骄奢自溢。所以功业虽盛,终不如往初。"太宗又曰："所行比往前何为异？"征曰："贞观之初，恐人不言，导之使谏。三年已后，见人谏，悦而从之。一二年来，不悦人谏，虽黾勉[5]听受，而意终不平，谅有难色。"太宗曰："于何事如此？"对曰："即位之初，处元律师[6]死罪，孙伏伽[7]谏曰：'法不至死，无容滥加酷罚。'遂赐以兰陵公主[8]园，直钱[9]百万。人或曰：'所言乃常事，而所赏太厚。'答曰：'我即位来，未有谏者，所以赏之。'此导之使言也。徐州司户[10]柳雄于隋资妄加阶级。人有告之者，陛下令其自首，不首与罪。遂固言是实，竟不肯首。大理[11]推得其伪，将处雄死罪，少卿戴胄奏法止合徒。陛下曰：'我已与其断当讫，但当与死罪。'胄曰：'陛下既不然，即付臣法司[12]。罪不合死，不可酷滥。'陛下作色遣杀，胄执之不已，至于四五，然后赦之。乃谓法司曰：'但能为我如此守法，岂畏滥有诛夷。'此则悦以从谏也。往年陕县丞皇甫德参上书大忤圣旨，陛下以为讪谤。臣奏称上书不激切，不能起人主意，激切即似讪谤。于时虽从臣言，赏物二十段，意甚不平，难于受谏也。"太宗曰："诚如公言，非公无能道此者。人皆苦不自觉，公向未道时，都自谓所行不变。及见公论说，过失堪惊。公但存此心，朕终不违公语。"

【注释】

① 政化：政治教化。② 德义潜通：道德仁义潜移默化。③ 以德义为心：把德义铭记心中。④ 旋以海内无虞：不久海内安宁。⑤ 黾(mǐn)勉：勉强。⑥ 元律师：姓元，名律师。⑦ 孙伏伽：武城(今属山东)人，曾在隋任万年县法曹，后归唐，直言敢谏，唐高祖称之为"谊臣"。贞观中，历任御史、大理卿。⑧ 兰陵公主：唐太宗女，名淑，字丽贞。⑨ 直钱：价值。⑩ 司户：州属户曹，掌管户口、田赋、徭役等事。⑪ 大理：大理寺，官署名，古代的中央审判机关。⑫ 法司：司法部门。

【导读】

太宗在贞观之初，励精图治、从谏如流、恩被四方；随后渐有骄逸，春风得意，魏征冷静谏其善始善终，实为直谏。

卷　三

论君臣鉴戒第六

贞观三年，太宗谓侍臣曰："君臣本同治乱，共安危，若主纳忠谏，臣进直言，斯故君臣合契[①]，古来所重。若君自贤，臣不匡正，欲不危亡，不可得也。君失其国，臣亦不能独全其家。至如隋炀帝暴虐，臣下钳口，卒令不闻其过，遂至灭亡，虞世基等寻亦诛死。前事不远，朕与卿等可得不慎，无为后所嗤[②]！"

【注释】

① 君臣合契：君臣同心合力，意气相投。契，投合。② 嗤（chī）：讥笑。

贞观四年，太宗论隋日。魏征对曰："臣往在隋朝，曾闻有盗发，炀帝令于士澄[①]捕逐。但有疑似，苦加拷掠，枉承[②]贼者二千余人，并令同日斩决。大理丞[③]张元济怪之，试寻其状，乃有六七人，盗发之日，先禁他所，被放才出，亦遭推勘[④]，不胜苦痛，自诬行盗。元济因此更事究寻，二千人内惟九人逗遛不明。官人有谙识者[⑤]，就九人内四人非贼。有司以炀帝已令斩决，遂不执奏，并杀之。"太宗曰："非是炀帝无道，臣下亦不尽心，须相匡谏，不避诛戮，岂得惟行谄佞[⑥]，苟求悦誉。君臣如此，何得不败？朕赖公等共相辅佐，遂令囹圄空虚，愿公等善始克终，恒如今日！"

【注释】

① 于士澄：隋将，率领魏郡归降唐朝。② 枉承：含着冤屈，被迫承认。③ 大理丞：大理寺属官。④ 推勘：推究勘问。⑤ 官人：隋官时对官府中做事之人的称呼。谙(ān)识：熟悉认识。⑥ 谄佞(nìng)：谄媚奉承。

【导读】

太宗、魏征，君王二人以隋亡为戒并分析其原因。太宗归咎为臣不匡谏，魏征归咎为君之暴虐。互相寻找原因和不足，最后达成共识，即主纳臣谏、君臣合契，同治乱，共安危的政治约定。

贞观六年，太宗谓侍臣曰："朕闻周、秦初得天下，其事不异。然周则惟善是务[①]，积功累德，所以能保八百之基。秦乃恣其奢淫，好行刑罚，不过二世而灭。岂非为善者福祚延长[②]，为恶者降年不永[③]？朕又闻桀、纣帝王也，以匹夫比之，则以为辱。颜、闵[④]匹夫也，以帝王比之，则以为荣。此亦帝王深耻也。朕每将此事以为鉴戒，常恐不逮，为人所笑。"魏征对曰："臣闻鲁哀公[⑤]谓孔子曰：'有人好忘者，移宅乃忘其妻。'孔子曰：'又有好忘甚于此者，丘见桀、纣之君乃忘其身。'愿陛下每以此为虑，庶免后人笑尔。"

【注释】

① 惟善是务：致力于做好事。② 福祚(zuò)延长：皇位绵延长久。③ 降年不永：寿命不长久。④ 颜、闵(mǐn)：即颜回与闵损。二者都是春秋时鲁国人，孔子的学生，以德行著称。⑤ 鲁哀公：春秋时鲁国国君，姓姬名蒋。公元前 494 年至前 468 年在位。

【导读】

"前事不忘，后事之师。"太宗以周、秦为鉴，意在说明惟善是务，方能国祚永长。富贵并不是衡量人的标准，唯在德性。富与贵只是一时一世的荣耀，颜回"安贫乐道"、"无终食之间违仁"，为后人所称道。桀纣不务善，不行仁，也无以成为人。

贞观十四年，太宗以高昌[①]平，召侍臣赐宴于两仪殿，谓房玄龄曰："高昌若不失臣礼，岂至灭亡？朕平此一国，甚怀危惧，惟当戒骄逸以自防，纳忠謇以自正。黜[②]邪佞，用贤良，不以小人之言而议君子，以此慎守，庶几[③]于获安也。"魏征进曰："臣观古来帝王拨乱创业，必自戒慎，采刍荛之议[④]，从忠谠之言。天下既安，则恣情肆欲，甘乐谄谀，恶闻正谏。张子房，汉王计画之臣[⑤]，及高祖为天子，将废嫡立庶[⑥]，子房曰：'今日之事，非口舌所能争也。'终不敢复有开说。况陛下功德之盛，以汉祖方[⑦]之，彼不足准。即位十有五年，圣德光被[⑧]，今又平殄[⑨]高昌。屡以安危系意[⑩]，方欲纳用忠良，开直言之路，天下幸甚。昔齐桓公与管仲、鲍叔牙、宁戚四人饮[⑪]，桓公谓叔牙曰：'盍起为寡人寿乎[⑫]？'叔牙奉觞[⑬]而起曰：'愿公无忘出在莒时，使管仲无忘束缚于鲁时，使宁戚无忘饭牛车下时。'桓公避席而谢曰：'寡人与二大夫能无忘夫子之言，则社稷不危矣！'"太宗谓征曰："朕必不敢忘布衣时，公不得忘叔牙之为人也。"

【注释】

① 高昌：古城国名，在今新疆吐鲁番市东哈拉和卓堡。公元640年，唐灭高昌，以其地为西州。② 黜（chù）：贬黜，罢免。③ 庶几：也许可以。④ 刍荛之议：草野下士的意见。⑤ 张子房：即张良。秦末农民大起义，他辅佐汉高祖刘邦灭秦，又击败楚霸王项羽，建立汉朝，因功封为留侯。汉王计画之臣：汉王刘邦的主要谋臣。⑥ 废嫡立庶：汉高祖刘邦曾先立吕后之子刘盈为太子。后因宠爱戚姬，想废刘盈，立戚姬之子如意为太子。嫡，嫡子，正妻之子。庶，庶子，妾之子。⑦ 方：比较。⑧ 圣德光被：圣德照耀四海。⑨ 平殄：消灭。⑩ 以安危系意：将安危记挂在心里。⑪ 鲍叔牙：春秋时齐国大夫。以知人著称，曾向齐桓公举荐管仲，终使齐国大治，而成霸业。宁戚：春秋时卫国人，曾因家贫以替人拉车谋生。后至齐国，一次喂牛时唱歌，齐桓公听到后觉得他不是平常人，就召见他，拜为上卿。⑫ 盍（hé）起为寡人寿乎：为何不向我祝酒呢？盍，何不。寡人，国君自谦之词。寿，祝福。⑬ 奉觞：举杯。奉，捧。

【导读】

以高昌无礼、骄逸为戒，以布衣叔牙为戒，君主应戒骄奢、纳忠谏，无荒无怠，慎终如始。

贞观十四年，特进魏征上疏曰：臣闻君为元首，臣作股肱，齐契同心，合而成体，体或不备，未有成人。然则首虽尊高，必资手足以成体，君虽明哲，必藉股肱以致治。《礼》[1]云："民以君为心，君以民为体，心庄则体舒，心肃则容敬。"《书》[2]云："元首明哉，股肱良哉，庶事康哉[3]。""元首丛脞[4]哉，股肱惰哉，万事堕哉。"然则委弃股肱，独任胸臆，具体成理[5]，非所闻也。

【注释】

①《礼》：儒家经典《礼记》。此处文字引自《缁衣》篇，"心庄"二句意谓，内心端庄，人身就会舒畅；内心肃穆，面容就显敬慎。②《书》：儒家经典《尚书》。此处文字引自《益稷》篇。③ 庶事，诸事。康，安宁。④ 脞(cuǒ)：琐碎。⑤ 成理：使整个国家达到治理。具体，整个国家。

夫君臣相遇，自古为难。以石投水，千载一合，以水投石，无时不有[1]。其能开至公[2]之道，申天下之用[3]，内尽心膂[4]，外竭股肱，和若盐梅[5]，固同金石者，非惟高位厚秩[6]，在于礼之而已。昔周文王游于凤凰之墟，袜系解，顾左右莫可使者，乃自结之。岂周文之朝尽为俊乂[7]，圣明之代独无君子者哉？但知与不知，礼与不礼耳！是以伊尹[8]，有莘之媵臣[9]，韩信，项氏之亡命[10]，殷汤致礼，定王业于南巢[11]，汉祖登坛，成帝功于垓下[12]。若夏桀不弃于伊尹，项羽垂恩于韩信，宁肯败已成之国为灭亡之虏乎？又微子，骨肉也，受茅土于宋；箕子，良臣也，陈《洪范》于周[13]。仲尼称其仁，莫有非之者。《礼记》称："鲁穆公问于子思曰：'为旧君反服[14]，古欤？'子思曰：'古之君子，进人以礼，退人以礼，故有旧君反服之礼也。今之君子，进人若将加诸膝[15]，退人若将队诸渊[16]。毋为戎首，不亦善乎，又何反服之礼之有[17]？'"齐景公问于晏子曰："忠臣之事君如之何？"晏子对曰："有难不死，出亡不送[18]。"公曰："裂地以封之，疏爵而待之，有难不死，出亡不送，何也？”晏子曰：“言而见用，终身无难，臣何死焉？谏而见纳，终身不亡，臣何送焉？若言不见用，有难而死，是妄死也。谏不见纳，出亡而送，是诈忠也。”《春秋左氏传》[19]曰：“崔杼弑齐庄公[20]，晏子立于崔氏之门外，其人曰：‘死乎？’曰：‘独吾君也乎哉！吾死也？’曰：‘行乎？’曰：‘吾罪也乎哉！吾亡也？故君为社稷死，则死之，为社稷亡，则亡之。若为己死，为己亡，非其亲昵，谁敢任之。’门启而入，枕尸股而哭[21]，兴，三踊而出[22]。”孟子曰：“君视臣如手足，臣视君如腹心；君视臣如犬马，臣视君如国人；君视臣如粪土，臣视君如寇仇[23]。”虽臣之事君无二志，至于去就之节[24]，当缘[25]恩之厚薄，然则为人主者，安可以无礼于下哉？

【注释】

① 以石投水：比喻君臣互相投契。千载一合：千年一遇。以水投石：比喻臣言不为君主听从。② 至公：最公正。③ 申天下之用：尽展天下人才的作用。④ 心膂(lǚ)：心力。⑤ 和若盐梅：比喻君臣投契。盐和梅为古时调味品。⑥ 厚秩：优厚的俸禄。⑦ 俊乂：德才兼备之人。⑧ 伊尹：商朝贤相，名挚。是商汤妻的陪嫁奴隶。后得汤信用，全力助汤伐桀灭夏，建立商朝。⑨ 有莘(shēn)之媵(yìng)臣：有莘，古国名。今河南开封县旧陈留县东。媵臣，古时诸侯嫁女陪嫁之人。⑩ 项氏之亡命：项氏，楚霸王项羽。亡命，逃亡之人。此指韩信，原为项羽属下，因不得重用，逃奔刘邦。⑪ 南巢：古地名，今安徽巢县。商汤曾放逐夏桀于此。⑫“汉祖登坛”句：汉祖登坛，汉高祖刘邦登坛拜韩信为大将。成帝功于垓下，楚汉相争时，项羽在垓下，被汉军击败，突围奔至乌江自杀，刘邦遂统一中国，建立汉朝。⑬“微子骨肉也”句：微子，商纣王庶兄，名启。因屡谏纣不听，离去。周灭商后，称臣于周。周公后以他统率殷族，封于宋，为宋国的始祖。茅土，古时帝王社祭之坛以五色土建成，分封诸侯时，按封地所在方向取坛上某一色土，以茅包之，授予受封者。《洪范》，《尚书》的篇名。⑭ 旧君反服：旧君，已脱离君臣关系的君主。反服，为隶属关系已断的死者服丧。后亦指尊长为卑幼辈服丧。⑮ 进人若将加诸膝：进用人好像要把他抱在膝上。⑯ 退人若将队诸渊：斥退人像把人坠入深渊。按，“渊”字原作“泉”字，乃唐代避高祖李渊名讳，今回改为

“渊”字，以下不再说明。⑰“毋为戎首”句：流亡的臣子不攻打本国的谋主，就很好了，又何必为旧君服丧呢？语见《礼记·檀弓下》。⑱“有难不死”句：君主有难，臣子不为他死；君主流亡，臣子不送行。⑲《春秋左氏传》：又名《左传》，儒家经典之一，记载自鲁隐公元年至鲁悼公四年史事。⑳崔杼(zhù)弑(shì)齐庄公：崔杼，春秋时齐国大臣。齐庄公，春秋时齐国国君。齐庄公六年，崔杼因齐庄公与己妻私通，把他杀死。㉑枕尸股而哭：把死者的头枕放在腿上而哭悼。㉒三踊：面对死者跳脚号哭表示哀痛，古代丧礼。㉓寇仇：仇敌。㉔去就之节：离开或留下的原则。㉕缘：根据。

窃观在朝群臣，当主枢机之寄者①，或地邻秦、晋②，或业与经纶③，并立事立功，皆一时之选，处之衡轴④，为任重矣。任之虽重，信之未笃，则人或自疑。人或自疑，则心怀苟且。心怀苟且，则节义不立。节义不立，则名教⑤不兴。名教不兴，而可与固太平之基，保七百之祚，未之有也。又闻国家重惜功臣，不念旧恶，方之前圣，一无所间⑥。然但宽于大事，急于小罪，临时责怒，未免爱憎之心，不可以为政。君严其禁，臣或犯之，况上启其源，下必有甚，川壅而溃，其伤必多，欲使凡百黎元⑦，何所措其手足！此则君开一源，下生百端之变，无不乱者也。《礼记》曰：“爱而知其恶，憎而知其善。”若憎而不知其善，则为善者必惧。爱而不知其恶，则为恶者实繁。《诗》曰：“君子如怒，乱庶遄沮⑧。”然则古人之震怒，将以惩恶，当今之威罚，所以长奸。此非唐、虞之心也，非禹、汤之事也。《书》曰：“抚我则后，虐我则仇⑨。”荀卿子⑩曰：“君，舟也；民，水也。水所以载舟，亦所以覆舟。”故孔子曰：“鱼失水则死，水失鱼犹为水也。”故唐、虞战战栗栗，日慎一日。安可不深思之乎？安可不熟虑之乎？

【注释】

①当主枢机之寄者：担当主管机要部门委托的人。②地邻秦、晋：所居临近秦、晋。秦、晋，今陕西、山西一带。③业与经纶(lún)：事业是参与处理国家大事。经纶，经为理清丝绪，纶为编丝成绳。引申为处理国家大事。④衡轴：比喻朝廷要职。⑤名教：礼教。⑥一无所间：一点

没有差别。⑦ 凡百黎元：天下百姓。⑧“君子如怒”句：君王如能怒斥谗人，祸乱大概很快会终止。⑨“抚我则后”句：语见《尚书·泰誓下》，意谓抚养我（百姓）的是我的国君，虐待我的是我的仇敌。后，古代天子和列国诸侯。⑩ 荀卿子：即荀子。战国时赵国人，思想家，著有《荀子》。

夫委大臣以大体[①]，责小臣以小事，为国之常也，为理之道也。今委之以职，则重大臣而轻小臣；至于有事，则信小臣而疑大臣。信其所轻，疑其所重，将求至理岂可得乎？又政贵有恒，不求屡易。今或责小臣以大体，或责大臣以小事，小臣乘非所据[②]，大臣失其所守，大臣或以小过获罪，小臣或以大体受罚。职非其位，罚非其辜，欲其无私，求其尽力，不亦难乎？小臣不可委以大事，大臣不可责以小罪。任以大官，求其细过，刀笔之吏[③]，顺旨承风，舞文弄法，曲成其罪。自陈也，则以为心不伏辜；不言也，则以为所犯皆实。进退惟咎，莫能自明，则苟求免祸。大臣苟免，则谲诈萌生。谲诈[④]萌生，则矫伪成俗。矫伪成俗，则不可以臻至理矣。

【注释】

① 大体：大事，重任。② 乘非所据：坐在不应该占有的位置上。③ 刀笔之吏：主办文案的官吏。刀、笔，古代的书写工具。④ 谲（jué）诈：诡诈。

又委任大臣，欲其尽力，每官有所避忌不言，则为不尽。若举得其人，何嫌于故旧；若举非其任，何贵于疏远。待之不尽诚信，何以责其忠恕[①]哉！臣虽或有失之，君亦未为得也。夫上之不信于下，必以为下无可信矣。若必下无可信，则上亦有可疑矣！《礼》曰：“上人疑，则百姓惑。下难知，则君长劳[②]。”上下相疑，则不可以言至治矣。当今群臣之内，远在一方，流言三至而不投杼者[③]，臣窃思度，未见其人。夫以四海之广，士庶之众，岂无一二可信之人哉？盖信之则无不可，疑之则无可信者，岂独臣之过乎？夫以一介庸夫结为交友，以身相许，死且不渝，况君臣契合，寄同鱼水。若君为尧、舜，臣为稷、契[④]，岂有遇小事则变志，见小利则易心哉！此虽下之立忠未有明著，亦由上怀不信，待之过薄之所致也。岂君使臣以礼，臣事君以忠乎？以陛下之圣明，以当今之功业，诚能博求时俊，上下同心，则三皇可追而四[5]，五帝可俯而六矣[6]。夏、殷、周、汉，夫何足数！太宗深嘉纳之。

【注释】

① 忠恕：忠，尽心为人；恕，推己及人。② "《礼》曰"句：君主多疑，百姓迷惑。对下情不了解，君主劳苦。③ 投杼：比喻流言可以动摇正确的信心。④ 稷、契（xiè）：二者都是传说中的贤臣。⑤ 三皇可追而四：三皇可增加为四皇。⑥ 五帝可俯而六：五帝可以添为六帝。

【导读】

以上为魏征针对太宗提出的"君臣一体"之语而进呈的《论君臣一体疏》。论证的是君臣一体、"君待臣以礼，臣事君以忠"、用臣不疑、上下互信，才是合理的君臣关系原则。

贞观十六年，太宗问特进魏征曰："朕克己为政，仰企前烈[1]。至于积德、累仁、丰功、厚利，四者常以为称首[2]，朕皆庶几自勉。人苦不能自见，不知朕之所行，何等优劣？"征对曰："德、仁、功、利，陛下兼而行之。然则内平祸乱，外除戎狄，是陛下之功。安诸黎元[3]，各有生业，是陛下之利。由此言之，功利居多，惟德与仁，愿陛下自强不息，必可致也。"

【注释】

① 仰企前烈：仰慕企盼前人的功业。② 称首：首要。③ 黎元：百姓。

【导读】

仰慕前贤，躬行德仁。太宗认为自己"德仁、功利"兼而行之，而魏征认为太宗功利居多，德仁未足，望太宗多行仁德。功利德仁兼具成为君臣共鉴。

贞观十七年，太宗谓侍臣曰："自古草创之主，至于子孙多乱，何也？"司空房玄龄曰："此为幼主生长深宫，少居富贵，未尝识人间情伪①，理国安危，所以为政多乱。"太宗曰："公意推过于主，朕则归咎于臣。夫功臣子弟多无才行，藉祖父资荫②遂处大官，德义不修，奢纵是好。主既幼弱，臣又不才，颠而不扶，岂能无乱？隋炀帝录宇文述在藩之功③，擢化及④于高位，不思报效，翻行弑逆。此非臣下之过欤？朕发此言，欲公等戒勖⑤子弟，使无愆过，即家国之庆也。"太宗又曰："化及与玄感⑥，即隋大臣受恩深者子孙，皆反，其故何也？"岑文本对曰："君子乃能怀德荷恩，玄感、化及之徒，并小人也。古人所以贵君子而贱小人。"太宗曰："然。"

【注释】

① 情伪：事情的真假。② 资荫：子孙托庇祖父辈的官勋功劳而做官。③ 宇文述：隋朝大臣。炀帝在藩做晋王时，宇文述帮忙炀帝陷害太子杨勇有功。④ 化及：宇文化及，宇文述之子，受炀帝宠信，大业十四年(618)，发动兵变，杀死炀帝，自立为帝，第二年被窦建德擒杀。⑤ 戒勖(xù)：警戒勉励。⑥ 玄感：即杨玄感。炀帝进攻高丽，玄感受命驻黎阳督粮运，趁机起兵反隋，围东都洛阳，兵败自杀。

【导读】

太宗和玄龄探讨皇室子孙多乱的原因，玄龄归咎为君王未有慎教，太宗归咎为群臣未加劝诫。君臣共识都是若要国运长久，君臣都必须教育子弟，长才贵贤，家国之庆也。

论择官第七

贞观元年，太宗谓房玄龄等曰："致理之本，惟在于审①。量才授职，务省官员。故《书》称：'任官惟贤才。'又云：'官不必备，惟其人②。'若得其善者，虽少亦足矣。其不善者，纵多亦奚为？古人亦以官不得其才，比于画地作饼，不可食也。《诗》曰：'谋夫孔多，是用不就[3]。'又孔子曰：'官事不摄，焉得俭[4]？'且'千羊之皮，不如一狐之腋[5]'。此皆载在经典，不能具道。当须更并省官员，使得各当所任，则无为而理[6]矣。卿宜详思此理，量定庶官员位。"玄龄等由是所置文武总六百四十员。太宗从之，因谓玄龄曰："自此倘有乐工杂类，假使术逾侪[7]辈者，只可特赐钱帛以赏其能，必不可超授官爵，与夫朝贤君子比肩而立，同坐而食，遣诸衣冠[8]以为耻累。"

【注释】

① 审：确实。② "官不必备"句：官员不一定齐备，惟在得到恰当的人才。③ "谋夫孔多"句：谋划者虽多，但非贤能，所以事情办不成。④ "官事不摄"句：做事不兼任，称不上节俭。摄，兼任。语见《论语·八佾》。⑤ "千羊之皮"句：用来比喻选官贵在得到人才。语见《史记·商君列传》。⑥ 无为而理：避免繁琐政治，不打扰百姓，达到天下大治。⑦ 逾侪（chái）：逾，超过。侪，同辈。⑧ 衣冠：士大夫，官员。

【导读】

本节太宗对房玄龄谈论了择官的标准与原则。在封建政治中，宰相或首辅的主要任务是选择官员，太宗要求房玄龄择官须唯才是举，量才授职。官不在多，而在精且有才，官不得其才，如画饼充饥，是不起作用的。

贞观二年，太宗谓房玄龄、杜如晦曰："公为仆射，当助朕忧劳，广开耳目，求访贤哲。比闻公等听受辞讼[1]，日有数百。此则读符牒[2]不暇，安能助朕求贤哉？"因敕尚书省，细碎务皆付左右丞[3]，惟冤滞[4]大事合闻奏者，关于仆射。

【注释】

① 听受辞讼：受理诉讼。② 符牒：泛指公文。符，古代朝廷传达命令的凭证。牒，诉状。③ 左右丞：官名。唐制，尚书省设左、右丞各一人，协助尚书省长官左、右仆射处理省内事务。④ 冤滞：冤屈疑难。

【导读】

太宗深知任用人才的重要性，在中央以宰相任识才、举才之职。《尚书·说命下》曰："惟说式克钦承，旁招俊乂，列于庶位。"元代戈直称："人主之职，在论一相；一相之职，在任百官，此君相之要道也。"事无巨细，亲力亲为虽有苦劳，功效不显，此为"隋文帝勤而无功，太宗逸而有成"的原因。太宗明确确立了宰相之职，表明其治国用才的智慧。

贞观二年，太宗谓侍臣曰："朕每夜恒思百姓间事，或至夜半不寐。惟恐都督①、刺史堪养百姓以否。故于屏风上录其姓名，坐卧恒看，在官②如有善事，亦具列于名下。朕居深宫之中，视听不能及远，所委者惟都督、刺史，此辈实治乱所系，尤须得人。"

【注释】

① 都督：唐制，武德七年(624)，改总管为都督，掌督府署诸州兵马、甲械等事宜。② 在官：居官。官，朝廷治事处。

【导读】

太宗深明择官得人实为国家治乱所系，对此事常念在心，夜半不寐，足见其敬业保民的思虑。

贞观二年，太宗谓右仆射封德彝曰："致安之本，惟在得人。比来命卿举贤，未尝有所推荐。天下事重，卿宜分朕忧劳，卿既不言，朕将安寄？"对曰："臣愚岂敢不尽情，但今未见有奇才异能。"太宗曰："前代明王使人如器①，皆取士于当时，不借才于异代。岂得待梦傅说②，逢吕尚③，然后为政乎？且何代无贤，但患遗而不知耳！"德彝惭赧④而退。

【注释】

① 使人如器：任用人才如同使用器具，各得其用，各取所长。② 傅说(yuè)：商王武丁的大臣。相传他曾在傅岩筑墙，武丁因梦寻访到他，任为国相，商朝得以中兴。③ 吕尚：周朝初年大臣。俗称姜太公。相传

他曾垂钓于渭水，周文王访贤得之，立为师。后辅佐周武王灭商，因功封于齐，为齐国始祖。④ 惭赧（nǎn）：羞愧脸红。

【导读】

“举贤才而效之君，大臣之职。”太宗再次劝勉封德彝要为国举贤，不能以未见才而推诿。

贞观三年，太宗谓吏部尚书杜如晦曰：“比见吏部择人，惟取其言词刀笔，不悉其景行[①]。数年之后，恶迹始彰，虽加刑戮，而百姓已受其弊。如何可获善人？”如晦对曰：“两汉[②]取人，皆行著乡闾[③]，州郡贡之，然后入用，故当时号为多士。今每年选集[④]，向数千人，厚貌饰词[⑤]，不可知悉，选司但配其阶品[⑥]而已。铨简[⑦]之理，实所未精，所以不能得才。”太宗乃将依汉时法令，本州辟召[⑧]，会功臣等将行世封事，遂止。

【注释】

① 景行：高尚的德行。② 两汉：西汉与东汉。③ 乡闾（lǘ）：泛指乡里。④ 选集：候选的人员会集。⑤ 厚貌饰词：掩饰其词，伪装忠厚。⑥ 阶品：古代的官阶品级。唐代有九品三十阶。⑦ 铨（quán）简：量才授官。⑧ 辟召：因推荐而征召为官。

【导读】

太宗强调择官，不仅要注重其文章才能，而且要重视道德品行。汉时举荐制度大有今天选官走群众路线的意思，太宗虽最终未实行，但这种选官思想仍然是有合理性的。

贞观六年，太宗谓魏征曰：“古人云，王者须为官择人，不可造次[①]即用。朕今行一事，则为天下所观；出一言，则为天下所听。用得正人，为善者皆劝；误用恶人，不善者竞进。赏当其劳，无功者自退；罚当其罪，为恶者戒惧。故知赏罚不可轻行，用人弥须慎择。”征对曰：“知人之事，自古为难，故考绩黜陟[②]，察其善恶。今欲求人，必须审访其行。若知其善，然后用之。设令此人不能济事，只是才力不及，不为大害。误用恶人，假令强干，为害极多。但乱世惟求其才，不顾其行。太平之时，必须才行俱兼，始可任用。”

【注释】

① 造次：仓猝。② 考绩黜陟(zhì)：通过考核官吏的工作成绩来决定升降。

【导读】

德与才是历代统治阶级选拔官吏的两个重要条件。北宋司马光认为“聪察强毅之谓才，正直中和之谓德”，“才者，德之资；德者，才之帅”。作为经国治世之才，德才是一个整体，但德更具有决定意义。“太平之时，必须才行俱兼，始可任用”，这就是太宗君臣主张的择官原则和用人标准。

贞观十一年，侍御史马周上疏曰：“理天下者以人为本。欲令百姓安乐，惟在刺史、县令。县令既众，不能皆贤，若每州得良刺史，则合境苏息[①]。天下刺史悉称圣意，则陛下可端拱岩廊[②]之上，百姓不虑不安。自古郡守、县令，皆妙选贤德，欲有迁擢为将相，必先试以临人[③]，或从二千石[④]入为丞相及司徒、太尉[⑤]者。朝廷必不可独重内臣，外刺史、县令，遂轻其选[⑥]。所以百姓未安，殆由于此。”太宗因谓侍臣曰：“刺史，朕当自简择；县令，诏京官五品已上，各举一人。”

【注释】

① 苏息：休养生息。② 岩廊：高峻的廊子。比喻朝廷和庙堂。③ 临民：地方官。④ 二千石(dàn)：汉代对郡守的通称，因其俸禄为二千石。⑤ 太尉：官名，秦汉时为全国军事长官。⑥ 遂轻其选：轻视刺史、县令的人选。

【导读】

百姓能否安乐，系于地方官员，太宗君臣因而非常重视对地方官员的选拔任用，避免重内轻外，甚至，马周还建议中央政府的官员也应该有地方治理经验或直接从地方官员中提拔。这与今天的干部路线中重视基层经验和经过地方历练有相似性。

贞观十一年，治书侍御史刘洎以为左右丞宜特加精简，上疏曰："臣闻尚书万机，实为政本，伏寻此选，授任诚难。是以八座比于文昌[①]，二丞方于管辖[②]，爰至曹郎[③]，上应列宿[④]，苟非称职，窃位兴讥。伏见比来尚书省诏敕稽停[⑤]，文案壅滞，臣诚庸劣，请述其源。贞观之初，未有令、仆[⑥]，于时省务繁杂，倍多于今。而左丞戴胄，右丞魏征，并晓达吏方[⑦]，质性平直，事应弹举，无所回避，陛下又假以恩慈，自然肃物[⑧]。百司匪懈，抑此之由。及杜正伦续任右丞，颇亦厉下[⑨]。比者纲维[⑩]不举，并为勋亲[⑪]在位，器非其任，功势相倾。凡在官寮，未循公道，虽欲自强，先惧嚣谤[⑫]。所以郎中予夺[⑬]，惟事咨禀[⑭]；尚书依违，不能断决。或纠弹闻奏，故事稽延，案虽理穷，仍更盘下[⑮]。去无程限，来不责迟，一经出手，便涉年载。或希旨失情[⑯]，或避嫌抑理[⑰]。勾司[⑱]以案成为事了，不究是非；尚书用便僻[⑲]为奉公，莫论当否。互相姑息，惟事弥缝。且选众授能，非才莫举，天工人代[⑳]，焉可妄加？至于懿戚[㉑]元勋，但宜优其礼秩，或年高及耄[㉒]，或积病智昏，既无益于时宜，当置之以闲逸。久妨贤路，殊为不可。将救兹弊，且宜精简。尚书左右丞及左右郎中，如并得人，自然纲维备举，亦当矫正趋竞[㉓]，岂惟息其稽滞哉！"疏奏。寻以洎为尚书左丞。

【注释】

① 八座：封建王朝高级官员，隋、唐时以尚书省的六部尚书、左右仆射合成八座。文昌：星名，此指道教梓潼帝君。道家谓玉帝命梓潼掌文昌府及人间功名、禄位事。② 二丞：尚书左丞、右丞。方于：比方为。管辖：管是钥匙，辖是固定车轮与车轴位置，插入轴端的销子。③ 爰：延至。曹郎：职官治事分科叫曹，隋、唐时期，部、曹兼置，或改部为曹；郎为官名，曹郎是六部郎中和员外郎的统称。④ 列宿：众星宿。⑤ 稽停：延迟停留。⑥ 令、仆：尚书令及仆射。⑦ 晓达吏方：通晓官吏中的事情。⑧ 肃物：使人庄重。⑨ 厉下：劝勉下级。⑩ 纲维：国家法度。⑪ 勋

亲：功臣国戚。⑫ 嚣(xiāo)谤：谗毁诽谤。⑬ 郎中：官名，系尚书省尚书、侍郎、丞之下的高级部员，分管各曹事务。予夺：定夺。⑭ 咨禀：请示上级。⑮ 盘下：盘问下级，向下级询问。⑯ 希旨失情：迎合上司或皇帝的心意，不按实际情况处理。⑰ 抑理：压制正理。⑱ 勾司：办案官员。⑲ 便僻：形容逢迎谄媚的样子，或指逢迎谄媚之人。⑳ 天工人代：人君代天理物，官所治皆天事。这里指尚书省的官员代天办事。㉑ 懿：至亲。指皇室的宗亲或外戚。㉒ 耄(mào)：七十、八十岁。也有称八十、九十岁为耄。㉓ 趋竞：趋相竞争。

【导读】

刘洎上奏用贞观初年和当下政务效率比较的事实，向太宗建议用人唯才，而不能因功亲授官，并仔细分析了其得失利弊，实为择官之重要原则，也是提高行政效率、端正官风的重要措施，用人唯贤还是唯亲，重才还是重功勋资历，这些任官思想对今天的领导都是很有启发的。

贞观十三年，太宗谓侍臣曰："朕闻太平后必有大乱，大乱后必有太平。大乱之后，即是太平之运也。能安天下者，惟在用得贤才。公等既不知贤，朕又不可遍识。日复一日，无得人之理。今欲令人自举，于事何如？"魏征对曰："知人者智，自知者明。知人既以为难，自知诚亦不易。且愚暗之人，皆矜能伐善①，恐长浇竞之风②，不可令其自举。"

【注释】

① 矜能伐善：自以为能夸耀自己。② 浇竞之风：浮薄躁进的风气。

【导读】

太宗求才心切，想让人自我举荐，魏征不同意，"恐长浇竞之风"。本节文献未再述及太宗之态度，似乎是默认了。但这一点还是可以讨论的，不拘一格选人才，自举未必不是一条选官之途径。

贞观十四年，特进魏征上疏曰：臣闻知臣莫若君，知子莫若父。父不能知其子，则无以睦一家；君不能知其臣，则无以齐万国。万国咸宁，一人有庆[①]，必藉忠良作弼[②]，俊乂在官[③]，则庶绩其凝[④]，无为而化矣。故尧、舜、文、武见称前载，咸以知人则哲[⑤]，多士盈朝，元、凯[⑥]翼巍巍之功，周、召[⑦]光焕乎之美。然则四岳、九官、五臣、十乱，岂惟生之于曩代[⑧]，而独无于当今者哉？在乎求与不求，好与不好耳！何以言之？夫美玉明珠，孔翠犀象，大宛之马[⑨]，西旅之獒[⑩]，或无足也，或无情也，生于八荒之表，途遥万里之外，重译入贡[⑪]，道路不绝者，何哉？盖由乎中国之所好也。况从仕者怀君之荣，食君之禄，率之以义，将何往而不至哉？臣以为与之为孝，则可使同乎曾参、子骞[⑫]矣。与之为忠，则可使同乎龙逄、比干矣。与之为信，则可使同乎尾生、展禽[⑬]矣。与之为廉，则可使同乎伯夷、叔齐[⑭]矣。

【注释】

① 一人有庆：《礼记·缁衣》："一人有庆，兆民赖之。"孔颖达疏："庆，善也。"② 弼：辅佐。③ 俊乂在官：贤能的人担任官职。④ 庶绩其凝：诸事都得到成功。庶绩，各种事功。凝，形成。⑤ 知人则哲：能鉴察人的品行才能，就可谓之明智。⑥ 元、凯：据《左传·文公十八年》记载，古时高辛氏有才子八人称为八元，高阳氏有才子八人称为八凯。后人称皇帝的辅佐大臣为"元凯"。此处指舜时的贤臣。⑦ 周、召：周公与召公。周武王时的贤臣，曾辅佐武王灭商建立周朝。武王死后，又辅佐成王巩固政权。⑧ 曩（nǎng）：过去的朝代。⑨ 大宛之马：大宛，古西域国名，盛产汗血宝马。⑩ 西旅之獒（áo）：西旅，西夷国；獒，猛犬。⑪ 重译入贡：重译，多重翻译。贡，献。意谓朝贡的使者因路途遥远，语言不通，要经过多重翻译才能将贡品送到中国。⑫ 曾参、子骞（qiān）：春秋时鲁国人，孔子的学生。⑬ 尾生：战国鲁国人。与女子约会桥下，女子未来，河水上涨，仍守约不去，抱桥柱淹死。展禽：春秋时鲁国大夫，字季。封于柳下，谥惠。⑭ 伯夷、叔齐：伯夷，商君长子，其父将死，遗命立其弟叔齐。父死，叔齐让位伯夷，不受，二人投奔周。周武王伐商，二人叩马而谏。及灭商，兄弟二人隐于首阳山，饿死。

然而今之群臣，罕能贞白卓异[①]者，盖求之不切，励之未精[②]故也。若勖之以公忠，期之以远大，各有职分，得行其道。贵则观其所举，富则观其所养，居则观其所好，习则观其所言，穷则观其所不受，贱则观其所不为。因其材以取之，审其能以任之，用其所长，掩其所短；进之以六正，戒之以六邪，则不严而自励，不劝而自勉矣。故《说苑》[3]曰："人臣之行，有六正六邪。行六正则荣，犯六邪则辱。何谓六正？一曰萌芽未动，形兆未见[4]，昭然独见存亡之机，得失之要，预禁乎未然之前，使主超然[5]立乎显荣之处，如此者，圣臣也。二曰虚心尽意，日进善道，勉主以礼义，谕主以长策[6]，将顺其美，匡救其恶，如此者，良臣也。三曰夙兴夜寐，进贤不懈，数称往古之行事，以厉主意，如此者，忠臣也。四曰明察成败，早防而救之，塞其间[7]，绝其源，转祸以为福，使君终以无忧，如此者，智臣也。五曰守文奉法，任官职事，不受赠遗，辞禄让赐，饮食节俭，如此者，贞臣也。六曰家国昏乱，所为不谀，敢犯主之严颜，面言主之过失，如此者，直臣也。是谓六正。何谓六邪？一曰安官贪禄，不务公事，与世浮沉，左右观望，如此者，具臣[8]也。二曰主所言皆曰善，主所为皆曰可，隐而求主之所好而进之，以快主之耳目，偷合苟容，与主为乐，不顾其后害，如此者，谀臣也。三曰内实险诐[9]，外貌小谨，巧言令色，妒善嫉贤，所欲进，则明其美、隐其恶；所欲退，则明其过、匿其美，使主赏罚不当，号令不行，如此者，奸臣也。四曰智足以饰非，辩足以行说，内离骨肉之亲，外构朝廷之乱，如此者，谗臣也。五曰专权擅势，以轻为重，私门成党，以富其家，擅矫主命，以自贵显，如此者，贼臣也。六曰谄主以佞邪，陷主于不义，朋党比周，以蔽主明，使白黑无别，是非无间，使主恶布于境内，闻于四邻，如此者，亡国之臣也。是谓六邪。贤臣处六正之道，不行六邪之术，故上安而下治。生则见乐，死则见思，此人臣之术也。"《礼记》曰："权衡诚悬[10]，不可欺以轻重；绳墨诚陈[11]，不可欺以曲直；规矩诚设，不可欺以方圆。君子审礼，不可诬以奸诈。"然则臣之情伪，知之不难矣。又设礼以待之，执法以御之，为善者蒙赏，为恶者受罚，安敢不企及乎？安敢不尽力乎？

【注释】

①贞白：正直清廉。卓异：优异特出。②励之未精：磨练不够。③《说苑》：汉刘向撰。凡二十卷，所录皆轶闻琐事。④形兆未见：事情

的先兆还未出现。⑤ 超然：高举远离貌。⑥ 长策：良策，长治久安的策略。⑦ 塞其间：堵塞漏洞。⑧ 具臣：备位充数之臣。⑨ 险诐（bì）：奸险邪僻。⑩ 权衡诚悬：秤悬挂在那里。权，秤锤；衡，秤杆。⑪ 绳墨诚陈：画直线的工具已陈列着。绳墨，木工用以画直线的工具。

国家思欲进忠良退不肖，十有余载矣，徒闻其语，不见其人，何哉？盖言之是也，行之非也。言之是，则出乎公道，行之非，则涉乎邪径[①]。是非相乱，好恶相攻。所爱虽有罪，不及于刑。所恶虽无辜，不免于罚。此所谓爱之欲其生，恶之欲其死者也。或以小恶弃大善，或以小过忘大功。此所谓君之赏不可以无功求，君之罚不可以有罪免者也。赏不以劝善，罚不以惩恶，而望邪正不惑，其可得乎？若赏不遗疏远，罚不阿亲贵，以公平为规矩，以仁义为准绳，考事[②]以正其名，循名以求其实，则邪正莫隐，善恶自分。然后取其实，不尚其华；处其厚，不居其薄，则不言而化，期月而可知矣！若徒爱美锦[③]，而不为民择官。有至公之言，无至公之实，爱而不知其恶，憎而遂忘其善，徇私情以近邪佞，背公道而远忠良，则虽夙夜不怠，劳神苦思，将求至理，不可得也。

书奏，甚嘉纳之。

【注释】

① 涉乎邪径：走上歪门邪道。乎，于。② 考事：考察官员的工作业绩与功过善恶。③ 美锦：本指绚丽多彩的丝织品，这里指空有其表，实无才干的人。

【导读】

以上是魏征一篇完整的奏文，向太宗进谏识臣之要法。择官任官须以识人、知人为前提，因此，魏征向太宗进言“六观”之法，并以刘向的“六正六邪”为区分官员正邪的标准，请求太宗赏善罚恶，公正待臣。明是非、辨善恶，赏有功、罚有罪，这样才能弘扬正气，淳化官场风气，清浊自见。这篇奏文所倡导的方法、原则对于今天的领导者识人、知人、用人具有非常重要的借鉴意义。

贞观二十一年，太宗在翠微宫[①]，授司农卿李纬户部尚书[②]。房玄龄是时留守京城。会有自京师来者，太宗问曰："玄龄闻李纬拜尚书，如何？"对曰："但云'李纬大好髭须[③]'，更无他语。"由是改授洛州刺史。

【注释】

① 翠微宫：唐宫名。在今陕西西安市南终南山中。唐高祖武德八年(625)始建，名太和宫，太宗贞观十年(636)废。二十一年重修，改名翠微宫。② 司农卿：司农寺长官。掌管粮食积储、京官禄米等。③ 髭(zī)：胡子。

【导读】

太宗贵为皇帝，任官自可独断，但他在任官后，从旁人口中得知宰相委婉地表现出不甚赞成之意，就改变了任命，实难能可贵。其行为所体现出的任官不可独断的思想和做法，对今天某些地方或单位任职一把手说了算的人不是很有启发吗？

论封建第八

贞观元年，封中书令房玄龄为邗国公[①]，兵部尚书杜如晦为蔡国公，吏部尚书长孙无忌为齐国公，并为第一等，食邑实封一千三百户[②]。皇从父淮安王神通[③]上言："义旗初起[④]，臣率兵先至，今玄龄等刀笔之人，功居第一，臣窃不服。"太宗曰："国家大事，惟赏与罚。赏当其劳，无功者自退；罚当其罪，为恶者咸惧，则知赏罚不可轻行也。今计勋行赏，玄龄等有筹谋帷幄、画定社稷[⑤]之功，所以汉之萧何，虽无汗马，指纵推毂，故得功居第一[⑥]。叔父于国至亲，诚无爱惜，但以不可缘私滥与勋臣同赏矣！"由是诸功臣自相谓曰："陛下以至公，赏不私其亲，吾属何可妄诉。"初，高祖举宗正籍[⑦]，弟侄、再从、三从[⑧]孩童已上封王者数十人。至是，太宗谓群臣曰："自两汉已降，惟封子及兄弟，其疏远者，非有大功，如汉之贾、泽[⑨]，并不得受封。若一切封王，多给力役，乃至劳苦万姓，以养己之亲属。"于是宗室先封郡王其间无功者，皆降为县公[⑩]。

【注释】

① 邗(hán)国公：其他史籍多记载为"邢国公"。② 食邑实封：唐太宗即位后，为了革除武德封赏弊病，始定功臣实封差等，按其功之大小，以定实封户数多寡，当时得实食封的功臣有四十三人。③ 淮安王神通：唐高祖李渊的堂兄弟，从高祖平京师，典兵宿卫，封淮安王。④ 义旗初起：起义的旗帜刚举起。⑤ 画定社稷：用计谋安定国家。⑥ 指纵：猎人的动作。指，指示猎物。纵，放出猎犬。推毂(gǔ)：推车前进，此指助人举事夺天下。⑦ 宗正籍：宗室名籍。⑧ 再从、三从：同祖的叫从，同曾祖的叫再从，同高祖的叫三从。⑨ 汉之贾、泽：汉高祖封从兄弟刘贾为荆王，封从祖昆弟刘泽为燕王，两人都在战争中立功。⑩ 县公：根据正史看，"县"字可能是误字，当为"郡公"。

贞观十一年，太宗以周封子弟，八百余年，秦罢诸侯，二世而灭，吕后欲危刘氏，终赖宗室获安[①]，封建[②]亲贤，当是子孙长久之道。乃定制，以子弟荆州都督荆王元景[③]、安州都督吴王恪[④]等二十一人，又以功臣司空赵州刺史长孙无忌、尚书左仆射宋州刺史房玄龄等一十四人，并为世袭刺史。礼部侍郎李百药[⑤]奏论驳世封事曰：

臣闻经国庇民[⑥]，王者之常制；尊主安上，人情之大方[⑦]。思闻治定之规，以弘长世之业，万古不易，百虑同归[⑧]。然命历有赊促[⑨]之殊，邦家有治乱之异。遐观[⑩]载籍，论之详矣。咸云周过其数[⑪]，秦不及期[⑫]，存亡之理，在于郡国。周氏以鉴夏、殷之长久，遵皇王之并建[⑬]，维城磐石[⑭]，深根固本，虽王纲弛废，而枝干相持，故使逆节[⑮]不生，宗祀不绝。秦氏背师古之训，弃先王之道，剪华恃险[⑯]，罢侯置守[⑰]，子弟无尺土之邑，兆庶[⑱]罕共治之忧，故一夫号呼而七庙隳圮[⑲]。

【注释】

① 吕后欲危刘氏：吕后，汉高祖刘邦妻。高祖死后，子刘盈(惠帝)即位，吕后掌握实权。惠帝死后，吕后临朝当政，分封吕氏家族多人，控制军队。其死后，太尉周勃等尽灭诸吕，迎立高祖子代王刘恒为帝，才恢复刘汉政权。终赖宗室获安：宗室，皇族。吕后当政时，吕氏子弟骄横不可

一世。刘汉帝室刘章在一次酒宴上以军法监酒，斩吕氏一人，使诸吕畏惧。后刘章又参与周勃等消灭诸吕的行动。② 封建：分封。③ 荆王元景：唐高祖李渊之子。④ 吴王恪(kè)：唐太宗之子。⑤ 礼部侍郎：官名，礼部的副长官。李百药：字重规。曾仕隋。贞观初年(627)，任中书舍人。⑥ 经国庇(bì)民：治理国家，庇护百姓。⑦ 大方：大道理，大原则。⑧ 百虑同归：大家的想法都相同。⑨ 命历：运数。赊(shē)促：长短。⑩ 遐(xiá)观：远观。⑪ 周过其数：周朝经历的时间超过了预计的年数。⑫ 秦不及期：秦朝未到预定的期限就灭亡了。⑬ 遵皇王之并建：遵循古代圣君治国的建策。⑭ 维城磐(pán)石：连接城邑保卫国家如同磐石一样坚固。⑮ 逆节：倒节。此指背叛作乱等。⑯ 剪华恃险：断华山为城，仗恃它的险要。⑰ 罢侯置守：废除分封诸侯的制度，置郡守以治民。⑱ 兆庶：万民。⑲ 一夫号呼而七庙隳(huī)圮(yí)：一个普通百姓出来号召，国家就灭亡了。一夫号呼，指陈胜在大泽乡起义。七庙，借指国家政权。隳圮，毁坏。

臣以为自古皇王，君临宇内，莫不受命上玄[1]，册名帝录[2]，缔构遇兴王之运[3]，殷忧属启圣之期[4]。虽魏武携养之资[5]，汉高徒役之贱[6]，非止意有觊觎[7]，推之亦不能去也。若其狱讼不归[8]，菁华已竭[9]，虽帝尧之光被四表，大舜之上齐七政[10]，非止情存揖让[11]，守之亦不可焉。以放勋、重华之德[12]，尚不能克昌厥后[13]。是知祚之长短，必在于天时，政或兴衰，有关于人事。隆周卜世三十，卜年七百，虽沦胥[14]之道斯极，而文、武之器[15]尚存，斯龟鼎[16]之祚，已悬定于杳冥[17]矣。至使南征不返[18]，东迁避逼[19]，禋祀阙如[20]，郊畿不守[21]，此乃陵夷之渐[22]，有累于封建焉。暴秦运距闰余[23]，数终百六[24]。受命之主，德异禹、汤，继世之君，才非启、诵[25]。借使李斯、王绾之辈盛开四履，将闾、子婴之徒俱启千乘[26]，岂能逆帝子之勃兴，抗龙颜之基命者也[27]！

【注释】

① 上玄：上天。② 帝录：天子将兴的符应。③ 兴王之运：王业兴盛的时机。④ 启圣之期：开拓神圣事业的时期。⑤ 魏武：即曹操，三国政治家、军事家。携养之资：曹操之父曹嵩原姓夏侯，后为东汉中常侍曹

腾养子，改姓曹，故称。⑥ 汉高徒役之贱：汉高祖刘邦是低贱的徒役出身。⑦ 觊(jì)觎(yú)：非分的希望与企图。⑧ 狱讼不归：诉讼案件的人不归向。意即百姓不信任、不归附。⑨ 菁(jīng)华：精华，指事物最好的部分。⑩ 上齐七政：上，高尚。齐，如同。七政，日、月和金、木、水、火、土五星。⑪ 揖(yī)让：辞让。⑫ 放勋：帝尧的名。重华：大舜的名。⑬ 克昌厥后：能使他的后代昌盛。⑭ 沦胥：相互牵连而受苦难。⑮ 器：政权。⑯ 龟鼎：元龟与九鼎。都是国家重器，比喻帝位。⑰ 杳(yǎo)冥：深暗幽远，指极遥远之处。此指上天。⑱ 南征不返：周昭王南巡渡汉水，百姓厌恶他无德，故意以胶粘的船给他乘，至中流，胶溶船解，昭王被淹死。⑲ 东迁避逼：西周的末代国君周幽王被犬戎所杀。其子即位，是为平王。周平王为了避免犬戎的威胁，将国都从镐京东迁至洛邑。⑳ 禋(yīn)祀阙如：禋祀，古代祭天的一种礼仪，将牲口和玉帛置于柴上焚烧。后泛指祭祀。阙如，欠缺。㉑ 郊畿：京郊的土地。㉒ 陵夷之渐：陵夷，部落。渐，征兆。㉓ 运距闰余：运，国运。距，踞。闰余，非正统的帝位，或作闰位。㉔ 数终百六：数，气数。终，终结。百六，厄运。㉕ 才非启、诵：不是启、诵之才。启，大禹之子。诵，周成王的名。㉖ 王绾(wǎn)：秦始皇时秦国丞相。四履：四面边境。将闾：秦公子。秦二世胡亥即位后将其杀害。子婴：秦始皇长子扶苏之子。千乘：千辆兵车。古时以一车四马为一乘。此处代指拥兵千乘的诸侯国。㉗ 帝子、龙颜：均指汉高祖刘邦。

然则得失成败，各有由焉。而著述之家，多守常辙[①]，莫不情忘今古，理蔽浇淳[②]，欲以百王之季[③]，行三代之法，天下五服[④]之内，尽封诸侯，王畿千里之间，俱为采地[⑤]。是则以结绳之化[⑥]行虞、夏之朝，用象刑之典治刘、曹之末[⑦]，纪纲弛紊，断可知焉。锲船求剑，未见其可；胶柱成文[⑧]，弥多所惑。徒知问鼎请隧[⑨]，有惧霸王之师；白马素车[⑩]，无复藩维[⑪]之援。不悟望夷之衅[⑫]，未堪羿、浞之灾[⑬]；既罹高贵之殃[⑭]，宁异申、缯之酷[⑮]。此乃钦明昏乱，自革安危，固非守宰公侯，以成兴废。且数世之后，王室浸微，始自藩屏，化为仇敌。家殊俗，国异政[⑯]，强陵弱，众暴寡，疆场彼此，干戈侵伐。狐骀之役，女子尽髽[⑰]；崤陵之师，只轮不反[⑱]。斯盖略举一隅，其余不可胜数。陆士衡方规规然[19]云：“嗣王委[20]其九鼎，凶族据其天邑[21]，天下晏然，以治待乱。”何斯言之谬也！而设官分职，任贤使能，以循良之才[22]，膺共治之寄，刺举分竹[23]，何世无人。至使地或呈祥，天不爱宝[24]，民称父母，政比神明。曹元首方区区然称[25]：“与人共其乐者人必忧其忧，与人同其安者人必拯其危。”岂容以为侯伯则同其安危，任之牧宰则殊其忧乐？何斯言之妄也！

【注释】

① 常辙：常规。辙，车轮行过的痕迹。② 理蔽浇淳：道理上分不清风气浇薄和淳朴的时期。③ 百王之季：意为后代帝王的时期。④ 三代：夏、商、周。五服：古代王城外围每五百里为一区划，按距离分为五等地带：侯服、甸服、绥服、要服、荒服，称作五服。⑤ 畿：古代王都所领辖的地面。后指京城所管辖的地区。采(cài)地：卿大夫的封地。⑥ 结绳之化：结绳记事时代的教化。⑦ 虞、夏之朝：虞舜、夏禹的朝代。象刑之典：尧舜时代的法令制度。象刑，传说尧舜时没有肉刑，而是用一定的服饰象征刑罚，称为象刑。刘、曹之末：刘汉、曹魏的后期。⑧ 锲(qiè)：用刀子刻。胶柱成文：用胶粘住瑟的弦柱，想奏出和谐优美的乐章。比喻不知变通。⑨ 问鼎：楚庄王问周朝宗庙中九鼎的大小轻重。表明他有取代周室、夺取天下的野心。请隧：请求隧葬。隧葬，天子的葬礼，即挖地道至墓穴入葬。⑩ 白马素车：古代凶丧舆服，用白色的马拉着涂以白土的车。⑪ 藩维：诸侯。⑫ 望夷：秦宫名。衅：祸乱。⑬ 羿(yì)、浞(zhuó)之灾：后羿被寒浞杀害的灾难。⑭ 高贵之殃：三国时魏国皇帝被司马昭杀害。⑮ 申、缯(zèng)之酷：申侯联结缯人、犬戎杀害周幽王。⑯ 国异政：一国之内各自为政。⑰“狐骀(tāi)之役”句：狐骀，春秋时邾地，在今山东滕县东南。髽(zhuā)：古代妇人的丧仪，以麻和头发合结。⑱“崤(xiáo)陵之师”句：崤陵战役，秦国全军覆没。⑲ 陆士衡：即陆机。其祖父陆逊、父陆抗都是三国时吴国名将。规规然：浅陋拘泥。⑳ 嗣王委：周惠王、襄王、悼王出外流亡。委，丢弃。㉑ 凶族据其天邑：叛乱的周王室子弟子颓、叔带、子朝窃据国位。天邑，京都。㉒ 循良：奉公守法。㉓ 刺举：检举奸恶，举荐有功。分竹：即分符，古代将竹一剖为

二，授官时一给本人，一留官府。㉔“地或呈祥”句：如任用贤良，则天地都会出现祥瑞。㉕曹元首：三国时魏人，著《六代论》。区区然，自得之貌。

封君列国，藉其门资[①]，忘其先业之艰难，轻其自然之崇贵，莫不世增淫虐，代益骄侈。离宫别馆[②]，切汉[③]凌云，或刑人力而将尽[④]，或召诸侯而共乐。陈灵则君臣悖礼，共侮征舒[⑤]；卫宣则父子聚麀，终诛寿、朔[⑥]。乃云为己思治，岂若是乎？内外群官，选自朝廷，擢士庶以任之，澄水镜以鉴之，年劳[⑦]优其阶品，考绩明其黜陟。进取事切，砥砺情深，或俸禄不入私门[⑧]，妻子不之官舍[⑨]。班条之贵，食不举火[⑩]；剖符之重，居惟饮水[⑪]。南阳太守，弊布裹身[⑫]；莱芜县长，凝尘生甑[⑬]。专云为利图物，何其爽欤！总而言之，爵非世及，用贤之路斯广；民无定主，附下之情不固[⑭]。此乃愚智所辨，安可惑哉？至如灭国弑君，乱常干纪[⑮]，春秋二百年间[⑯]，略无宁岁。次睢咸秩，遂用玉帛之君[⑰]；鲁道有荡，每等衣裳之会[⑱]。纵使西汉哀、平之际[⑲]，东洛桓、灵之时[⑳]，下吏淫暴，必不至此。为政之理，可以一言蔽焉。

【注释】

①门资：门第资格。②离宫别馆：古时供君王巡幸、玩乐所临时居住的地方。③切汉：高耸。④刑人力而将尽：使用民力几乎到达极点。⑤“陈灵则君臣悖礼”句：春秋时鲁宣公九年，陈灵公与大臣孔宁、仪行父和夏姬淫乱。第二年，夏姬之子夏征舒愤而杀死陈灵公，孔宁、仪行父逃往楚国。⑥“卫宣则父子聚麀(yōu)”句：卫宣公悖伦，纳其子伋之妻为妻。事见《左传》。寿、朔，当为伋、寿。聚麀，乱伦。⑦澄水镜以鉴之：澄清水镜以鉴别。水镜，常用以表示知人之明。年劳：任职的年数和劳绩。⑧俸禄不入私门：东汉时杨承为豫章太守，按日受禄，多余的俸禄不入私门。⑨妻子不之官舍：东汉时魏霸为巨鹿太守，何并为颍川太守，到任办公时妻子不入官舍。⑩“班条之贵”句：东汉时冀州刺史左雄经常不烧火做饭，只吃干粮。⑪“剖符之重”句：晋朝吴郡太守，自己带米到任，不受俸禄，只饮当地之水。⑫“南阳太守”句：东汉南阳太守羊续常穿破衣服。⑬“莱芜县长”句：东汉范冉任莱芜县令，后辞官，甚贫，

有时断炊。⑭“民无定主”句：百姓没有固定的主人，就不会倾心依附。⑮ 乱常干纪：扰乱伦常，干犯法纪。⑯ 春秋二百年间：一般认为春秋时期始于公元前770年周平王东迁，终于公元前476年，共295年。⑰“次睢(suī)咸秩”句：宋襄公让邾文公杀死鄫国国君，以之作为祭品用于次睢之地。⑱“鲁道有荡”句：鲁道有荡，大道平坦宽广。衣裳之会，相对于兵车之会，原指诸侯国之间的友好会见。⑲ 哀、平：汉哀帝和汉平帝。⑳ 东洛桓、灵之时：东洛，东汉都洛阳，故称。桓、灵之时，桓帝、灵帝时期。

伏惟陛下握纪御天[①]，膺期启圣[②]，救亿兆之焚溺[③]，扫氛祲于寰区[④]。创业垂统[⑤]，配二仪[⑥]以立德；发号施令，妙万物而为言[⑦]。独照神衷[⑧]，永怀前古。将复五等[⑨]而修旧制，建万国以亲诸侯。窃以汉、魏以还，余风之弊未尽；勋、华既往，至公之道斯乖。况晋氏失驭[⑩]，宇县崩离；后魏乘时[⑪]，华夷杂处。重以关河分阻，吴、楚悬隔，习文者学长短纵横之术[⑫]，习武者尽干戈战争之心，毕为狙诈[⑬]之阶，弥长浇浮之俗。开皇在运，因藉外家[⑭]。驱御群英，任雄猜之数[⑮]；坐移明运，非克定之功[⑯]。年逾二纪[⑰]，民不见德。及大业嗣立[⑱]，世道交丧，一时一物，扫地将尽。虽天纵神武，削平寇虐，兵威不息，劳止未康[⑲]。

【注释】

① 握纪御天：掌握纲纪，驾驭天下。② 膺期启圣：顺承时运，开创帝业。③ 焚溺：水深火热之中。④ 氛祲(jìn)：凶云妖气。寰(huán)区：宇宙间。⑤ 垂统：把基业(皇位)传给子孙。⑥ 配：媲美。二仪：天地。⑦ 妙万物而为言：皇帝发号施令，所说的话曲尽万物之理。⑧ 独照神衷：圣心独察。照，察知。神衷，帝王之意。⑨ 五等：爵位的五个等级，即公、侯、伯、子、男。⑩ 晋氏失驭：晋朝丧失统治。晋氏，司马氏取代三国之魏所建立的晋朝。失驭：丧失政权。⑪ 后魏乘时：后魏乘着时机建立政权。⑫ 长短纵横之术：游说诸侯图王争霸之术。⑬ 狙(jū)诈：政治野心。⑭“开皇在运”句：隋文帝取得天下，是凭借了北周外戚的有利地位。⑮“驱御群英”句：统治天下，有雄心壮志而又多猜忌疑惑。⑯ 克定

之功：战胜敌人奠基立国的功绩。⑰ 年逾二纪：统治的年数超过二纪。纪，古代纪年单位，一纪为12年。⑱ 大业嗣立：隋炀帝即位。⑲ 劳止未康：百姓疲劳未获安宁。

自陛下仰顺圣慈[1]，嗣膺宝历[2]，情深致治，综核前王[3]。虽至道无名[4]，言象所纪[5]，略陈梗概，实所庶几。爱敬烝烝，劳而不倦，大舜之孝也[6]。访安内竖[7]，亲尝御膳，文王之德也。每宪司谳罪，尚书奏狱[8]，大小必察，枉直咸举，以断趾之法，易大辟之刑[9]，仁心隐恻，贯彻幽显，大禹之泣辜也[10]。正色直言，虚心受纳，不简鄙讷，无弃刍荛，帝尧之求谏也。弘奖名教[11]，劝励学徒，既擢明经于青紫[12]，将升硕儒[13]于卿相，圣人之善诱也。群臣以宫中暑湿，寝膳或乖，请移御高明，营一小阁。遂惜十家之产[14]，竟抑子来之愿[15]，不忝阴阳之感[16]，以安卑陋之居。顷岁霜俭[17]，普天饥馑，丧乱甫尔[18]，仓廪空虚。圣情矜愍[19]，勤加赈恤，竟无一人流离道路，犹且食惟藜藿[20]，乐彻簨簴[21]，言必凄动，貌成癯瘦[22]。公旦喜于重译[23]，文命矜其即叙[24]。陛下每见四夷款附[25]，万里归仁，必退思进省，凝神动虑，恐妄劳中国，以求远方，不藉万古之英声，以存一时之茂实[26]。心切忧劳，志绝游幸，每旦视朝，听受无倦，智周于万物，道济于天下。罢朝之后，引进名臣，讨论是非，备尽肝膈[27]，惟及政事，更无异辞。才日昃，必命才学之士，赐以清闲，高谈典籍，杂以文咏，间以玄言[28]，乙夜[29]忘疲，中宵不寐。此之四道，独迈往初，斯实生民以来，一人而已。弘兹风化，昭示四方，信可以期月之间，弥纶天壤[30]。而淳粹尚阻[31]，浮诡[32]未移，此由习之久，难以卒变。请待斫雕成器[33]，以质代文[34]，刑措[35]之教一行，登封之礼[36]云毕，然后定疆理之制[37]，议山河之赏[38]，未为晚焉。《易》称："天地盈虚，与时消息，况于人乎[39]？"美哉斯言也。

【注释】

① 仰顺圣慈：上承太上皇的旨意。圣慈，指唐高祖李渊。② 嗣(sì)膺宝历：继承皇位。宝历，国祚。③ 综核前王：综合详察前王治国的经验教训。核，仔细考察。④ 至道无名：至善之道难以说明。⑤ 言象所纪：说话如同找出散丝的头绪。纪，找出散丝的头绪。⑥"爱敬烝烝

(zhēng)”句：敬爱尊长，品德淳厚，勤劳不倦，是大舜的孝。⑦ 访安内竖：向宦官打听君王安否。⑧“宪司谳(yàn)罪”句：谳罪：定罪。尚书，借指一般官员。奏狱，向君王汇报案件诉讼情况。⑨“以断趾之法”句：用斩断脚趾的刑罚代替死刑。⑩ 大禹之泣辜也：大禹看见罪人而哭泣，认为自己未把臣民教育好。⑪ 弘奖名教：弘扬劝勉礼教。名教，以正名定分为中心的封建礼教。⑫ 擢明经于青紫：通过科举选拔人才担任官职。擢，选拔。明经，科举的一科，考试儒家经典。青紫，汉代高官的服饰，此处借指高官。⑬ 硕儒：大儒，即学问渊博的人。⑭ 十家之产：十户人家的财产。⑮ 子来之愿：臣民的心愿。⑯ 不差阴阳之感：不顾冷热的影响。阴阳，日光的向背，引申为气候的冷热。⑰ 霜俭：因霜灾粮食歉收。⑱ 丧乱甫尔：灾祸很大。⑲ 矜愍(mǐn)：怜惜。⑳ 藜(lí)藿(huò)：野菜。㉑ 乐彻簨(sǔn)簴(jù)：撤去钟鼓之乐不听。簨簴，古代悬挂钟鼓的木架。㉒ 癯(qú)：瘦。㉓ 公旦喜于重译：公旦，周公。㉔ 文命矜其即叙：文命，大禹名。即叙，就序。㉕ 款附：诚心归附。㉖ 茂实：完美的政绩。㉗ 备尽肝膈(gé)：各抒己见。㉘ 玄言：指清谈、清言。魏晋时崇尚虚无、空谈名理的一种风气。㉙ 乙夜：二更，约为夜间十时。㉚ 弥纶(lún)天壤：弥补天地之缺。㉛ 淳粹尚阻：质朴纯厚的风气还不能树立起来。㉜ 浮诡：浮薄诡诈。㉝ 斫(zhuó)雕成器：本指将木、石等雕刻为器物，此处用来比喻培养高尚品德。㉞ 以质代文：以质朴敦厚来取代奢华浮薄。㉟ 刑措：因无人犯法，刑罚搁置不用。㊱ 登封之礼：登山封禅。㊲ 疆理：划分疆界。㊳ 山河之赏：分封诸侯的土地。㊴“《易》称”句：天地万物如日月圆缺，与时消长，何况人世的兴衰呢？

中书舍人马周又上疏曰：

伏见诏书令宗室勋贤作镇藩部[①]，贻厥子孙，嗣守其政，非有大故，无或黜免。臣窃惟陛下封植[②]之者，诚爱之重之，欲其绪裔承守，与国无疆，可使世官也。何则？以尧、舜之父，犹有朱、均[③]之子，况下此以还，而欲以父取儿，恐失之远矣。倘有孩童嗣职，万一骄逸，则兆庶被其殃，而国家受其败。政欲绝之也，则子文之治[④]犹在；政欲留之也，而栾黡之恶[⑤]已彰。与其毒害于见存之百姓，则宁使割恩于已亡之一臣，明矣。然则向之所谓爱之者，乃适所以伤之也。臣谓宜赋以茅土⑥，畴其户邑⑦，必有材行，随器方授⑧，则翰翮⑨非强，亦可以获免尤累⑩。昔汉光武不任功臣以吏事，所以终全其世者，良由得其术也。愿陛下深思其宜，使夫得奉大恩，而子孙终其福禄也。

太宗并嘉纳其言。于是竟罢子弟及功臣世袭刺史。

【注释】

① 作镇藩部：镇守藩部。指分封宗亲及勋臣，让他们分别建立和镇守邦国，作为京城藩篱。② 封植：封立。③ 朱、均：丹朱、商均。丹朱，帝尧之子。尧因其不贤，禅位于舜。商均，帝舜之子。舜因其不贤，禅位于禹。④ 子文之治：子文，春秋时楚国令尹，不谋私利，忠心为国。⑤ 栾(luán)黡(yǎn)之恶：栾黡，春秋时晋国大夫，不顾大局，曾因与别的将帅意见不合，伐秦时临阵自退；又曾因私怨，诬陷别人。⑥ 赋以茅土：分封王侯以土地。⑦ 畴(chóu)其户邑：酬赏他们以封邑。⑧ 随器方授：根据才能授予官职。⑨ 翰翮(hé)：鸟的羽翼。此处指能力。⑩ 尤累：过失的牵累。

【导读】

“封建”一词，源自《尚书》和《左传》。“封”，即分封；“建”即建邦国。在中国上古社会，“封建”是“封邦建国”的意思，即王有天下，诸侯有国。所谓“封”，主要是指分封土地采邑，赏爵位官职。在中国封建社会，长期存在着分封制与郡县制、公与私之辨。本章由三节史实组成，一是太宗在贞观初年封赏一些功臣时，引起其皇叔不满，太宗阐发了封赏要坚持论功行赏、公私分明的原则。另外是李百药和马周两人的上奏，通过历史经验阐明分封制、世袭制和任贤使能、郡县制的利弊得失，太宗接受了他们的意见，停止了分封宗室弟子和功臣世袭刺史的做法。

卷 四

论太子诸王定分第九

贞观七年,授吴王恪齐州都督。太宗谓侍臣曰:"父子之情,岂不欲常相见耶!但家国事殊[①],须出作藩屏[②]。且令其早有定分[③],绝觊觎之心,我百年后,使其兄弟无危亡之患也。"

【注释】

① 事殊:事体有所不同。② 藩屏:国家的藩篱屏障。比喻诸侯的封国。③ 定分:确定的名分。

贞观十一年,侍御史马周上疏曰:"汉、晋以来,诸王皆为树置[①]失宜,不预立定分,以至于灭亡。人主熟知其然,但溺于私爱,故前车既覆而后车不改辙[②]也。今诸王承宠遇之恩有过厚者,臣之愚虑,不惟虑其恃恩骄矜[③]也。昔魏武帝宠树陈思[④],及文帝即位,防守禁闭,有同狱囚,以先帝加恩太多,故嗣王[⑤]从而畏之也。此则武帝之宠陈思,适所以苦之也。且帝子何患不富贵,身食大国[⑥],封户[⑦]不少,好衣美食之外,更何所须?而每年别加优赐,曾无纪极[⑧]。俚语曰:'贫不学俭,富不学奢。'言自然也[⑨]。今陛下以大圣创业,岂惟处置见在子弟而已,当须制长久之法,使万代遵行。"疏奏,太宗甚嘉之,赐物百段[⑩]。

【注释】

① 树置:封授爵位和职务。② 前车既覆而后车不改辙:前面的车

已经倾覆,后面的车却不改其道。比喻不吸取前世教训。③ 恃恩骄矜:仗恃皇帝的宠爱而骄傲自大。④ 魏武帝宠树陈思:魏武帝,即曹操。陈思,即曹植,有才华,为曹操所宠爱,其兄曹丕受汉禅称帝后,封其为陈王,死后谥思,后亦称陈思王。⑤ 嗣王:嗣位的君王,此指魏文帝。⑥ 身食大国:享受大都邑的供奉。大国,大城、大都邑。⑦ 封户:封赏的食户,供奉租税徭役。⑧ 纪极:规定的限制。⑨"俚语曰"句:皇子加恩太多,会使他们自然骄奢。⑩ 段:布帛长度单位。此处为物品的种类。

贞观十三年,谏议大夫褚遂良以每日特给魏王泰府料物[①],有逾于皇太子,上疏谏曰:"昔圣人制礼,尊嫡卑庶。谓之储君[②],道亚霄极[③],甚为崇重,用物不计,泉[④]货财帛,与王者共之。庶子体卑,不得为例,所以塞嫌疑之渐[⑤],除祸乱之源。而先王必本于人情,然后制法,知有国家,必有嫡庶。然庶子虽爱,不得超越嫡子,正体[⑥]特须尊崇。如不能明立定分,遂使当亲者疏,当尊者卑,则佞巧之徒,乘机而动,私恩害公,或至乱国。伏惟陛下功超万古,道冠百王,发施号令,为世作法。一日万机,或未尽美,臣职谏诤,无容静默。伏见储君料物,翻[⑦]少魏王,朝野见闻,不以为是。臣闻《传》曰:'爱子教以义方[⑧]。'忠、孝、恭、俭,义方之谓。昔汉窦太后[⑨]及景帝并不识义方之理,遂骄恣梁孝王[⑩],封四十余城,苑方三百里,大营宫室,复道弥望[⑪],积财镪[⑫]巨万计,出警入跸[⑬],小不得意,发病而死[⑭]。宣帝亦骄恣淮阳王[⑮],几至于败,赖其辅以退让之臣,仅乃获免。且魏王既新出阁[⑯],伏愿恒存礼训,妙择师傅,示其成败;既敦之以节俭,又劝之以文学。惟忠惟孝,因而奖之;道德齐礼[⑰],乃为良器。此所谓'圣人之教,不肃而成[⑱]'者也。"太宗深纳其言。

【注释】

① 料物:官家供给的各种物资。② 储君:君位的继承者。多指太子。③ 道亚霄极:名分仅次于至尊。④ 泉:古代钱币的名称。⑤ 塞嫌疑之渐:阻止嫌疑的增加。⑥ 正体:正统。指太子。⑦ 翻:反而。⑧ 义方:做人的正道。⑨ 窦太后:汉文帝的皇后,生景帝和梁孝王。⑩ 梁孝王:名武,汉文帝次子。⑪ 复道弥望:复道,楼阁之间架空的上下两重通

道。弥望，满目都是。⑫ 财镪(qiǎng)：钱财。⑬ 出警入跸(bì)：古时帝王出行的礼仪。侍卫为警，清道为跸。⑭“小不得意”句：景帝时，栗太子被废，梁王入朝，欲代废太子为嗣，未获许可，回封地发病而死。⑮ 宣帝：汉武帝曾孙。即位后，任用贤能，轻徭薄赋。淮阳王：汉宣帝庶子。⑯ 出阁：皇子离开朝廷到自己的封地作藩王。⑰ 道德齐礼：用道德引导，用礼仪来约束。⑱“圣人之教”句：圣人的教化，不严厉施行就能成功。

贞观十六年，太宗谓侍臣曰："当今国家何事最急？各为我言之。"尚书右仆射高士廉曰："养百姓最急。"黄门侍郎刘洎曰："抚四夷急。"中书侍郎岑文本曰："《传》称：'道之以德，齐之以礼。'由斯而言，礼义为急。"谏议大夫褚遂良曰："即日四方仰德，不敢为非，但太子、诸王，须有定分，陛下宜为万代法以遗子孙，此最当今日之急。"太宗曰："此言是也。朕年将五十，已觉衰怠。既以长子守器东宫[①]，诸弟及庶子数将四十，心常忧虑在此耳。但自古嫡庶无良，何尝不倾败家国。公等为朕搜访贤德，以辅储宫[②]，爰[③]及诸王，咸求正士。且官人事王，不宜岁久。岁久则分义情深，非意窥窬[④]，多由此作，其王府官寮，勿令过四考[⑤]。"

【注释】

① 守器东宫：器，护国重器。守器，国家守护的宝器，东宫太子的职守在守护宗庙之器，所以称太子为守器东宫。② 储宫：储君(太子)所居之宫。此指太子。③ 爰(yuán)：引，就是。④ 窥窬(yú)：窥伺机会。此处指窥视帝位，图谋不轨。⑤ 考：官员考核。唐制，官员一年考核一次。

【导读】

太子是封建国家的储君，诸王也是君位的竞争者，能否处理好他们之间的关系，早定名分，早立制度，并教育好他们，这关系到封建统治能否长治久安。因此，以下四章专门论及此方面的问题。本章主要由三段史实构成：一是马周上奏请太宗早立制度，为诸王定分；二是褚遂良谏议认为魏王府的料物供给享用超过了太子，以此事向太宗论述了尊嫡卑庶，是古今礼法的道理；三是太宗征询诸大臣何为国之急务？太宗还是采纳了褚遂良的观点，认为诸王定分是国之急务。

论尊敬师傅第十

贞观三年，太子少师李纲[①]有脚疾，不堪践履[②]。太宗赐步舆[③]，令三卫[④]举入东宫，诏皇太子引[⑤]上殿，亲拜之，大见崇重[⑥]。纲为太子陈君臣父子之道，问寝视膳之方，理顺辞直，听者忘倦。太子尝商略古来君臣名教[⑦]，竭忠尽节之事。纲懔然[⑧]曰："托六尺之孤，寄百里之命[⑨]，古人以为难，纲以为易。"每吐论发言，皆辞色慷慨，有不可夺之志，太子未尝不耸然[⑩]礼敬。

【注释】

① 李纲：为人有气节，曾仕北周。唐高祖李渊即位后，拜礼部尚书、太子詹事。因谏李建成不听，辞官。贞观初，拜太子少师，五年(631)卒。谥贞。② 践履：穿鞋走路。③ 步舆(yú)：轿，木制。④ 三卫：唐沿隋制，设有亲卫、勋卫、翊卫，合称三卫。⑤ 引：牵挽，搀扶。⑥ 大见(xiàn)崇重：显得非常尊重。⑦ 君臣名教：国君与臣下必须遵循的原则。⑧ 懔(lǐn)然：态度严正的样子。⑨"托六尺之孤"句：可以托付幼君和国家。六尺，形容小，古时尺短，六尺约等于1.38米。孤，孤儿，指幼君。百里，诸侯的封国。命，政令。⑩ 耸然：很恭敬的样子。

贞观六年，诏曰："朕比寻讨经史[①]，明王圣帝，曷尝无师傅[②]哉？前所进令遂不睹三师之位[③]，意将未可，何以然？黄帝学大颠，颛顼学录图，尧学尹寿，舜学务成昭，禹学西王国，汤学威子伯，文王学子期，武王学虢叔[④]。前代圣王，未遭此师，则功业不著乎天下，名誉不传乎载籍[⑤]。况朕接百王之末，智不同圣人，其无师傅，安可以临兆民者哉？《诗》不云乎：'不愆不忘，率由旧章[⑥]。'夫不学则不明古道，而能政致太平者，未之有也。可即著令，置三师之位。"

【注释】

① 寻讨经史：研究经史典籍。② 曷(hé)尝无师傅：曷尝，何尝。师傅，总称辅导太子的官员，包括太师、太保、太傅，少师、少保、少傅。③ 三师之位：三师的职位。三师，太师、太傅、太保的合称，是与天子坐而论道之官。④ 虢(guó)叔：人名。⑤ 传乎载籍：传写在记载史实的典籍上。⑥“不愆不忘”句：不犯过失不忘本，遵循以前的规章制度。率由，遵循。

【导读】

古人云：“三教圣人，莫不有师；千古帝王，莫不有师。”《荀子·大略》中说：“国将兴，必贵师而重傅……国将衰，必贱师而轻傅。”中国自古就有尊师重道之传统，无论是普通百姓还是高贵国君，尊师都是其成就事业的条件。对于封建统治接班人的诸王子来说，择良师而教就更是关系到治乱兴衰的大事。因此，太宗非常重视太子及诸王的教育，要求他们尊敬师傅，并立三师之位，加以制度保障。

贞观八年，太宗谓侍臣曰：“上智之人[①]，自无所染，但中智之人无恒[②]，从教而变，况太子师保，古难其选。成王幼小，周、召为保傅。左右皆贤，日闻雅训，足以长仁益德，使为圣君。秦之胡亥[③]，用赵高作傅，教以刑法，及其嗣位，诛功臣，杀亲族，酷暴不已，旋踵[④]而亡。故知人之善恶，诚由近习。朕今为太子、诸王精选师傅，令其式瞻礼度[⑤]，有所裨益。公等可访正直忠信者，各举三两人。”

【注释】

① 上智之人：或作上知，指天生圣人。② 中智之人无恒：一般人的品德不稳定，随着教育而变化。③ 胡亥：秦二世。④ 旋踵(zhǒng)：很快。⑤ 式瞻(zhān)礼度：向师傅学习礼节法度。

【导读】

太宗认识到太师善恶事关重大，因而自古以来就比较难选，要求臣子举正直忠信之人为太师，选贤良之师督导太子向善。

贞观十一年，以礼部尚书王珪兼为魏王[1]师。太宗谓尚书左仆射房玄龄曰："古来帝子，生于深宫，及其成人，无不骄逸，是以倾覆相踵，少能自济[2]。我今严教子弟，欲皆得安全。王珪我久驱使，甚知刚直，志存忠孝，选为子师。卿宜语泰，每对王珪，如见我面，宜加尊敬，不得懈怠。"珪亦以师道自处，时议善之也。

【注释】

①魏王：唐太宗第四子李泰。②自济：自己救助自己。

贞观十七年，太宗谓司徒长孙无忌、司空房玄龄曰："三师以德道人者也。若师体卑[1]，太子无所取则。"于是诏令撰太子接三师仪注：太子出殿门迎，先拜三师，三师答拜，每门让三师。三师坐，太子乃坐。与三师书，前名，"惶恐[2]"；后名，"惶恐再拜"。

【注释】

①师体卑：师傅的身份低下。②惶恐：恐惧不安。书信前后的谦辞。

【导读】

太宗尊师不仅以身作则，而且要求大臣及王子要尊敬三师，并制定尊师仪规，将尊师落实在制度上。

贞观十八年，高宗初立为皇太子[1]，尚未尊贤重道，太宗又尝令太子居寝殿之侧，绝不往东宫。散骑常侍刘洎上书曰：

臣闻郊迎四方，孟侯所以成德[2]；齿学三让，元良由是作贞[3]。斯皆屈主祀[4]之尊，申下交[5]之义。故得刍言咸荐，睿问旁通[6]，不出轩庭，坐知天壤[7]，率由兹道，永固鸿基者焉。至若生乎深宫之中，长乎妇人之手，未曾识忧惧，无由晓风雅[8]。虽复神机[9]不测，天纵生知[10]，而开物成务，终由外奖[11]。匪夫宗彼干籥[12]，听兹谣颂[13]，何以辨章庶类，甄核彝伦[14]？历考圣贤，咸资琢玉[15]。是故周储上哲，师望、奭而加裕[16]；汉嗣深仁，引园、绮而昭德[17]。原夫太子，宗祧[18]是系，善恶之际，兴亡斯在，不勤于始，将悔于终。是以晁错上书，令通政术；贾谊献策，务知礼教。窃惟皇太子玉裕挺生[19]，金声夙振[20]，明允笃诚[21]之美，孝友[22]仁义之方，皆挺自天姿，非劳审谕[23]，固以华夷仰德，翔泳希风[24]矣。然则寝门视膳，已表于三朝；艺宫论道[25]，宜弘于四术[26]。虽富于春秋[27]，饬躬有渐[28]，实恐岁月易往，堕业兴讥，取适晏安[29]，言从此始。臣以愚短，幸参侍从，思广储明[30]，暂愿闻彻[31]，不敢曲陈故事[32]，切请以圣德言之。

【注释】

① 高宗初立为皇太子：贞观十七年(643)，废皇太子李承乾，立晋王李治为皇太子。②“臣闻郊迎四方”句：“天子太子年十八曰孟侯。孟侯者，于四方诸侯来朝，迎于郊。”语本《尚书大传》。③“齿学三让”句：齿学三让，谓太子在学受业时，与同学者根据年岁以礼相让。元良由是作贞，太子由此为正。④ 主祀：君主之礼。⑤ 下交：尊贵者与卑贱者交往。⑥“刍言咸荐”句：刍言咸荐，小民的言论都能奏闻。睿问旁通，帝王的听闻都能通达。⑦“不出轩庭”句：坐在宫中可以知道天下的事。轩庭，居室。天壤，天上地下。⑧ 风雅：诗文词章等。⑨ 神机：神妙的计谋。此指君王的谋略。⑩ 天纵生知：天赋的生而知之。⑪“开物成务”句：开物成务，开发万物之理，成就天下之事。外奖，外界的辅助。⑫ 干籥(yuè)：干，古时舞者手执的盾。籥，古管乐器。⑬ 谣颂：歌谣诗颂。此处指诗歌教化。⑭“辨章庶类”句：辨章庶类，辨明万物。甄(zhēn)核彝伦，分清道理。⑮ 琢玉：雕琢玉器，比喻教育。⑯“是故周储上哲”句：周成王德才非凡，师法姜太公、召公而更增加道德。周储，周德储君，指周成王。上哲，德才非凡。望，太公望，俗称姜太公。奭(shì)，召公名。裕，道。⑰“汉嗣深仁”句：汉惠帝深怀仁义，征召东园公、绮里季而彰明道德。汉嗣，汉德嗣君，指汉惠帝刘盈。园，东园公。绮，绮里季。⑱ 宗祧(tiāo)：宗庙。祧，远祖之庙。⑲ 玉裕挺生：形容太子资质杰出，温裕如玉。⑳ 金声夙(sù)振：形容太子美名早传。㉑ 明允笃诚：清明公允，笃厚诚信。㉒ 孝友：孝亲父母，友爱兄弟。㉓ 非劳审谕：不需要教导。㉔ 翔泳希风：上下都仰慕其作风。㉕ 艺宫：太子学习研究学问

的地方。道，学术。㉖ 四术：《诗》、《书》、《礼》、《乐》四种经术。㉗ 富于春秋：年龄尚少。㉘ 饬(chì)躬有渐：修身渐进。㉙ 取适晏安：寻求适意安逸。㉚ 思广储明：想扩充太子的英明。储，储君，太子。㉛ 暂愿闻彻：希望不久闻名四方。㉜ 曲陈故事：详述旧事。

伏惟陛下庭睿膺图①，登庸历试②。多才多艺，道著于匡时③；允文允武④，功成于纂祀⑤。万方即叙，九围清晏⑥。尚且虽休勿休，日慎一日，求异闻于振古⑦，劳睿思于当年。乙夜观书，事高汉帝⑧；马上披卷，勤过魏王⑨。陛下自励如此，而令太子优游弃日，不习图书，臣所未谕一也。加以暂屏机务，即寓雕虫⑩。纡宝思于天文，则长河韬映；摛玉华于仙札，则流霞成彩⑪。固以锱铢万代，冠冕百王，屈、宋不足以升堂，钟、张何阶于入室⑫。陛下自好如此，而太子悠然静处，不寻篇翰⑬，臣所未谕二也。陛下备该众妙⑭，独秀寰中，犹晦天聪，俯询凡识⑮。听朝之隙，引见群官，降以温颜，访以今古。故得朝廷是非，闾里好恶，凡有巨细，必关闻听。陛下自行如此，而令太子久趋入侍，不接正人，臣所未谕三也。陛下若谓无益，则何事劳神；若谓有成，则宜申贻厥⑯。蔑而不急，未见其可。伏愿俯推睿范⑰，训及储君，授以良书，娱之嘉客⑱。朝披经史，观成败于前踪；晚接宾游，访得失于当代。间以书札，继以篇章，则日闻所未闻，日见所未见。副德愈光⑲，群生之福也。

【注释】

① 庭睿膺图：天生睿智，承受天命。② 登庸历试：登上帝位，历经考验。③ 匡时：匡救为难时局。④ 允文允武：文事、武功兼全。⑤ 纂祀：继承帝王大业。⑥ 九围清晏：九州清平。⑦ 振古：往昔。⑧“乙夜观书”句：太宗深夜读书，比汉光武帝还要勤奋。⑨“马上披卷”句：太宗在行军打仗过程中读书，勤奋超过曹操。⑩ 雕虫：雕琢章句。指文学。⑪ 纡(yū)：迂回曲妙。韬映：掩藏光芒。摛(chī)：展布。玉华：玉的精华，形容优美的辞藻。仙札：皇帝书札的美称。⑫ 锱(zī)铢(zhū)万代：使万代人物显得渺小。锱铢，古代极小的重量单位。冠冕(miǎn)百王：盖过历代帝王。冠冕，盖过，居于首位。屈、宋：屈原、宋玉。战国时期楚

国人，古代著名的辞赋家。升堂：比喻学问入门。钟、张：钟繇、张芝。钟为三国时魏国人，精隶书；张为东汉时人，精草书。二人都是一代书法大师。入室，比喻学问精深。⑬ 不寻篇翰：不用功于文章书法。篇，篇章，谓文章。翰，翰墨，谓书法。⑭ 备该众妙：具备众多才能。⑮“犹晦天聪”句：不炫耀聪明，向普通人请教。⑯ 宜申贻（yí）厥：应该申明留给子孙做榜样。⑰ 睿范：圣上的典范。⑱ 嘉客：嘉宾，贤能之士。⑲ 副德愈光：太子的道德更加光辉。

窃以良娣之选①，遍于中国。仰惟②圣旨，本求典内③，冀防微，慎远虑，臣下所知。暨乎征简人物④，则与聘纳⑤相违，监抚二周，未近一士⑥。愚谓内既如彼，外亦宜然者⑦。恐招物议⑧，谓陛下重内而轻外也。古之太子，问安而退，所以广敬于君父；异宫而处，所以分别于嫌疑。今太子一侍天闱，动移旬朔⑨，师傅已下，无由接见。假令供奉有隙，暂还东朝⑩，拜谒⑪既疏，且事俯仰，规谏之道，固所未暇。陛下不可以亲教，宫寀⑫无因以进言，虽有具寮⑬，竟将何补？

【注释】

① 良娣（dì）之选：太子嫔妃的人选。良娣，太子之妾。② 惟：思索，考虑。③ 典内：掌管内务。④ 暨（jì）：但是。征简人物：选拔人才。⑤ 聘纳：聘娶。⑥“监抚二周”句：太子两年没有接近一个贤士。监抚，监国（代国行政）、抚军（慰问军队），太子的职责。二周，两年。⑦“愚谓内既如彼”句：为皇太子选择嫔妃既然那样重视，选拔人才也应当如此。⑧ 物议：世人的议论。⑨ 天闱（wéi）：皇宫。动移旬朔：动不动十天或一月。旬，十天。朔，一月。⑩ 东朝：太子所住的东宫。⑪ 拜谒（yè）：见面。⑫ 宫寀（cǎi）：太子的属官。⑬ 具寮：职官。

伏愿俯循前躅①，稍抑下流②，弘远大之规，展师友之义，则离徽克茂③，帝图斯广④，凡在黎元，孰不庆赖。太子温良恭俭，聪明睿哲，含灵所悉⑤，臣岂不知。而浅识勤勤⑥，思效愚忠者，愿沧溟⑦益润，日月增华也。

太宗乃令洎与岑文本、马周递日⑧往东宫，与皇太子谈论。

【注释】

① 前躅(zhú)：前人的典范。躅，足迹。② 下流：品味不高之事。③ 离徽克茂：保有美德能够盛大。徽，美德。④ 帝图斯广：帝业宏图于是宽广。⑤ 含灵所悉：世人皆知。含灵，人。⑥ 勤勤：恳切至诚。⑦ 沧溟(míng)：沧海。⑧ 递日：按日交替。

【导读】

太子与诸王教育事关社稷，刘洎及时劝谏太宗把教育皇太子之事早早加以落实，提供实施教育的时空条件，选良娣与选良师一样重要，使太子能尊贤重道，修养道德，增强才干，这样才会导太子以善，立国家之基。

论教戒太子诸王第十一

贞观七年，太宗谓太子左庶子于志宁[①]、杜正伦曰："卿等辅导太子，常须为说百姓间利害[②]事。朕年十八，犹在民间，百姓艰难，无不谙练[③]。及居帝位，每商量处置，或时有乖疏，得人谏诤，方始觉悟。若无忠谏者为说，何由行得好事？况太子生长深宫，百姓艰难，都不闻见乎！且人主安危所系，不可辄为骄纵[④]。但出敕云，有谏者即斩，必知天下士庶无敢更发直言。故克己励精，容纳谏诤，卿等常须以此意共其谈说。每见有不是事，宜极言切谏，令有所裨益也。"

【注释】

① 于志宁：贞观三年(629)，为中书侍郎，迁左庶子，上《谏苑》一书，不久兼任太子詹事。晋王李治为皇太子时，又再任左庶子。② 利害：生活困苦。③ 谙(ān)练：熟悉。④ 辄(zhé)为骄纵：仗势骄淫放纵。辄，专擅。

【导读】

太宗以自身经历推知太子之不足，叮嘱太子周围官员要常加教导，教戒太子容纳谏诤，知百姓疾苦。

贞观十八年，太宗谓侍臣曰："古有胎教世子[1]，朕则不暇。但近自建立太子，遇物必有诲谕[2]。见其临食将饭，谓曰：'汝知饭乎？'对曰：'不知。'曰：'凡稼穑艰难，皆出人力，不夺其时，常有此饭。'见其乘马，又谓曰：'汝知马乎？'对曰：'不知。'曰：'能代人劳苦者也，以时消息[3]，不尽其力，则可以常有马也。'见其乘舟，又谓曰：'汝知舟乎？'对曰：'不知。'曰：'舟所以比人君，水所以比黎庶，水能载舟，亦能覆舟。尔方为人主，可不畏惧？'见其休于曲木之下，又谓曰：'汝知此树乎？'对曰：'不知。'曰：'此木虽曲，得绳则正，为人君虽无道，受谏则圣。此傅说所言[4]，可以自鉴。'"

【注释】

① 古有胎教世子：传说文王之母怀上文王时，"目不视恶色，耳不听淫声，口不出傲言"，因而使文王成为圣明的人。后人视此为胎教的典范。② 诲谕：教诲。③ 以时消息：按时让它休息。④ 傅说所言：见《尚书·说命上》。傅说曾对高宗说："惟木从绳则正，后从谏则圣。"后，指君王。

【导读】

由此节可见太宗对太子教育极为重视，随时在生活中对太子进行惜民力、重民意、纳谏诤的教育，因势利导地进行启发教育。太宗不仅是于国、于家负责任的君父，而且是一位对教育太子尽心尽力、不遗余力、循循善诱的良师。

贞观七年，太宗谓侍中魏征曰："自古侯王能自保全者甚少，皆由生长富贵，好尚骄逸，多不解亲君子、远小人故尔。朕所有子弟欲使见前言往行，冀其以为规范。"因命征录古来帝王子弟成败事，名为《自古诸侯王善恶录》，以赐诸王。其序曰：

观夫膺期受命[1]，握图御宇[2]，咸建懿亲[3]，藩屏王室，布在方策[4]，可得而言。自轩分二十五子[5]，舜举一十六族[6]，爰历周、汉，以逮陈、隋，分裂山河，大启磐石[7]者众矣。或保乂王家[8]，与时升降；或失其土宇[9]，不祀忽诸[10]。然考其隆替[11]，察其兴灭，功成名立，咸资始封之君，国丧身亡，多因继体之后⑫。其故何哉？始封之君，时逢草昧，见王业之艰阻，知父兄之忧勤。是以在上不骄，夙夜匪懈，或设醴以求贤⑬，或吐飧而接士⑭。故甘忠言之逆耳，得百姓之欢心，树至德于生前，流遗爱于身后。暨夫子孙继体，多属隆平⑮，生自深宫之中，长居妇人之手，不以高危为忧惧，岂知稼穑之艰难？昵近小人，疏远君子，绸缪哲妇⑯，傲狠明德⑰。犯义悖礼，淫荒无度，不遵曲宪，僭差越等⑱。恃一顾之权宠，便怀匹嫡之心⑲；矜一事之微劳，遂有无厌之望。弃忠贞之正路，蹈奸宄之迷途⑳。愎谏违卜㉑，往而不返。虽梁孝、齐冏之勋庸㉒，淮南、东阿之才俊㉓，摧摩霄之逸翮，成穷辙之涸鳞㉔，弃桓、文之大功㉕，就梁、董之显戮㉖。垂为炯戒㉗，可不惜乎？皇帝以圣哲之资，拯倾危之运，耀七德以清六合㉘，总万国而朝百灵㉙，怀柔四荒㉚，亲睦九族。念华萼于《棠棣》㉛，寄维城于宗子㉜。心乎爱矣，靡日不思，爰命下臣，考览载籍，博求鉴镜，贻厥孙谋。臣辄竭愚诚，稽诸前训。凡为藩为翰㉝，有国有家者，其兴也必由于积善，其亡也皆在于积恶。故知善不积不足以成名，恶不积不足以灭身。然则祸福无门，吉凶由己，惟人所召，岂徒言哉！今录自古诸王行事得失，分其善恶各为一篇，名曰《诸王善恶录》，欲使见善思齐，足以扬名不朽；闻恶能改，庶得免乎大过。从善则有誉，改过则无咎。兴亡是系，可不勉欤？

太宗览而称善，谓诸王曰："此宜置于座右，用为立身之本。"

【注释】

① 膺期受命：承运接受天命。② 握图御宇：掌握符命统治天下。③ 懿(yì)亲：皇室宗亲。④ 方策：典籍。⑤ 自轩分二十五子：自从黄帝分封二十五子。事见《国语》。⑥ 一十六族：八元八凯。⑦ 大启磐石：大封皇室宗亲。⑧ 保乂王家：保国安邦。乂：治理，安定。⑨ 土宇：封国，领土。⑩ 不祀忽诸：忽然死亡。不祀，不为人奉祀，比喻亡国。⑪ 隆替：盛衰。⑫ 继体之后：继位之王。古代天子和诸侯皆称后。⑬ 或设醴(lǐ)以求贤：汉楚元王刘交每设宴，特为贤士穆生准备甜酒。⑭ 或吐飧(sūn)而接士：周公一餐三吐哺来接见贤士。⑮ 隆平：太平之世。⑯ 绸(chóu)缪(móu)哲妇：与多谋乱国的妇人缠绵备至。⑰ 傲狠明德：

对道德高尚的贤士倨傲凶狠。⑱ 僭(jiàn)差越等：超越本分、等级。⑲ 匹嫡之心：与嫡子相匹敌的念头。⑳ 奸宄(guǐ)：为非作歹。㉑ 愎(bì)谏违卜：不听劝谏违背天意。㉒ 梁孝、齐冏(jiǒng)之勋庸：梁孝，即汉梁孝王刘武。参加平定七国之乱有功。齐冏：晋齐王司马冏。司马伦篡位，冏起兵讨平。勋庸，功勋。㉓ 淮南、东阿之才俊：淮南，汉淮南王刘安。东阿，魏东阿王曹植。㉔ 穷辙之涸鳞：涸辙之鱼，比喻陷于困境。㉕ 弃桓、文之大功：齐桓公、晋文公是春秋时期的霸主，有尊王室、匡天下的大功业。㉖ 就梁、董之显戮：梁，梁冀，东汉桓帝时大将军，因谋反，被迫自杀。董，董卓，汉献帝时丞相，因作乱被诛。显戮，处死示众。㉗ 垂为炯戒：留作后世的明鉴。㉘ 耀七德以清六合：七德，禁暴、戢兵、保大、定功、安民、和众、丰财。㉙ 总万国而朝百灵：统领万国，使四方民众来朝。㉚ 四荒：四方边远的国家。㉛ 念华萼于《棠棣(dì)》：华，同"花"。华萼相承，比喻兄弟之爱。棠棣，棠梨，又名杜梨。见《诗经·小雅·棠棣》。㉜ 寄维城于宗子：维城，连结城邑以保卫国家。宗子，文中指皇族子弟。㉝ 为藩为翰：藩，篱笆。翰，辅翼。二者比喻受封国、保国家的皇族子弟。

【导读】

太宗为教育诸王子不遗余力，命魏征撰《自古诸侯王善恶录》以教育诸王子。该书分善、恶两部分，使太子领略为善之功效，知晓为恶之后果。以兴衰之史实向太子、诸王证实一个治国道理，即"兴隆必由于积善，亡灭皆在于积恶"。使太子、诸王见贤思齐，知过能改。

贞观十年，太宗谓荆王元景、汉王元昌、吴王恪、魏王泰等曰："自汉已来，帝弟帝子受茅土、居荣贵者甚众，惟东平及河间王[1]最有令名，得保其禄位。如楚王玮[2]之徒，覆亡非一[3]，并为生长富贵，好自骄逸所致。汝等鉴诫，宜熟思之。拣择贤才，为汝师友，须受其谏诤，勿得自专。我闻以德服物[4]，信非虚说。比尝梦中见一人云虞舜，我不觉竦然敬异，岂不为仰其德也！向若梦见桀、纣，必应斫之[5]。桀、纣虽是天子，今若相唤作桀、纣，人必大怒。颜回、闵子骞、郭林宗、黄叔度[6]，虽是布衣，今若相称赞道类此四贤，必当大喜。故知人之立身，所贵者惟在德行，何必要论荣贵。汝等位列藩王，家食实封[7]，更能克修德行，岂不具美也？且君子小人本无常，行善事则为君子，行恶事则为小人，当须自克励[8]，使善事日闻，勿纵欲肆情，自陷刑戮。”

【注释】

①惟东平及河间王：东平，东汉东平王刘苍，光武帝第八子。河间王，西汉河间王刘德，景帝第三子。②楚王玮(wěi)：西晋楚王司马玮。武帝子。因矫诏杀大臣被处斩。③覆亡非一：封国覆亡的不止一例。④以德服物：用德行教化，使百姓归服。⑤必应斫(zhuó)之：必定要砍杀他们。⑥郭林宗：郭泰，东汉界休(今属山西)人，博通经典，有弟子数千人。善品评人物，名震京师，士林以为典范。黄叔度：东汉慎阳人黄宪，德才非凡，为天下名士所敬服。⑦家食实封：在家食用实封的租税。实封，唐代封爵实际给予封户以食租税的，称为加实封。⑧克励：克制私欲，奋发上进。

贞观十年，太宗谓房玄龄曰：“朕历观前代拨乱创业之主，生长民间，皆识达情伪，罕至于败亡。逮乎继世守文[1]之君，生而富贵，不知疾苦，动至夷灭[2]。朕少小以来，经营多难，备知天下之事，犹恐有所不逮。至于荆王[3]诸弟，生自深宫，识不及远，安能念此哉？朕每一食，便念稼穑之艰难；每一衣，则思纺绩之辛苦。诸弟何能学朕乎？选良佐以为藩弼[4]，庶其习近善人，得免于愆过尔。”

【注释】

①守文：遵守成法。②夷灭：灭亡。③荆王：太宗弟李元景。④藩弼：藩王的辅佐。

【导读】

太宗以东平王及河间王等诸侯王的历史史实为例，教诫太子诸王克励德性，选择良师以为藩弼。教导太子只有修养德性、体察民情、近善远佞，才会长保禄位。

贞观十一年，太宗谓吴王恪曰："父之爱子，人之常情，非待教训而知也。子能忠孝则善矣！若不遵诲诱，忘弃礼法，必自致刑戮，父虽爱之，将如之何？昔汉武帝既崩，昭帝嗣立，燕王旦[①]素骄纵，诪张[②]不服，霍光遣一折简诛之[③]，则身死国除。夫为臣子不得不慎。"

【注释】

① 燕王旦：汉武帝第四子刘旦。汉昭帝即位后，刘旦与左将军上官桀等谋废昭帝，事败自杀。② 诪(zhōu)张：欺诳、嚣张、放肆。③ 霍光遣一折简诛之：霍光，汉武帝时为奉车都尉。昭帝八岁继位，霍光以大司马大将军受武帝遗诏辅政。折简，书信。燕王刘旦与上官桀谋反事败，汉昭帝以书信责之，刘旦自杀。

【导读】

太宗发此言是因为他曾想废李治而立李恪为太子，后经劝谏而打消此念，并认为嫡庶不分会造成朝政混乱，于是教戒李恪谨遵礼法，恪守忠孝之道，可保身安国泰。

贞观中，皇子年小者多授以都督、刺史，谏议大夫褚遂良上疏谏曰："昔两汉以郡国治人，除郡以外，分立诸子，割土封疆，杂用周制。皇唐郡县，粗依秦法[①]。皇子幼年，或授刺史。陛下岂不以王之骨肉，镇捍四方，圣人造制，道高前古[②]？臣愚见有小未尽。何者？刺史师帅，人仰以安。得一善人，部内苏息；遇一不善人，阖州劳弊。是以人君爱恤百姓，常为择贤。或称河润九里[③]，京师蒙福；或与人兴咏，生为立祠[④]。汉宣帝云：'与我共理者，惟良二千石乎！'如臣愚见，陛下子内年齿尚幼，未堪临民者，请且留京师，教以经学。一则畏天之威，不敢犯禁；二则观见朝仪，自然成立[⑤]。因此积习，自知为人，审堪临州，然后遣出。臣谨按汉明、章、和三帝[⑥]，能友爱子弟，自兹以降，以为准的[⑦]。封立诸王，虽各有土，年尚幼小者，召留京师，训以礼法，垂以恩惠。讫三帝世，诸王数十百人，惟二王[⑧]

稍恶，自余皆冲和深粹[9]。惟陛下详察。”太宗嘉纳其言。

【注释】

① 粗依秦法：大致依照秦代的法规。② “圣人造制”句：圣人制定法令，策略比前代贤人高明。道，治国的策略方针。③ “河润九里”句：施恩与人，如河水浸润土地。④ 与人兴咏：深得民心，为人歌咏。生为立祠：汉明帝时西羌侵扰巴郡。拜王堂为巴郡太守，地方平定，百姓为之立祠纪念。生，活着。⑤ 成立：成长自立。⑥ 明、章、和三帝：东汉明帝、章帝、和帝。⑦ 准的：准则。⑧ 二王：指楚王刘英、广陵王刘荆。光武帝第六、第九子，皆因谋反失败自杀。⑨ 冲和深粹：品德高尚。冲和，淡泊平和。深粹，深厚纯粹。

【导读】

太宗纳谏虽有爱护子弟的原因，但更主要的是因为他以民为重。古代帝王为子弟割土封疆，试图保有自家江山，也是封建专制之下的必然。但子弟幼小，不具管理一方生民的能力，使其临民为政，确实荒谬。这也体现出封建帝王治国的狭隘和勉强。

论规谏太子第十二

贞观五年，李百药为太子右庶子，时太子承乾颇留意典坟[1]，然闲宴[2]之后，嬉戏过度。百药作《赞道赋》以讽焉，其词曰：

下臣侧闻先圣之格言，尝览载籍之遗则[3]。伊天地之玄造[4]，洎[5]皇王之建国。曰人纪与人纲，资立言与立德[6]。履之则率性成道，违之则罔念作忒[7]。望兴废如从钧，视吉凶如纠缠[8]。至乃受图膺箓，握镜君临[9]。因万物之思化[10]，以百姓而为心。体大仪之潜运[11]，阅往古于来今。尽为善于乙夜，惜勤劳于寸阴。故能释层冰于瀚海，变寒谷于蹛林[12]。总人灵以胥悦，极穹壤而怀音[13]。

【注释】

① 典坟：三坟、五典的简称。泛指古代典籍。② 闲宴：悠闲安逸。③ 载籍之遗则：载于史籍而留传下来的准则。④ 玄造：造化。⑤ 洎(jì)：到、至。⑥ 人纪与人纲：人伦纲纪，为人处世的道德规范。立言：著书立说。立德：建立功德。⑦ 履：行。率性：任性，随意。成道：成就道德。罔念：不思，无意。忒(tè)：差错，邪恶。⑧ 从钧：随从天工造化。纠缪(mò)：绳索。引申为缠绕联结。⑨ 受图膺箓(lù)：帝王承受天命，应运而兴。图，河图。箓，符命。握镜：手握明镜。比喻秉承清明之道。⑩ 因万物之思化：随顺万物，以恩德教化。⑪ 体大仪之潜运：体，体察。大仪，太极，指形成天地万物的混沌之气。潜运，默默运转。⑫ 释层冰于瀚海：层冰，厚冰。瀚海，唐代泛指蒙古高原大沙漠以北及今准噶尔盆地一带广大地区。变寒谷于蹛(dài)林：寒谷，阴冷的山谷。蹛林：古时匈奴秋天绕林而行祭礼。⑬ 极：穷尽。穹(qióng)壤：天地。怀音：怀德音。

赫矣圣唐，大哉灵命[①]；时维大始，运钟上圣[②]。天纵皇储，固本居正[③]；机悟宏远，神姿凝映[④]。顾三善而必弘。祗四德而为行[⑤]。每趋庭而闻礼[⑥]，常问寝而资敬。奉圣训以周旋，诞天文之明命[⑦]。迈观乔而望梓，即元龟与明镜[⑧]。自大道云革[⑨]，礼教斯起。以正君臣，以笃父子。君臣之礼，父子之亲，尽情义以兼极，谅弘道之在人[⑩]。岂夏启与周诵，亦丹朱与商均[⑪]。既雕且琢，温故知新。惟忠与敬，曰孝与仁。则可以下光四海，上烛三辰[⑫]。昔三王之教子，兼四时以齿学；将交发于中外[⑬]，乃先之以礼乐。乐以移风易俗，礼以安上化人[⑭]。非有悦于钟鼓，将宣志以和神[⑮]。宁有怀于玉帛，将克己而庇身。生于深宫之中，处于群后[⑯]之上，未深思于王业，不自珍于匕鬯[⑰]。谓富贵之自然，恃崇高以矜尚，必恣骄狠，动愆礼让[⑱]。轻师傅而慢礼仪，狎奸谄而纵淫放。前星[⑲]之耀遽隐，少阳之道斯谅[⑳]。虽天下之为家，蹈夷险之非一[㉑]。或以才而见升，或见谗而受黜。足可以省厥休咎[㉒]，观其得失。请粗略而陈之，觊披文而相质[㉓]。

【注释】

① 灵命：天命，此指帝位。② 大始：太始。此指开创帝业。钟：当，逢。上圣：德才高艺之人。③ 固本居正：固本，巩固帝业的根基。居正，遵循正道，即遵循事物发展的规律。④ 机悟：机智。宏远：深远。神姿凝映：风采照人。⑤ 三善：臣事君、子事父、幼事长三种道德规范。祗(zhī)：敬。四德：元、亨、利、贞。⑥ 趋庭而闻礼：用孔子教导其子孔鲤的典故，表示太子承乾接受太宗的教导。⑦ 诞：信。天文：圣旨。明命：圣明的命令。⑧"迈观乔而望梓(zǐ)"句：奉行父子之道。以乔梓比喻父子。迈，行。即：按照。元龟：古代用以占卜的大龟。引申为可作借鉴的前事。明镜：借鉴。⑨ 大道：古代政治理想中的天下为公的大同社会。云，语助词。革，改变。⑩ 谅：实。弘道：弘扬正道。⑪"岂夏启与周诵"句：怎能说夏启与周诵、丹朱与商均一样？夏启，大禹之子。周诵，周武王之子。二人都是继承父业的贤君。丹朱，尧之子；商均，舜之子，皆不肖。⑫ 烛：照耀。三辰：日、月、星。⑬ 将交发于中外：太子长大成人后，将其发遣于朝廷内外任职。⑭ 安上化人：安定君上，教化人民。⑮ 宣志以和神：宣泄志向而和悦心神。⑯ 群后：诸侯。⑰ 匕：羹匙。鬯(chàng)：香酒。二者皆宗庙祭祀用物。此指宗庙。⑱ 动：常常。愆：丧失。⑲ 前星：太子。⑳ 少阳：太子。谅：薄。㉑ 蹈夷险之非一：经历不同。夷险，平安和险阻。㉒ 休咎：吉凶。㉓ 觊(jì)：过分的希望。披文：分析文辞。相质：观察实质。

在宗周[①]之积德，乃执契[②]而膺期；赖昌、发而作贰[③]，启七百之鸿基。逮扶苏之副秦[④]，非有亏于闻望[⑤]；以长嫡之隆重，监偏师于亭障[⑥]。始祸则金以寒离，厥妖则火不炎上[⑦]；既树置之违道，见宗祀之遄丧[⑧]。伊汉氏之长世，固明两之递作[⑨]。高惑戚而宠赵[⑩]，以天下而为谑[⑪]。惠结皓而因良，致羽翼于寥廓[⑫]。景有惭于邓子，成从理之淫虐[⑬]；终生患于强吴，由发怒于争博[⑭]。彻居储两，时犹幼冲[⑮]，防衰年之绝议，识亚夫之矜功[⑯]；故能恢弘祖业，绍三代之遗风[⑰]。据开博望，其名未融。哀时命之奇舛，遇谗贼于江充，虽备兵以诛乱，竟背义而凶终[⑱]。宣嗣好儒，大猷行阐，嗟被尤于德教，美发言于忠謇[⑲]。始闻道于匡、韦，终获戾于恭、显[⑳]。太孙杂艺，虽异定陶，驰道不绝，抑惟小善[21]。犹见重于通人，当传芳于前典[22]。

【注释】

① 宗周，周王朝。② 执契(qì)：把握契机。③ 赖昌、发而作贰：依靠周文王、周武王二人的兴起。昌，周文王姬昌。发，周武王姬发。作，兴起。④ 副秦：秦之副主(太子)。⑤ 闻望：名望。⑥ 监偏师于亭障：在边塞城堡任非主力部队的监军。⑦ 金以寒离：欲废太子。厥：乃。妖：祸。火不炎上：太子被杀。⑧ 既树置之违道：秦二世矫诏杀太子扶苏，自立为秦君。既，及；树置，树立；违道，违背正义。遄：急。⑨ 明两：弟子。递作：继起。⑩ 高惑戚而宠赵：汉高祖被戚夫人所惑，而宠爱其所生赵王如意。⑪ 谑(xuè)：玩笑。⑫ 致羽翼于寥廓：羽翼，羽翼丰满之意。寥廓，辽阔的天空。⑬ 景有惭于邓子：汉景帝为太子时，父皇文帝生毒疮。文帝宠臣邓通经常以口吸脓，而景帝面有难色。成从理之淫虐：造成了邓通的淫乱暴虐。⑭“终生患于强吴”句：汉景帝为太子时，曾与吴王刘濞的太子饮酒玩博局。吴太子在玩时争执不恭，景帝怒，用博局击杀之。吴王因此怨恨，后终造反。博，古代的一种游戏。⑮“彻居储两”句：彻，汉武帝刘彻。储两，太子。幼冲，年龄幼小。⑯ 识亚夫之矜功：亚夫，周亚夫，汉代名将，曾助景帝讨平吴楚七国之乱。汉武帝欲废戾太子，周反对，武帝认为他居功傲慢，不愿为幼主之臣。⑰ 绍三代之遗风：绍，继承。遗风，传统。⑱“据开博望”句：汉武帝为戾太子刘据开设博望苑交往宾客，刘据名望尚未显著，被权臣江充谗毁。刘据捕杀江充，造成长安军乱，众人传说太子造反。武帝怒，刘据畏罪自杀。融，显明。时命，命运。舛，不幸。凶终，不得善终。⑲ 宣嗣好儒：宣嗣，汉宣帝的太子，继位为元帝；好儒，爱好儒家学术。大猷(yóu)行阐：大猷，大道；行，将；阐，显明。嗟被尤于德教：嗟，感叹；被尤，遭到责怪；德教，道德教化。美发言于忠謇：美，赞美；发言，发表的意见。⑳ 始闻道于匡、韦：闻道，领悟道理；匡，匡衡，元帝时为相；韦，元帝时为相，精通儒家经学。终获戾(lì)于恭、显：获戾，得咎。恭、显，弘恭、石显。二人都少时因罪受宫刑，后为宦官。元帝时得信任，权倾一时。㉑“太孙杂艺”句：汉成帝虽然才艺不如陶共王，但遵守礼仪，为太子时虽有急事也不穿越皇帝专用的御

道，这是小的善行。太孙，汉成帝字；杂艺，各种技艺；定陶，定陶共王，元帝庶子；驰道，皇帝专用的御道；绝，跨越；抑，则；惟，是。㉒“犹见重于通人”句：见重，被看重；通人，学识渊博、通达事理之人；传芳，流芳；前典，前代的典籍。

中兴上嗣，明、章济济，俱达时政，咸通经礼，极至情于敬爱，惇友于兄弟；是以固东海之遗堂，因西周之继体①。五官在魏，无闻德音②。或受讥于妲己，且自悦于从禽③。虽才高而学富，竟取累于荒淫。暨贻厥于明皇，构崇基于三世④。得秦帝之奢侈，亚汉武之才艺。遂驱役于群臣，亦无救于凋弊⑤。中抚宽爱，相表多奇。重桃符而致惑，纳钜鹿之明规⑥。竟能扫江表之氛秽，举要荒而见羁⑦。惠处东朝，察其遗迹。在圣德其如初，实御床之可惜⑧。悼愍怀之云废，遇烈风之吹沙⑨。尽性灵之狎艺，亦自败于凶邪⑩。安能奉粢盛⑪，承此邦家！

【注释】

①“中兴上嗣”句：东汉的太子们，明帝、章帝端庄恭敬，通达政务和儒学。中兴，复兴；上嗣，太子；明、章，汉明帝、汉章帝；济济，端庄恭敬。极至情于敬爱：极，尽；至情，真情；敬爱，尊长。惇(dūn)友于兄弟：惇，恪守；友于，兄弟友爱。固东海之遗堂：使东海王的遗业得以固守。东海，东海王，汉明帝兄，与汉明帝非常友爱。因西周之继体：遵循西周的继位制度。因，因袭，遵循；继体，继位。②“五官在魏”句：魏文帝曹丕为太子时，没有好的声誉。五官，曹丕即位前曾为五官中郎将。德音，美好的声誉。③ 或受讥于妲(dá)己：曹操击败袁绍后，曹丕私纳袁绍之子袁熙的妻子。孔融杜撰周武王伐纣胜利后，把纣后妲己赐予功臣周公，加以讽刺。且自悦于从禽：而且自己喜欢打猎。从禽，追逐禽兽。④ 暨贻厥于明皇：暨，及；贻厥，传位；明皇，魏文帝太子。构崇基于三世：构，建造；崇基，土山；三世，三年。⑤“遂驱役于群臣”句：景初元年(237)，魏明帝在芳林园筑土山，命群臣负土栽树，捕捉禽兽放养其中。搞得群臣劳苦，民生凋敝。⑥“中抚宽爱”句：中抚，晋武帝司马炎，为晋王司马昭之子；相表，形貌；桃符，晋武帝之弟齐王的小名；钜鹿，裴秀，晋武帝时封钜

鹿郡公。⑦“竟能扫江表之氛秽”句：江表，长江以南地区；氛秽，邪恶肮脏之气，比喻战乱；见羁，被控制。晋武帝司马炎代魏后，派兵攻灭吴国，统一天下。⑧“惠处东朝”句：惠，指晋惠帝司马衷；处东朝，为太子；东朝，东宫。惠帝为太子时昏愚，尚书令欲谏而不敢，遂在侍宴时佯醉，跪于武帝前手抚御床说：“此座可惜。”⑨“悼愍怀之云废”句：愍怀太子被废置，如同狂风吹沙，崩散无痕。愍怀，晋惠帝太子。⑩“尽性灵之狎艺”句：愍太子很有天资，又努力学习六艺，后来还是因为被教唆作恶而败坏了自己。⑪ 安能奉粢(zī)盛：粢盛，盛在祭器内的谷物。奉粢盛，谓奉行祭祀，即保其祖业。邦家，国家。

惟圣上之慈爱，训义方于至道[1]。同论政于汉幄，修致戒于京鄗[2]。鄙《韩子》之所赐[3]，重经术以为宝。咨政理之美恶，亦文身之黼藻[4]。庶有择于愚夫，惭乞言于遗老[5]。致庶绩于咸宁，先得人而为盛。帝尧以则哲垂谟，文王以多士兴咏[6]。取之于正人，鉴之于灵镜[7]。量其器能，审其检行[8]。必宜度机而分职，不可违方以从政[9]。若其惑于听受，暗于知人，则有道者咸屈，无用者必伸[10]。谗谀竞进以求媚，玩好不召而自臻。直言正谏，以忠信而获罪；卖官鬻狱，以货贿而见亲[11]。于是亏我王度，斁我彝伦[12]。九鼎遇奸回而远逝，万姓望抚我而归仁。盖造化之至育[13]，惟人灵之为贵。狱讼不理，有生死之异涂；冤结不伸，乖阴阳之和气。士之通塞，属之以深文[14]；命之修短，悬之于酷吏。是故帝尧画像，陈恤隐之言[15]；夏禹泣辜，尽哀矜之志。因取象于《大壮》，乃峻宇而雕墙[16]。将瑶台以琼室，岂画栋以虹梁[17]。或凌云以遐观，或通天而纳凉[18]。极醉饱而刑人力，命痿蹶[19]而受身殃。是以言惜十家之产，汉帝以昭俭而垂裕[20]；虽成百里之囿，周文以子来而克昌[21]。彼嘉会而礼通，重旨酒之为德[22]。至忘归而受祉，在齐圣而温克[23]。若其酗蓄以致昏，酖湎而成忒，痛殷受与灌夫，亦亡身而丧国[24]。是以伊尹以酣歌而作戒，周公以乱邦而贻则[25]。咨幽闲之令淑，实好逑于君子[26]。辞玉辇而割爱，固班姬之所耻；脱簪珥而思愆，亦宣姜之为美[27]。乃有祸晋之骊姬，丧周之褒姒[28]。尽妖妍于图画，极凶悖于人理[29]。倾城倾国，思昭示于后王；丽质冶容，宜永鉴于前史。复有蒐狩之礼，驰射之场，不节之以正义，必自致于禽荒[30]。匪外形之疲极，亦中心而发狂[31]。夫高深不惧，胥靡之徒；韝绁为娱，小竖之事[32]。以宗社之崇重，持先王之名器，与鹰犬而并驱，凌艰险而逸辔[33]。马有衔橛之理，兽骇不存之地，犹有靦于获多，独无情而内愧[34]？

【注释】

① 训义方于至道：训，教诲；至道，最高的道德、准则。② 同论政于汉幄：汉武帝召对贤良文学之士，决定罢黜百家，独尊儒术，设五经博士教授子弟。汉幄，汉家帷幄，代指汉朝。修致戒于京鄗（hào）：修，学习，遵循；致戒，高明周密的告诫；京鄗，西周王朝首都，代指周朝。③《韩子》之所赐：晋元帝好用刑法，曾将《韩非子》赐予太子学习。《韩子》，即《韩非子》，战国末期集法家学说大成的著作。④"咨政理之美恶"句：咨，征询；政理，政治；美恶，利弊；文身，修身；黼（fǔ）藻：华美的文章辞藻。⑤"庶有择于愚夫"句：学习经术，欣幸能对愚人之言作出判断抉择，惭愧不知故事询问遗老。庶，欣幸。⑥"帝尧以则哲垂谟"句：则哲，知人；垂，流传；谟，谋略。⑦ 灵镜：古代观测星象的仪器。⑧ 器能：才能。检行，操行。⑨ 度机而分职：度机，度量时机。分职，分掌职务。违方以从政：违方，违法；从政，执政。⑩ 听受：听取。⑪ 鬻（yù）狱：因受贿而错判官司。货贿：财帛。⑫"亏我王度"句：亏，损害；王度，王法；斁（dù），败坏；彝伦：伦常。⑬ 造化之至育：天地能最大限度地育生万物。造化，天地。⑭ 深文：刑法苛刻。⑮"帝尧画像"句：传说尧时仅在犯人衣服上画像，以象征刑罚。恤隐，顾念百姓疾苦。⑯"取象于《大壮》"句：按照《大壮》之象，建造宫殿。《大壮》乃《易》之卦名，为阳刚盛长之象。⑰ 将瑶台以琼室：夏桀建瑶台，商纣建琼室，都是极尽奢华的楼台。⑱"凌云以遐观"句：魏文帝建凌云台，汉武帝建通天台。⑲ 痿（wěi）蹶（jué）：手足无力、行动不便的病症。⑳"惜十家之产"句：汉文帝因爱惜十家之产罢建露台。昭俭，昭示俭朴；垂裕，留下美名。㉑"虽成百里之囿（yòu）"句：周文王的园林方圆百里，是百姓自愿帮助建成，因此得以昌盛。囿，有围墙的园林。㉒ 重旨酒之为德：仪狄造酒，大禹饮后觉得甘美，但告诫说："后世必有以酒亡国者。"于是疏远仪狄并戒酒。旨，美味。㉓ 在齐圣而温克：齐圣，聪明。温克，温和自持。㉔ 酗蓇（yǒng）：酗酒。

酖湎：沉湎嗜酒。忒(tè)：恶，罪。“痛殷受与灌夫”句：商纣用酒作池，终至亡国；灌夫在宴会上借酒骂坐，为丞相所劾，以不敬罪被族诛。灌夫，西汉大臣。㉕ 伊尹以酣歌而作戒：伊尹为饮酒歌舞而作出训诫。周公以乱邦而贻则：周公因醉酒致乱而遗下准则。㉖“咨幽闲之令淑”句：咨，叹词，表示欣赏；幽闲，温柔闲静；令淑，美女；好逑(qiú)，好配偶。㉗“辞玉辇(niǎn)而割爱”句：汉成帝曾欲与班姬同辇游后庭，班姬谢绝说：“观古图画，圣贤之君皆有名臣在侧，三代末主乃有嬖(bì)女。今欲同辇，得无近似之乎?”成帝纳其言而止。“脱簪珥(ěr)而思愆”句：周宣王曾很晚起床，王后宣姜脱簪珥，请罪说：“王乐色而忘德，失礼而晏起，乱之兴自婢子始，敢请罪。”宣王惭愧，从此勤于政事，终成中兴之主。簪珥，首饰。㉘ 祸晋之骊(lí)姬：晋献公伐骊戎，获骊姬而宠之。骊姬欲立己子，遂谗毁献公其余诸子，使太子自杀，晋国大乱。丧周之褒姒(sì)：周幽王宠爱褒姒，废申后及太子，立褒姒为后，其子伯服为太子。后又因取悦褒姒，烽火戏诸侯，终被西夷犬戎杀于骊山，西周灭亡。㉙ 妖妍：女子美貌艳丽。凶悖：凶虐悖逆。人理：人伦。㉚ 倾城倾国：形容绝色美女。蒐(sōu)狩之礼：打猎的规章制度。春猎为蒐，冬猎为狩，泛指打猎。禽荒：沉迷于打猎。㉛ 中心而发狂：情性放荡骄纵。㉜ 胥靡之徒：服劳役的犯人。韝(gōu)绁(xiè)：游猎。韝，皮制臂套，可用于架猎鹰；绁，拴系猎犬的绳子。小竖，僮仆。㉝ 逸辔(pèi)：纵马飞奔。衔橛(jué)：车马倾覆之祸。㉞ 不存之地：险境。靦(miǎn)：惭愧。

以小臣之愚鄙，忝不赀之恩荣[①]。擢无庸于草泽，齿陋质于簪缨[②]。遇大道行而两仪泰，喜元良会而万国贞[③]。以监抚之多暇，每讲论而肃成[④]。仰惟神之敏速，叹将圣[⑤]之聪明。自礼贤于秋实，足归道于春卿[⑥]。芳年淑景，时和气清。华殿邃[⑦]兮帘帏静，灌木森兮风云轻，花飘香兮动笑日，娇莺啭[⑧]兮相哀鸣。以物华之繁靡，尚绝思于将迎[⑨]。犹允蹈而不倦，极耽玩以研精[⑩]。命庸才以载笔，谢摛藻于天庭[⑪]。异洞箫之娱侍，殊飞盖之缘情[⑫]。阙雅言以赞德，思报恩以轻生。敢下拜而稽首，愿永树于风声。奉皇灵之遐寿，冠振古之鸿名[⑬]。

太宗见而遣使谓百药曰：“朕于皇太子处见卿所作赋，述古来储贰事以诫太子，甚是典要[14]。朕选卿以辅弼太子，正为此事，大称所委，但须善始令终耳。"因赐厩马[15]一匹，彩物三百段。

【注释】

① 忝不赀之恩荣：忝（tiǎn），愧；不赀（zī），不可计量。② "擢无庸于草泽"句：从草野之间提拔录用我这平庸无能之辈，进列于官员的序班。无庸，平庸无用；齿，录用；簪缨（yīng），古代官吏的冠饰。借指官吏。③ 两仪，天地；泰，安宁；元良，太子；贞，正。④ 肃成：太子讲学之处。⑤ 将圣：将为圣上。指太子。⑥ 秋实，比喻德行；春卿，礼部长官，因《周礼》以宗伯为春官，掌邦礼，故称。⑦ 邃：深广。⑧ 啭（zhuàn）：婉转地发出声音。⑨ "以物华之繁靡"句：面对如此繁华的景物，您尚无心流连。物华，景物；繁靡，繁华；绝思，无心；将迎，送迎。⑩ "犹允蹈而不倦"句：仍然恪守德行，孜孜不倦；迷恋学问，精心钻研。允蹈，恪守，遵循；耽玩，迷恋，赏玩；研精，精心研究。⑪ "命庸才以载笔"句：命令我这等庸才执笔作文，铺陈词藻进呈于朝廷。载笔，执笔为文；摛（chī）藻，铺陈词藻。⑫ "洞箫之娱侍"句：汉元帝为太子时，好吹洞箫，王褒上《洞箫赋》，于是令后宫皆诵读之；魏文帝为世子时，其弟曹植赋《公宴诗》云："清夜游西园，飞盖相追随。"飞盖，飞车；盖，车篷；缘情，抒发感情，借指作诗。⑬ 皇灵，皇帝；遐寿，长寿；振古，自古。⑭ 典要：扼要而有法度。⑮ 厩（jiù）马：御马。

【导读】

所谓规谏，是指臣相、师傅之规劝。由于臣相、师傅的双重身份，决定规谏之说既要直点太子之弊，又要言辞委婉。贞观五年，太子承乾十三岁，虽留心读书，但贪于玩乐，太子右庶子李百药作此《赞道赋》以劝导，引经据典，言辞优美，劝谏承乾做人做事。提出遵人伦纲纪，以能立言、立德。盛唐之主，弘三善四德，礼乐教化于民，太子更应该以礼克欲，积德而成天命。赋文从正反两面对比列举了为人之道，治国之方。习读儒家经典、知人善任、执法依方、直言正谏以为善道；无酒德、喜女子、好畋猎以为德之不善，可为诫。

贞观中，太子承乾数亏礼度[①]，侈纵日甚，太子左庶子于志宁撰《谏苑》二十卷讽之。是时太子右庶子孔颖达[②]每犯颜进谏。承乾乳母遂安夫人谓颖达曰："太子长成，何宜屡得面折？"对曰："蒙国厚恩，死无所恨。"谏诤愈切。承乾令撰《孝经义疏》，颖达又因文见意[③]，愈广规谏之道。太宗并嘉纳之，二人各赐帛五百匹，黄金一斤，以励承乾之意。

【注释】

① 数亏礼度：屡次违反礼仪制度。② 孔颖达：贞观初，为右庶子，曾撰集《五经义疏》。③ 因文见意：根据文章表达自己的意见。

【导读】

这只是一则规谏太子、忠臣直行的史实记载。太子左右庶子之职本身就有责任规谏太子，能尽其责并犯颜进谏，乃臣子之忠也。

贞观十三年，太子右庶子张玄素以承乾颇以游畋[①]废学，上书谏曰：

臣闻皇天无亲，惟德是辅[②]。苟违天道，人神同弃。然古三驱之礼[③]，非欲教杀，将为百姓除害，故汤罗一面，天下归仁[④]。今苑内娱猎，虽名异游畋，若行之无恒[⑤]，终亏雅度[⑥]。且傅说曰："学不师古，匪说攸闻[⑦]。"然则弘道在于学古，学古必资师训。既奉恩诏，令孔颖达侍讲[⑧]，望数存顾问[⑨]，以补万一。仍博选有名行学士[⑩]，兼朝夕侍奉。览圣人之遗教，察既往之行事，日知其所不足，月无忘其所能。此则尽善尽美，夏启、周诵焉足言[⑪]哉！夫为人上者，未有不求其善，但以性不胜情，耽惑成乱[⑫]。耽惑既甚，忠言尽塞，所以臣下苟顺，君道渐亏。古人有言："勿以小恶而不去，小善而不为。"故知祸福之来，皆起于渐[⑬]。殿下地居储贰，当须广树嘉猷[⑭]。既有好畋之淫，何以主斯匕鬯[⑮]？慎终如始，犹恐渐衰，始尚不慎，终将安保！

【注释】

① 游畋（tián）：游玩打猎。② "皇天无亲"句：语见《尚书·蔡仲之命》。意谓上天对人不分亲疏，只是佑助有德之人。③ 三驱之礼：打猎的礼制。④ "汤罗一面"句：据《史记》记载，商汤出猎，不愿赶尽杀绝，见

四面张网，就命令撤去三面之网，并祷告说："想往左的，就往左；想往右的，就往右。不从天命的，才入我网。"诸侯听说后，都认为汤的德行至高，甚至及于禽兽，于是归服。⑤ 无恒：无常。⑥ 雅度：高雅的风度。⑦"学不师古"句：学习而不效法古代先贤，我没听说过。参见《尚书·说命下》。⑧ 侍讲：为太子讲学。⑨ 数存顾问：数，通"速"；存，留意；顾问，咨询。⑩ 学士：学识渊博的人。⑪ 焉足言：哪里够得上说起，何足挂齿。⑫ 性不胜情：理性不能克制感情。耽惑成乱：耽惑，沉溺迷惑；乱，昏乱，糊涂。⑬ 渐：逐渐。⑭ 嘉猷（yóu）：善道，好的德行。⑮ 淫，放纵。

承乾不纳。玄素又上书谏曰：

臣闻称皇子入学而齿胄者[①]，欲令太子知君臣、父子、尊卑、长幼之道。然君臣之义，父子之亲，尊卑之序，长幼之节，用之方寸之内，弘之四海之外者，皆因行以远闻，假言以光被[②]。伏惟殿下，睿质已隆[③]，尚须学文以饰其表[④]。窃见孔颖达、赵弘智[⑤]等，非惟宿德鸿儒[⑥]，亦兼达政要。望令数得侍讲，开释物理[⑦]，览古论今，增辉睿德。至如骑射畋游，酣歌妓玩，苟悦耳目，终秽心神。渐染既久，必移情性。古人有言："心为万事主，动而无节即乱。"恐殿下败德之源，在于此矣。

承乾览书愈怒，谓玄素曰："庶子患风狂耶？"

【注释】

① 齿胄（zhòu）：指太子与公卿之子依年龄为序。齿，年龄。② 方寸：心。假言以光被：凭借言辞而广布。③ 睿质已隆：太子的体质已经长成。④ 饰其表：修饰自己的外在表现，检点自己的言语行动。⑤ 赵弘智：高宗时进封国子祭酒。通《三礼》、《史记》、《汉书》。⑥ 宿德鸿儒：有德博学之士。⑦ 开释物理：开释，解释；物理，事物的道理。

十四年，太宗知玄素在东宫频有进谏，擢授银青光禄大夫[①]，行[②]太子左庶子。时承乾尝于宫中击鼓，声闻于外，玄素叩阁[③]请见，极言切谏。乃出宫内鼓对玄素毁之，遣户奴[④]伺玄素早朝，阴以马楇[⑤]击之，殆至于死。是时承乾好营造亭观，穷极奢侈，费用日广。玄素上书谏曰：

臣以愚蔽，窃位两宫[6]，在臣有江海之润，于国无秋毫之益[7]，是用[8]必竭愚诚，思尽臣节者也。伏惟储君之寄[9]，荷戴殊重，如其积德不弘，何以嗣守成业？圣上以殿下亲则父子，事兼家国[10]，所应用物不为节限。恩旨未逾六旬，用物已过七万，骄奢之极，孰云过此。龙楼[11]之下，惟聚工匠；望苑[12]之内，不睹贤良。今言孝敬，则阙侍膳问竖之礼[13]；语恭顺，则违君父慈训之方[14]；求风声[15]，则无学古好道之实；观举措，则有因缘诛戮[16]之罪。宫臣正士，未尝在侧，群邪淫巧，昵近深宫。爱好者皆游伎杂色[17]，施与者并图画雕镂。在外瞻仰，已有此失；居中隐密，宁可胜计哉！宣猷禁门[18]，不异阛阓[19]，朝入暮出，恶声渐远。右庶子赵弘智经明行修[20]，当今善士，臣每请望数召进，与之谈论，庶广徽猷[21]。令旨[22]反有猜嫌，谓臣妄相推引。从善如流，尚恐不逮；饰非拒谏，必是招损。古人云："苦药利病，苦口利行。"伏愿居安思危，日慎一日。

书入，承乾大怒，遣刺客将加屠害，俄属宫废[23]。

【注释】

① 银青光禄大夫：官名。从三品散官。以其银印青绶而得名。② 行：高官任低级职务者称"行"。③ 叩阁：敲门。④ 户奴：封户的奴才。⑤ 马村(zhuā)：马鞭。⑥ 窃位两宫：自己兼任朝廷和太子东宫的职位。⑦ "在臣有江海之润"句：国家对自己有深重的恩惠，而自己对国家没有什么贡献。润，恩惠。秋毫，鸟兽在秋天长的细毛。比喻事物的微小。⑧ 是用：因此。是，此；用，以，为。⑨ 储君之寄：太子的职责。⑩ 事兼家国：国君和太子行事都关系到皇族和国家。⑪ 龙楼：汉太子宫门名。后泛指太子所居之宫。⑫ 望苑：即博望苑。汉武帝为戾太子立，使交往宾客。⑬ 侍膳问竖之礼：周文王为太子时，侍候父王进膳时自己先尝，并一日三次向内竖（宦官）打听父王安否。⑭ 慈训之方：慈训，父母的教导。方，道理。⑮ 风声：名声。⑯ 因缘诛戮：枉法杀人。⑰ 游伎杂色：杂技戏剧。⑱ 宣猷(yóu)禁门：宣猷，宣布法令；禁门，宫门。⑲ 阛(huán)阓(huì)：街市。⑳ 经明行修：通晓经学，行为端正。㉑ 庶广徽猷：希望增加您的美德。徽猷，美德。㉒ 令旨：太子的旨意。

㉓ 俄属宫废：不久太子被废。属宫，指太子。

贞观十四年，太子詹事于志宁，以太子承乾广造宫室，奢侈过度，耽好声乐，上书谏曰：

臣闻克俭节用，实弘道之源；崇侈恣情，乃败德之本。是以凌云概日，戎人于是致讥①；峻宇雕墙，《夏书》以之作诫②。昔赵盾匡晋，吕望师周，或劝之以节财，或谏之以厚敛③。莫不尽忠以佐国，竭诚以奉君，欲使茂实播于无穷，英声被乎物听④。咸著简策⑤，用为美谈。且今所居东宫，隋日营建，睹之者尚讥其侈，见之者犹叹甚华。何容于此中更有修造，财帛日费，土木不停，穷斤斧之工，极磨砻之妙⑥？且丁匠官奴⑦入内，比者曾无复监。此等或兄犯国章，或弟罹⑧王法，往来御苑，出入禁闱，钳凿缘其身，槌杵⑨在其手。监门本防非虑，宿卫以备不虞，直长⑩既自不知，千牛又复不见。爪牙在外，厮役在内，所司何以自安，臣下岂容无惧？

又郑、卫之乐，古谓淫声⑪。昔朝歌之乡，回车者墨翟⑫；夹谷之会，挥剑者孔丘⑬。先圣既以为非，通贤将以为失。顷闻宫内，屡有鼓声，大乐伎儿⑭，入便不出。闻之者股栗，言之者心战。往年口敕⑮，伏请重寻，圣旨殷勤⑯，明诫恳切。在于殿下，不可不思；至于微臣，不得无惧。

臣自驱驰宫阙⑰，已积岁时，犬马尚解识恩，木石犹能知感，臣所有管见，敢不尽言。如鉴以丹诚，则臣有生路；若责其忤旨，则臣是罪人。但悦意取容，臧孙方以疾疢；犯颜逆耳，《春秋》比之药石⑱。伏愿停工巧之作，罢久役之人，绝郑、卫之音，斥群小之辈。则三善允备⑲，万国作贞矣。

承乾览书不悦。

【注释】

①“以凌云概日”句：秦穆公曾向西戎使者由余显示自己的宫室，却被讥笑。凌云概日，形容宫室高大；概，相摩，相接。②“峻宇雕墙”句：《夏书》把宫室高大、墙壁雕饰作为国家危亡的警戒。③“赵盾匡晋”句：赵盾，春秋时晋国大臣。当时晋灵公无道，赵盾屡谏之。吕望，姜太公。厚敛，征收重税。④ 物听：众人的言论。⑤ 简策：史籍。简，竹片；策，编在一起的竹简。⑥ 磨砻（lóng）：磨治。⑦ 丁匠官奴：丁匠，官府工

匠；官奴，官府的奴隶。⑧ 罹(lí)：触犯。⑨ 槌(chuí)杵(chǔ)：铁锤钢杵。⑩ 直长：官名。唐殿中省下辖上舍等六局，各局皆设直长，为主官之副手，正七品或正七品下。⑪"郑、卫之乐"句：春秋战国郑、卫国的民间音乐，被儒家认为是乱世之音，淫靡之声。⑫"昔朝歌之乡"句：朝(cháo)歌，殷商末年的别都，故址为今河南淇县。传说墨子至此，听说地名朝歌，回车而去。⑬"夹谷之会"句：孔子参加夹谷会盟，挥剑斩杀在鲁定公面前游戏的侏儒。⑭ 大乐伎儿：大乐，官署名，亦称太乐。掌管奏乐，以供祭享。伎儿，歌舞艺人。⑮ 口敕：皇帝的口谕。⑯ 殷勤：关注。⑰ 驱驰宫阙：在宫廷奔走，即供职宫廷。⑱"但悦意取容"句：悦意取容，取悦别人的意愿以求容于人；臧孙，春秋时鲁国大夫；方，比喻；疾疢(chèn)，病害。⑲ 三善允备：三善，臣事君、子事父、幼事长三种道德规范。允备，允当完备。

十五年，承乾以务农之时，召驾士[1]等役，不许分番[2]，人怀怨苦。又私引突厥群竖入宫。志宁上书谏曰：

臣闻上天盖高，日月光其德；明君至圣，辅佐赞其功。是以周诵升储，见匡毛、毕[3]；汉盈居震[4]，取资黄、绮。姬旦抗法于伯禽[5]，贾生陈事于文帝，咸殷勤于端士，皆恳切于正人。历代贤君，莫不丁宁[6]于太子者，良以地膺上嗣，位处储君[7]。善则率土霑其恩，恶则海内罹其祸。近闻仆寺、司驭[8]、驾士、兽医，始自春初，迄兹夏晚，常居内役，不放分番。或家有尊亲，阙于温凊[9]；或室有幼弱，绝于抚养。春既废其耕垦，夏又妨其播殖。事乖存育，恐致怨嗟。倘闻天听[10]，后悔何及？又突厥达哥支等，咸是人面兽心，岂得以礼义期，不可以仁信待。心则未识于忠孝，言则莫辩其是非，近之有损于英声，昵之无益于盛德。引之入阁，人皆惊骇，岂臣庸识，独用不安？殿下必须上副至尊圣情，下允黎元本望，不可轻微恶而不避，无容略小善而不为。理敦[11]杜渐之方，须有防萌之术。屏退不肖，狎近贤良。如此，则善道日隆，德音自远。

承乾大怒，遣刺客张师政、纥干承基[12]就舍杀之。是时丁母忧[13]，起复为詹事[14]。二人潜入其第，见志宁寝处苫庐[15]，竟不忍而止。

及承乾败，太宗知其事，深勉劳之。

【注释】

① 驾士：为帝王大臣驾驭车辆的吏人。② 分番：分组轮班值勤。③ 毛、毕：毛叔郑、毕公高，都是周代的辅佐大臣。④ 居震：居太子之位。⑤ 姬旦抗法于伯禽：姬旦，周公旦；伯禽，周公之子。《礼记》记载：成王年幼，周公辅佐，以世子应守的法规要求伯禽。成王有过失，周公就挞（tà）伯禽，由此向成王表明世子的规矩。⑥ 丁宁：同“叮咛”，再三告示。⑦ 上嗣、储君：皇帝的继承人。⑧ 仆寺：仆，古代对奴隶或差役的称谓；寺，古代宫中供使令的小臣。司驭：管理、驾驭马匹、车辆的小官吏。⑨ 温清（qìng）：清，凉。指侍父母之礼。⑩ 倘闻天听：如果传闻于圣听，即为圣上所知。⑪ 敦：治理。⑫ 纥（hé）干承基：人名。⑬ 丁母忧：遭母丧。旧称遭父母之丧为“丁忧”。丁忧期间官吏要离任守丧。⑭ 起复：守丧期满再复职。⑮ 寝处苫（shān）庐：在草庐中寝苫枕块。苫，草织的覆盖物；庐，守丧的草庐。

【导读】

太子居于深宫之中，长于妇人之手，容易骄奢淫逸，而这恰是败亡之因，承乾太子最终被废，就是这一历史规律的印证。玄素对太子承乾屡谏不辍，谏之极，导致承乾谋之以死，仍冒死谏诤，见其为事以忠，尽职尽责。志宁规谏亦致承乾大怒，谋之以死。这种冒死相谏的精神实为忠臣之行。

卷五

论仁义第十三

贞观元年，太宗曰："朕看古来帝王以仁义为治者，国祚延长，任法御人[①]者，虽救弊于一时，败亡亦促。既见前王成事，足是元龟，今欲专以仁义诚信为治，望革近代之浇薄[②]也。"黄门侍郎王珪对曰："天下凋丧[③]日久，陛下承其余弊，弘道移风，万代之福。但非贤不理，惟在得人。"太宗曰："朕思贤之情，岂舍梦寐[④]！"给事中杜正伦进曰："世必有才，随时听用，岂待梦傅说，逢吕尚，然后为治乎？"太宗深纳其言。

【注释】

① 任法御人：用法统治百姓。任，用；御，制，统治。② 浇薄：人情轻薄，风气虚浮。③ 凋丧：德行仁义损伤丧亡。④ 岂舍梦寐：梦中也不能忘记。

贞观二年，太宗谓侍臣曰："朕谓乱离之后，风俗难移，比观百姓渐知廉耻，官民奉法，盗贼日稀，故知人无常俗，但政有治乱耳。是以为国之道，必须抚之以仁义，示之以威信，因人之心，去其苛刻，不作异端[①]，自然安静，公等宜共行斯事也！"

【注释】

① 异端：背离正道的称异端。

贞观四年，房玄龄奏言："今阅武库甲仗[1]，胜隋日远矣。"太宗曰："饬兵[2]备寇虽是要事，然朕唯欲卿等存心理道，务尽忠贞，使百姓安乐，便是朕之甲仗。隋炀帝岂为甲仗不足，以至灭亡，正由仁义不修，而群下怨叛故也。宜识此心。"

【注释】

① 甲仗：兵器。② 饬兵：修整兵器。

贞观十三年，太宗谓侍臣曰："林深则鸟栖，水广则鱼游，仁义积则物自归之。人皆知畏避灾害，不知行仁义则灾害不生。夫仁义之道，当思之在心，常令相继，若斯须懈怠，去之已远。犹如饮食资身，恒令腹饱，乃可存其性命。"王珪顿首曰："陛下能知此言，天下幸甚！"

【导读】

孔子言德政、孟子言仁政，崇尚王道、反对霸道是传统政治的正统观念。本章四则史实分别记述了太宗重德轻法、尚贤任贤的政治理念，仁恤百姓、化民成俗的德政策略，重德轻兵、仁义为本的治国策略，并坚信会出现仁义积厚必然百姓来归的政治局面。仁义是传统道德的核心，以仁义为基础的仁政民本思想是中国传统政治思想的核心理念。

论忠义第十四

冯立，武德中为东宫率[1]，甚被隐太子亲遇。太子之死也，左右多逃散，立叹曰："岂有生受其恩，而死逃其难！"于是率兵犯玄武门，苦战，杀屯营将军敬君弘[2]。谓其徒曰："微以报太子矣。"遂解兵遁于野。俄而来请罪，太宗数[3]之曰："汝昨者出兵来战，大杀伤吾兵，将何以逃死？"立饮泣而对曰："立出身事主，期之效命[4]，当战之日，无所顾惮。"因歔欷[5]悲不自胜，太宗慰勉之，授左屯卫中郎将[6]。立谓所亲曰："逢莫大之恩幸而获免，终当以死奉答。"未几，突厥至便桥[7]，率数百骑[8]与虏战于咸阳，杀获甚众，所向皆披靡，太宗闻而嘉叹之。时有齐王元吉府左车骑[9]谢叔方率府兵与立合军拒战，及杀敬君弘、中郎将吕衡，王师不振，秦府护军尉尉迟敬德[10]乃持元吉首以示之，叔方下马号泣，拜辞而遁。明日出首，太宗曰："义士也。"命释之，授右翊卫郎将[11]。

【注释】

①东宫率：官名。职掌为东宫兵仗、仪卫。②屯营将军：武官名，掌屯营驻防宿卫职务。敬君弘：绛州（今山西新绛县）人。③数：数落、责备。④出身：出仕做官。事主：侍奉主人。期：决心。效命：舍命报效。⑤歔（xū）欷（xī）：悲叹抽泣。⑥左屯卫中郎将：武官名。职掌为宿卫等。⑦便桥：在今陕西咸阳市南渭水上。因东南与汉长安城西门便门相对而得名。始建于西汉建元之年。⑧骑（jì）：一人一马谓一骑。⑨左车骑：武官名。⑩护军尉：武官名。尉迟敬德：隋朝末年，随刘武周起兵。后降唐，有军功。玄武门之变，杀李建成、李元吉有功，后封鄂国公。⑪右翊（yì）卫郎将：武官名。职掌为供奉侍卫等。

【导读】

一臣不事二主，竭尽全力奉献君主为忠，从道不从君为义，本则史实所记述的冯立、谢叔方均为前太子李建成臣子，全力拼杀、兵败而逃为忠，不久归顺太宗为义，深受太宗肯定，也是封建道德所鼓励的臣子之德行。

贞观元年，太宗尝从容[1]言及隋亡之事，慨然叹曰："姚思廉不惧兵刃，以明大节，求诸古人，亦何以加也！"思廉时在洛阳，因寄物[2]三百段，并遗其书曰："想卿忠节之风，故有斯赠。"初，大业末，思廉为隋代王侑侍读[3]，及义旗克京城时，代王府僚多骇散，惟思廉侍王，不离其侧。兵士将升殿[4]，思廉厉声谓曰："唐公[5]举义兵，本匡王室，卿等不宜无礼于王！"众服其言，于是稍却，布列阶下。须臾，高祖至，闻而义之，许其扶代王侑至顺阳阁下，思廉泣拜而去。见者咸叹曰："忠烈之士，仁者有勇，此之谓乎！"

【注释】

① 从容：随意，自然。② 物：杂帛。③ 代王侑(yòu)：隋炀帝孙，元德太子杨昭子。大业十三年(617)，唐高祖李渊入京师长安，立杨侑为帝，年号义宁。在位一年，禅帝位于李渊，隋亡。侍读：为太子、诸王属官，职掌讲学。④ 升殿：登上宫殿。⑤ 唐公：唐高祖李渊，仕隋时封唐公。

【导读】

姚思廉在旧主临难时维护其尊严并得高祖同意，这说明无论是胜者还是败者，对臣之忠德都是肯定的。

贞观二年，将葬故息隐王建成、海陵王元吉，尚书右丞魏征与黄门侍郎王珪请预陪送。上表曰："臣等昔受命太上[①]，委质东宫[②]，出入龙楼，垂将一纪。前宫结衅宗社[③]，得罪人神，臣等不能死亡，甘从夷戮，负其罪戾，寘录周行，徒竭生涯，将何上报[④]？陛下德光四海，道冠前王，陟冈有感，追怀棠棣[⑤]，明社稷之大义，申骨肉之深恩，卜葬二王，远期有日[⑥]。臣等永惟畴昔[⑦]，忝曰旧臣，丧君有君，虽展事君之礼；宿草[⑧]将列，未申送往之哀。瞻望九原，义深凡百[⑨]，望于葬日，送至墓所。"太宗义而许之，于是宫府旧僚吏，尽令送葬。

【注释】

① 太上：唐高祖李渊。唐太宗即位后，李渊称太上皇。② 委质东宫：任职东宫。委质：献身，臣附。③ 前宫：前东宫太子李建成。结衅：造成祸乱。宗社：宗庙和社稷，代称国家。④ 寘(zhì)录周行(háng)：置身录名于前人的行列。"徒竭生涯"句：只是碌碌无为地度过一生，拿什么报答太上皇的重用？⑤ "陟(zhì)冈有感"句：陟，登，升。陟冈有感，缅怀死者。《棠棣》传为周公所作，咏兄弟和乐之情，后遂以谓兄弟。⑥ 远期：长远的期望。⑦ 畴(chóu)昔：以前。⑧ 宿草：隔年之草。⑨ 凡百：众人。

【导读】

魏征、王珪请求为旧主建成、元吉送葬，太宗义而许之，这本身也是君臣之常情，从一定意义上也体现出臣子对旧主的忠诚和太宗对这种无害于现实政治的行为的肯定。

贞观五年，太宗谓侍臣曰："忠臣烈士，何代无之。公等知隋朝谁为忠贞？"王珪曰："臣闻太常丞①元善达在京留守，见群贼纵横，遂转骑②远诣江都，谏炀帝，令还京师。既不受其言，后更涕泣极谏，炀帝怒，乃远使追兵③，身死瘴疠之地④。有虎贲郎中独孤盛⑤在江都宿卫，宇文化及起逆，盛惟一身，抗拒而死。"太宗曰："屈突通⑥为隋将，共国家⑦战于潼关，闻京城陷，乃引兵东走。义兵追及于桃林⑧，朕遣其家人往招慰，遽杀其奴。又遣其子往，乃云：'我蒙隋家驱使，已事两帝，今者吾死节之秋⑨，汝旧于我家为父子，今则于我家为仇雠⑩。'因射之，其子避走，所领士卒多溃散。通惟一身，向东南恸哭尽哀，曰：'臣荷国恩，任当将帅，智力俱尽⑪，致此败亡，非臣不竭诚于国。'言尽，追兵擒之。太上皇授其官，每托疾固辞。此之忠节，足可嘉尚。"因敕所司，采访大业中直谏被诛者子孙，闻奏。

【注释】

① 太常丞：官名。职掌太常寺日常公务，从五品上。② 转：辗转。③ 追兵：调集军队。④ 瘴(zhàng)疠(lì)之地：我国南部或西南部山林湿热、疾病多发之地。⑤ 虎贲(bēn)郎中：武官名。职掌侍卫。独孤盛：姓独孤，名盛。⑥ 屈突通：姓屈突，名通。原仕隋为虎贲郎将，左骁卫大将军。兵败降唐，历任兵部尚书、洛阳都督。死后因功画像于凌烟阁。⑦ 国家：唐朝。⑧ 桃林：今河南灵宝市以西、陕西潼关以东地区。⑨ 死节之秋：为节操而死的时候。⑩ 仇雠(chóu)：仇人。⑪ 智力俱尽：智谋和力气都用完了。

【导读】

虽前后所事君主不同，但臣子忠行则一也，无论是直谏，还是抗逆，抑或力战，皆为忠。这种臣子忠德可以超越政治利益，成为普遍认可的价值。

贞观六年，授左光禄大夫陈叔达[①]礼部尚书，因谓曰："武德中，公曾进直言于太上皇，明朕有克定大功[②]，不可黜退[③]云。朕本性刚烈，若有抑挫，恐不胜忧愤，以致疾毙之危。今赏公忠謇，有此迁授。"叔达对曰："臣以隋氏父子自相诛戮，以致灭亡，岂容目睹覆车，不改前辙[④]？臣所以竭诚进谏。"太宗曰："朕知公非独为朕一人，实为社稷之计。"

【注释】

① 左光禄大夫：唐时为二品文散官，职掌议论及顾问，应对诏命。陈叔达：隋大业年间，为绛郡通守。唐高祖李渊起兵，叔达以郡降。② 克定：平定天下。③ 黜退：贬黜，斥退。④ "岂容目睹覆车"句：怎么能眼看后人仍不吸取前人失败的教训？

贞观八年，先是桂州都督李弘节以清慎闻[①]，及身殁后，其家卖珠。太宗闻之，乃宣于朝曰："此人生平，宰相皆言其清，今日既然，所举者岂得无罪？必当深理[②]之，不可舍也。"侍中魏征承间[③]言曰："陛下生平[④]言此人浊，未见受财之所，今闻其卖珠，将罪举者，臣不知所谓。自圣朝以来，为国尽忠，清贞慎守，终始不渝，屈突通、张道源[⑤]而已。通子三人来选，有一匹羸马[⑥]，道源儿子不能存立[⑦]，未见一言及之。今弘节为国立功，前后大蒙赏赉[⑧]，居官殁[⑨]后，不言贪残，妻子卖珠，未为有罪。审其清者，无所存问[⑩]；疑其浊者，旁责举人，虽云疾恶不疑，是亦好善不笃。臣窃思度，未见其可，恐有识闻之，必生枉议。"太宗抚掌曰："造次不思，遂有此语，方知谈不容易。并勿问之。其屈突通、张道源儿子，宜各与一官。"

【注释】

① 以清慎闻：以清廉审慎闻名。② 深理：严厉惩治。③ 承间：趁机会。间，空隙。④ 生平：素来。⑤ 张道源：并州祁(今山西祁县)人。官大理卿，以清廉闻名。⑥ 羸(léi)马：瘦弱的马。⑦ 存立：生存自立。⑧ 赏赉(lài)：赏赐。⑨ 殁(mò)：病死或老死。⑩ 存问：慰问。

【导读】

臣子忠行，也有待于君主正确评价和对待，君事臣以礼，臣事君以忠，奖惩得当，必然能更好地鼓励忠诚。

贞观七年，太宗将发诸道黜陟使[①]，畿内道[②]未有其人，太宗亲定，问于房玄龄等曰："此道事最重，谁可充使？"右仆射李靖曰："畿内事大，非魏征莫可。"太宗作色曰："朕今欲向九成宫，亦非小，宁可遣魏征出使？朕每行不欲与其相离者，适为其见朕是非得失。公等能正朕，不可因辄有所言，大非道理。"乃即令李靖充使。

【注释】

① 黜陟使：唐官名，贞观七年(633)李靖等十三人为黜陟使，巡行诸道，督察官吏，后不常置。降官为黜，升官为陟。② 畿内道：关内道，唐建都之地，现在陕西终南山以北、甘肃陇山以东及宁夏以北地区。

贞观九年，萧瑀为尚书左仆射。尝因[①]宴集，太宗谓房玄龄曰："武德六年已后，太上皇有废立之心[②]，我当此日，不为兄弟所容，实有功高不赏之惧[③]。萧瑀不可以厚利诱之，不可以刑戮惧之，真社稷臣[④]也。"乃赐诗曰："疾风知劲草，板荡识诚臣[⑤]。"瑀拜谢曰："臣特蒙诫训，许臣以忠谅，虽死之日，犹生之年[⑥]。"

【注释】

① 因：在……的时候。② 太上皇有废立之心：太上皇，唐高祖李渊；废立之心，李渊因次子世民功业日盛，欲废太子建成而立世民为太子。③ 兄弟：太子李建成，齐王李元吉。功高不赏之惧：惧怕功劳太高，不被赏赐，反被加害。④ 社稷臣：关系国家危亡的大臣。⑤"疾风知劲草"句：比喻在危难时才显示意志坚定、忠诚正直的品质。板荡，乱世的代称。⑥"虽死之日"句：虽死犹生，流芳后世。

贞观十一年，太宗行至汉太尉杨震墓[①]，伤其以忠非命[②]，亲为文以祭之。房玄龄进曰:“杨震虽当年夭枉,数百年后方遇圣明停舆驻跸[3],亲降神作,可谓虽死犹生,没而不朽。不觉助伯起幸赖欣跃于九泉之下矣[4]。伏读天文[5],且感且慰,凡百君子,焉敢不勖励[6]名节,知为善之有效!”

【注释】

① 杨震:汉文帝时任太尉,居官清正。后为中常侍谗陷,遣归,愤而自杀。② 伤其以忠非命:哀伤他因为忠诚却死于非命。③ 停舆驻跸:帝王出行途中暂住。舆、跸,帝王车驾。④ 不觉助伯起幸赖欣跃于九泉之下矣:杨震幸遇圣恩,当欢欣雀跃于九泉之下,臣亦不禁为之高兴。⑤ 天文:太宗所作祭文。⑥ 勖励:勉励,自勉。

【导读】

以上三则史实是说,虽然忠臣的具体忠君行为不同,如魏征之谏君,萧瑀不以利诱刑吓而失节,杨震因诬陷而含冤死,但都体现了为人臣子对君主之忠。臣子之忠义符合君主的利益和当时的政治道德,为太宗所肯定,因而视魏征为近臣,赐诗勉萧瑀忠诚之举,为文祭杨墓以忠非命,其目的皆在倡导臣子行忠义之举。

贞观十一年,太宗谓侍臣曰:“狄人杀卫懿公[1],尽食其肉,独留其肝。懿公之臣弘演呼天大哭,自出其肝,而内[2]懿公之肝于其腹中。今觅此人,恐不可得。”特进魏征对曰:“昔豫让为智伯报仇,欲刺赵襄子[3],襄子执而获之,谓之曰:‘子昔事范、中行氏[4]乎?智伯尽灭之,子乃委质智伯,不为报仇;今即为智伯报仇,何也?’让答曰:‘臣昔事范、中行,范、中行以众人[5]遇我,我以众人报之。智伯以国士[6]遇我,我以国士报之。’在君礼之而已。亦何谓无人焉?”

【注释】

① 狄人:北方少数民族。卫懿公:春秋时卫国国君,好养鹤,让鹤享有大夫待遇。后狄人攻卫,国人都说可让鹤出战。卫懿公遂被杀。② 内:同“纳”,放入。③ 豫让:战国时晋国人,智伯的家臣。智伯:智氏

是春秋时晋国六卿之一，后为韩、赵、魏联手而灭。赵襄子：晋出公二十年，智伯向韩、赵、魏索地，独赵不予。智伯率韩、魏攻赵，赵襄子固守三年，并使家臣说服韩、魏共灭智伯。④ 范、中行氏：晋出公十七年，范氏、中行氏被智氏、韩氏、魏氏所灭，封地被瓜分。⑤ 众人：普通人。⑥ 国士：一国之中才能出众之士。

【导读】

君礼臣忠，这是传统君臣相互对待的道德要求和道德义务，也是一条政治道德定律，这一节旨在说明君礼必然臣忠的道理。

贞观十二年，太宗幸蒲州，因诏曰："隋故鹰击郎将尧君素①，往在大业，受任河东，固守忠义，克终臣节。虽桀犬吠尧②，有乖倒戈之志③，疾风劲草，实表岁寒之心④。爰践兹境⑤，追怀往事，宜锡⑥宠命，以申劝奖。可追赠蒲州刺史，仍访其子孙以闻。"

【注释】

① 鹰击郎将：武官名。隋初，府兵军府称骠骑将军府，以骠骑将军统领，置车骑将军副之。大业三年(607)，改为鹰扬府，车骑将军改称鹰扬副郎将。为从五品武官。尧君素：大业十三年，从屈突通统领河东，抗拒李渊。屈突通被俘后，尧仍守成不降，以箭射之。后为部下所杀。② 桀犬吠尧：比喻各为其主。③ 倒戈之志：反戈一击的原则。④ 岁寒之心：逆境不移的操守。⑤ 爰践兹境：今来此地。⑥ 锡(xī)：赐予。

贞观十二年，太宗谓中书侍郎岑文本曰："梁、陈① 名臣，有谁可称？复有子弟堪招引② 否？"文本奏言："隋师入陈③，百司奔散，莫有留者，惟尚书仆射袁宪独在其主之傍④。王世充将受隋禅⑤，群僚表请劝进⑥，宪子国子司业⑦ 承家托疾独不署名。此之父子，足称忠烈。承家弟承序今为建昌⑧ 令，清贞雅操，实继先风。"由是召拜晋王⑨ 友，兼令侍读，寻授弘文馆学士⑩。

【注释】

① 梁、陈：南朝的梁代和陈代。② 招引：举荐任用。③ 隋师入陈：公元589年，隋军攻灭陈朝。④ 傍：旁边。⑤ 王世充将受隋禅：公元618年，隋炀帝在江都被杀，王世充在洛阳立炀帝孙杨侗为帝，次年逼迫杨侗禅位，自为皇帝。⑥ 劝进：上表劝说其登帝位。⑦ 国子司业：国子监置司业，为副长官，协助主管长官国子祭酒综管监务。⑧ 建昌：今江西省永修县。⑨ 晋王：唐高宗李治被立皇太子之前封为晋王。⑩ 弘文馆学士：官名，主管详正图书，教授学生；朝廷制度沿革、礼仪变化，皆参加讨论。

贞观十五年，诏曰："朕听朝之暇，观前史，每览前贤佐时，忠臣徇国，何尝不想见其人，废书钦叹！至于近代以来，年岁非远，然其胤绪[1]，或当见存，纵未能显加旌表[2]，无容弃之遐裔。其周、隋二代名臣及忠节子孙，有贞观已来犯罪配流者，宜令所司具录奏闻。"于是多从矜宥[3]。

【注释】

① 胤(yìn)绪：子孙后代。② 旌表：封建统治者对所谓忠孝节义的人，用立牌坊、赐匾额等方式加以表扬。③ 矜宥(yòu)：宽恕。

贞观十九年，太宗攻辽东安市城[1]，高丽人众皆死战，诏令耨萨[2]延寿、惠真等降众止其城下以招之，城中坚守不动。每见帝幡旗，必乘城鼓噪[3]。帝怒甚，诏江夏王道宗[4]筑土山，以攻其城，竟不能克。太宗将旋师[5]，嘉安市城主坚守臣节，赐绢三百匹，以劝励事君者。

【注释】

① 安市城：西汉置，今辽宁海城市东南，辽东交通要道。② 耨(nòu)萨：高丽部落酋长。③ 乘城：登城。鼓噪：击鼓呐喊。④ 江夏王道宗：唐高祖族侄，十七岁起从太宗征战，有功。贞观中，封江夏王。⑤ 旋师：退兵。

【导读】

忠义不仅是当时为人臣子的政治道德，而且也符合统治阶级的根本利益。因此，太宗借各种机会表彰臣子的忠义精神。太宗善待或奖励前代忠臣之后嗣，甚至奖励敌方守城之将，其目的仍是为了表彰臣子的忠行义德。

论孝友第十五

司空房玄龄事继母，能以色养[①]，恭谨过人。其母病，请医人至门，必迎拜垂泣。及居丧[②]，尤甚柴毁[③]。太宗命散骑常侍刘洎就加宽譬[④]，遗寝床、粥食、盐菜。

【注释】

① 色养：服侍老人周到。色，和颜悦色对待老人，或言顺承老人脸色。② 居丧：在直系亲长丧期之中。③ 柴毁：居丧悲伤过度，损害了健康，骨瘦如柴。④ 宽譬：宽慰劝解。

虞世南，初仕隋，历起居舍人[①]。宇文化及杀逆之际[②]，其兄世基时为内史侍郎[③]，将被诛，世南抱持号泣，请以身代死，化及竟不纳。世南自此哀毁骨立[④]者数载，时人称重焉。

【注释】

① 起居舍人：皇帝左右记录言行的官员。② 宇文化及杀逆之际：大业十四年(618)，宇文化及在江都发动兵变，杀死炀帝。③ 内史侍郎：隋改中书为内史，改中书省为内史省，内史侍郎就是中书侍郎。④ 哀毁骨立：居丧期间哀伤过度，损害健康，只剩皮包骨头。

韩王元嘉[①]，贞观初为潞州[②]刺史。时年十五，在州闻太妃[③]有疾，便涕泣不食，及至京师发丧，哀毁过礼。太宗嘉其至性[④]，屡慰勉之。元嘉闺门修整[5]，有类寒素士大夫[6]，与其弟鲁哀王灵夔[7]甚相友爱，兄弟集见，如布衣之礼。其修身洁己，内外如一，当代诸王莫能及者。

【注释】

① 韩王元嘉：唐高祖第十一子，少好学，藏书万卷。封韩王。武则天临朝时，元嘉谋兵变，事败自杀。② 潞州：唐初治上党县，在今山西省东南部地区。③ 太妃：韩王之母，隋大将军宇文述之女，为唐高祖昭仪。④ 至性：天性纯厚。⑤ 闺门修整：治家有礼。⑥ 寒素士大夫：家境贫寒的读书人。⑦ 鲁哀王灵夔(kuí)：唐高祖第十九子，元嘉同母弟。善书法、音乐。封鲁王。武则天临朝时，因为密谋兵变被流放，自杀。

霍王元轨[1]，武德中，初封为吴王，贞观七年为寿州[2]刺史。属[3]高祖崩，去职，毁瘠过礼[4]。自后常衣布服，示有终身之戚。太宗尝问侍臣曰："朕子弟孰贤？"侍中魏征对曰："臣愚暗，不尽知其能，惟吴王数与臣言，臣未尝不自失[5]。"太宗曰："卿以为前代谁比？"征曰："经学文雅，亦汉之间、平[6]，至如孝行，乃古之曾、闵[7]也。"由是宠遇弥厚，因令妻征女焉[8]。

【注释】

① 霍王元轨：唐高祖第十四子。封霍王。多才多艺，善于骑射，为高祖、太宗所亲重。武则天临朝时，密谋起兵，事败，死于流放途中。② 寿州：唐初治寿春县，今安徽寿县。③ 属(zhǔ)：及，至。④ 毁瘠(jí)：悲伤过度而消瘦，超过礼节的要求。⑤ 自失：茫然自失，自愧不如。⑥ 汉之间、平：西汉景帝第三子河间献王刘德、东汉光武帝第八子东平宪王刘苍，二人皆好学，有德行。⑦ 古之曾、闵：孔子的学生曾参、闵损，二人皆以孝行著称。⑧ 因令妻征女：于是命令魏征的女儿嫁给霍王李元轨。

【导读】

孝敬亲祖，友善兄弟，这是传统家庭道德的核心。传统社会家国同构，居家孝，必然事君忠。因此，孝友之德也深得统治者和全社会的认同嘉赏。以上几则史实主要记载诸位皇子的孝友行迹，意在弘孝。

贞观中，有突厥史行昌直玄武门①，食而舍肉，人问其故，曰："归以奉母。"太宗闻而叹曰："仁孝之性，岂隔华夷②？"赐尚乘③马一匹，诏令给其母肉料。

【注释】

① 突厥史行昌：突厥族人，进入中原后改汉姓史，行昌是名。② 华夷：华，中原汉人。夷，四境少数民族。③ 尚乘：尚乘局，管理皇室车马的机构。

论公平第十六

太宗初即位，中书令房玄龄奏言："秦府旧左右未得官者，并怨前宫及齐府①左右处分之先己。"太宗曰："古称至公者，盖谓平恕无私。丹朱、商均，子也，而尧、舜废之②。管叔、蔡叔，兄弟也，而周公诛之③。故知君人者，以天下为公，无私于物④。昔诸葛孔明，小国之相⑤，犹曰'吾心如称，不能为人作轻重'，况我今理大国乎？朕与公等衣食出于百姓，此则人力已奉于上，而上恩未被于下，今所以择贤才者，盖为求安百姓也。用人但问堪否⑥，岂以新故异情⑦？凡一面尚且相亲，况旧人而顿忘也！才若不堪，亦岂以旧人而先用？今不论其能不能，而直言其嗟怨，岂是至公之道耶？"

【注释】

① 前宫及齐府：前太子李建成的东宫及齐王李元吉的齐王府。② 尧、舜废之：尧知道儿子丹朱不肖，不足以托付天下，于是传位给舜。舜之子商均亦不肖，舜就把天下传位于禹。③ 周公诛之：管叔名鲜，蔡

叔名度，都是文王儿子。武王克殷，封鲜于管，封度于蔡；武王死时，成王年幼，管叔、蔡叔联合纣王子武庚一起作乱。周公奉周王命，诛杀武庚、管叔，流放蔡叔。④“故知君人者”句：治理国家的一国之主，要大公无私地统治天下，对人不能有私心。⑤“诸葛孔明”句：诸葛亮为三国时蜀丞相，故称“小国之相”。⑥ 堪否：能不能胜任职务。⑦ 新故异情：对新认识的人和老部下态度不同。

贞观元年，有上封事者，请秦府旧兵并授以武职，追入宿卫。太宗谓曰：“朕以天下为家，不能私于一物，惟有才行是任，岂以新旧为差？况古人云：‘兵犹火也，弗戢将自焚①。’汝之此意，非益政理②。”

【注释】

①“兵犹火也”句：兵器像火一样，使用而不控制，将会烧到自己。② 非益政理：无益于政事的治理。

【导读】

公平是传统政治道德的重要规范，因此对待臣子的任用奖赏皆要根据其能力是否能够胜任其职，而不能以私情亲近来决定，这是公平之德的重要内涵。太宗通过尧舜退不肖之子，周公杀不贤兄弟，来说明“用人但问堪否，岂以新故异情”。因能授官，公平而不缘人情的用人观念，造就贞观时期人才辈出。

贞观元年，吏部尚书长孙无忌尝被召，不解佩刀入东上阁门，出阁门后，监门校尉①始觉。尚书右仆射封德彝议，以监门校尉不觉，罪当死，无忌误带刀入，徒二年，罚铜二十斤。太宗从之。大理少卿②戴胄驳曰：“校尉不觉，无忌带刀入内，同为误耳。夫臣子之于尊极，不得称误，准律云：‘供御汤药、饮食、舟船，误不如法者，皆死。’陛下若录其功，非宪司③所决；若当据法，罚铜未为得理④。”太宗曰：“法者非朕一人之法，乃天下之法，何得以无忌国之亲戚，便欲挠法耶？”更令定议。德彝执议如初，太宗将从其议，胄又驳奏曰：“校尉缘无忌以致罪，于法当轻，若论其过误，则为情一也，而生死顿殊，敢以固请。”太宗乃免校尉之死。

【注释】

① 监门校尉：隋初有左、右监门府将军各一人，掌宫殿门禁及守卫事，炀帝改将军为郎，唐为左、右监门卫。校尉为武散官，位次将军。② 大理少卿：大理寺卿的副官。③ 宪司：刑部、大理寺等司法部门。④ 得理：合乎法律，合乎道理。

是时，朝廷大开选举，或有诈伪阶资[①]者，太宗令其自首，不首，罪至于死。俄有诈伪者事泄，胄据法断流[②]以奏之。太宗曰：“朕初下敕，不首者死，今断从法[③]，是示天下以不信矣。”胄曰：“陛下当即杀之，非臣所及[④]，既付所司，臣不敢亏法[⑤]。”太宗曰：“卿自守法，而令朕失信耶？”胄曰：“法者，国家所以布大信于天下，言者，当时喜怒之所发耳！陛下发一朝之忿，而许杀之，既知不可，而置之以法，此乃忍小忿而存大信，臣窃为陛下惜之。”太宗曰：“朕法有所失，卿能正之，朕复何忧也！”

【注释】

① 诈伪阶资：伪造官阶资历。② 流：流刑，流放，古代五刑之一。③ 从法：根据法律。④ 所及：所能干预的事。⑤ 亏法：有损于法律。即违犯法律。

【导读】

公平不仅是政治道德，而且也是法律要加以贯彻的精神。上面两则史实，前为法与私情的冲突，后为法与皇权的冲突，在法与私情间，太宗选择了折中；在法与皇权间，太宗选择了宽容。对于一个封建帝王来说，这已经是难能可贵的了。

贞观二年，太宗谓房玄龄等曰：“朕比见隋代遗老[①]，咸称高颎[②]善为相者，遂观其本传，可谓公平正直，尤识治体[③]，隋室安危，系其存没。炀帝无道，枉见诛夷[4]，何尝不想见此人，废书钦叹！又汉、魏已来，诸葛亮为丞相，亦甚平直，尝表废廖立、李严于南中[5]，立闻亮卒，泣曰：'吾其左衽矣[6]！'严闻亮卒，发病而死。故陈寿[7]称：'亮之为政，开诚心，布公道，尽忠益时者，虽仇必赏；犯法怠慢者，虽亲必罚。'卿等岂可不企慕及之[8]？朕今每慕前代帝王之善者，卿等亦可慕宰相之贤者，若如是，则荣名高位，可以长守。"玄龄对曰："臣闻理国要道，在于公平正直，故《尚书》云：'无偏无党，王道荡荡。无党无偏，王道平平[9]。'又孔子称'举直错诸枉[10]，则民服'。今圣虑所尚，诚足以极政教之源[11]，尽至公之要，囊括区宇[12]，化成天下。"太宗曰："此直朕之所怀，岂有与卿等言之而不行也？"

【注释】

① 遗老：前朝的旧臣。② 高颎(jiǒng)：字昭玄，隋朝贤相。炀帝以他的忠谏为谤讪，遂将其诛杀。③ 尤识治体：特别懂得治理国家的策略。④ 枉见诛夷：冤枉地被诛杀。⑤ 廖立：字公渊，武陵人，仕蜀为长水使者。李严：南阳人，仕蜀为中都护。南中：泛指我国南部。⑥ 吾其左衽(rèn)矣：衽，衣襟。左衽，有的少数民族衣襟在左边，古人常把国破而沦于异族统治称为左衽。⑦ 陈寿：初仕蜀，为观令史，为黄皓所忌，屡遭遣黜。晋灭蜀后，任为著作郎、治书御史，撰《三国志》。⑧ 企慕及之：羡慕企及，向往达到。⑨"无偏无党"句：语出《尚书·洪范》。意谓臣子不偏私，不结党，君主的德政才能发扬光大。⑩"举直错诸枉"句：语出《论语·为政》。意谓举用正直的人，废黜邪辟的人，百姓就会服从统治。⑪ 极政教之源：穷尽政教的本源。⑫ 囊括区宇：包罗天下。

【导读】

太宗引用历史上的两位名相即高颎、诸葛亮的事迹，来说明为人臣者尤其是宰相应具有公平正直之德，房玄龄进一步引申和强调了公平正直是一般的政治原则和君臣应守之德。

长乐公主[1]，文德皇后所生也。贞观六年将出降，敕所司资送[2]，倍于长公主[3]。魏征奏言："昔汉明帝[4]欲封其子，帝曰：'朕子岂得同于先帝子乎？可半楚、淮阳王[5]。'前史以为美谈。天子姊妹为长公主，天子之女为公主，既加长字，良以尊于公主也，情虽有殊，义无等别。若令公主之礼有过长公主，理恐不可，实愿陛下思之。"太宗称善。乃以其言告后，后叹曰："尝闻陛下敬重魏征，殊未知其故，而今闻其谏，乃能以义制人主之情，真社稷臣矣！妾与陛下结发为夫妻，曲蒙礼敬，情义深重，每将有言，必俟颜色[6]，尚不敢轻犯威严，况在臣下，情疏礼隔？故韩非谓之说难，东方朔称其不易[7]，良有以也。忠言逆耳而利于行，有国有家者深所要急，纳之则世治，杜之则政乱，诚愿陛下详之，则天下幸甚！"因请遣中使赍帛五百匹，诣征宅以赐之。

【注释】

①长乐公主：唐太宗第五女，封长乐郡，下嫁长孙冲。②资送：备办嫁妆陪嫁。③长公主：天子的姊妹称为长公主。④汉明帝：东汉光武帝第四子，善刑名，明法理，在位时，尊重儒术。⑤楚、淮阳王：楚王英、淮阳王昺，都是东汉光武帝子。⑥必俟(sì)颜色：俟，等待；颜色，脸色。指等心绪好的时候。⑦韩非谓之说难：韩非，战国时法家，其著作称《韩非子》。他提倡"法治"，反对儒家"礼治"。《说难》是《韩非子》中的篇名，讲游说的困难。

【导读】

皇帝嫁女儿时陪嫁资财多少，本来是皇家私事，魏征也要谏诤，称其应该遵循义理，不以情殊；太宗纳谏以正长幼之分，循之礼义，不徇私情。这则史实意在说明公平之普遍性，也体现了太宗一贯的大度纳谏之风。

刑部尚书张亮坐谋反下狱，诏令百官议之，多言亮当诛，惟殿中少监[1]李道裕奏亮反形未具[2]，明其无罪。太宗既盛怒，竟杀之。俄而刑部侍郎有阙[3]，令宰相妙择其人，累奏不可。太宗曰："吾已得其人矣。往者李道裕议张亮云'反形未具'，可谓公平矣。当时虽不用其言，至今追悔。"遂授道裕刑部侍郎。

【注释】

① 殿中少监：殿中省主管皇帝饮食、医药、衣服、车马等事务，长官为少监。② 反形未具：谋反的迹象不全，证据不足。③ 有阙：职位有空缺。

【导读】

此则史实忠实地记录了太宗因盛怒而错杀大臣的事，难能可贵，同时从正面记述了太宗吸取教训，选公平正直之人为刑部侍郎的史实，借以说明只有选用公平正直之人掌握刑狱之事，才能避免枉杀无辜、公正执法的道理。进一步从实践上强调了公平正直之德对于政治实践的重要性。

贞观初，太宗谓侍臣曰："朕今孜孜求士，欲专心政道①，闻有好人，则抽擢驱使②。而议者多称'彼者皆宰臣亲故③'，但公等至公，行事勿避此言，便为形迹④。古人'内举不避亲，外举不避仇'，而为举得其真贤故也。但能举用得才，虽是子弟及有仇嫌，不得不举。"

【注释】

① 孜孜：勤勉不懈。政道：为政之道。② 抽擢：提拔。驱使：任用。③ 宰臣：大臣。亲故：亲戚故友。④ 形迹：拘束。

【导读】

《尸子》上卷有曰："内举不避亲，外举不避怨，仁者之于善也，无择也，无恶也，唯善之所在。"太宗在实践层面对这一原则加以贯彻，最终形成君臣相济的贞观盛世。

贞观十一年，时屡有阉宦充外使①，妄有奏，事发，太宗怒。魏征进曰："阉竖虽微，狎近左右，时有言语，轻而易信，浸润之谮②，为患特深。今日之明，必无此虑，为子孙教，不可不杜绝其源。"太宗曰："非卿，朕安得闻此语？自今已后，充使宜停。"

魏征因上疏曰：

臣闻为人君者，在乎善善而恶恶，近君子而远小人。善善明，则君子进矣；恶恶著，则小人退矣。近君子，则朝无秕政[3]；远小人，则听不私邪。小人非无小善，君子非无小过。君子小过，盖白玉之微瑕；小人小善，乃铅刀之一割[4]。铅刀一割，良工之所不重，小善不足以掩众恶也；白玉微瑕，善贾之所不弃，小疵不足以妨大美也。善小人之小善，谓之善善，恶君子之小过，谓之恶恶，此则蒿兰同嗅[5]，玉石不分，屈原所以沉江，卞和所以泣血者也[6]。既识玉石之分，又辨蒿兰之臭，善善而不能进，恶恶而不能去，此郭氏所以为墟，史鱼所以遗恨也[7]。

【注释】

① 阉官充外使：阉官即太监宦官，通常不任朝廷外官，故此称充外史。② 浸润之谮(zèn)：点滴而来、日积月累的谮言。③ 秕(bǐ)政：不良之政。④ 铅刀之一割：铅刀是不锋利的刀，比喻没有大用。⑤ 蒿(hāo)兰同嗅(xiù)：蒿草和兰花的气味等同。⑥ 卞和所以泣血者：卞和，楚人。得玉璞献给楚厉王，王以为不是玉，砍去他的双脚。卞和抱璞而哭泣，久而哭出血来。⑦ 史鱼所以遗恨：史鱼因为灵公没有听从他的谏劝，重病将死时，命儿子在他死后将尸体摆在窗下，不要收敛。灵公来吊丧，他的儿子将这一切告知灵公，灵公于是听从劝谏。

陛下聪明神武，天姿英睿，志存泛爱，引纳多涂[1]，好善而不甚择人，疾恶而未能远佞[2]。又出言无隐，疾恶太深，闻人之善或未全信，闻人之恶以为必然。虽有独见之明，犹恐理或未尽[3]。何则？君子扬人之善，小人讦[4]人之恶，闻恶必信，则小人之道长矣，闻善或疑，则君子之道消矣。为国家者，急于进君子而退小人，乃使君子道消，小人道长，则君臣失序，上下否隔[5]，乱亡不恤，将何以治乎？且世俗常人，心无远虑，情在告讦，好言朋党。夫以善相成谓之同德，以恶相济谓之朋党[6]，今则清浊共流，善恶无别，以告讦为诚直，以同德为朋党。以之为朋党，则谓事无可信；以之为诚直，则谓言皆可取。此君恩所以不结于下，臣忠所以不达于上。大臣不能辩正，小臣莫之敢论，远近承风，混然成俗，非国家之福，非为治之道。适足以长奸邪，乱视听，使人君不知所信，臣下不得相安。若不远虑，深绝其源，则后患未之息也。今之幸而未败者，由乎君有远虑，虽失之于始，必得之于终故也。若时逢少隳[⑦]，往而不返，虽欲悔之，必无所及。既不可以传诸后嗣，复何以垂法将来[⑧]？且夫进善黜恶，施于人者也；以古作鉴，施于己者也。鉴貌在乎止水[⑨]，鉴己在乎哲人。能以古之哲王[⑩]，鉴于己之行事，则貌之妍丑宛然在目，事之善恶自得于心，无劳司过之史[⑪]，不假刍荛之议，巍巍之功日著，赫赫之名弥远。为人君者，可不务乎？

【注释】

①引纳：引进纳用。多涂：涂，同“途”。多种途径。②远佞(nìng)：疏远小人。③理或未尽：在常理上或者未能尽善尽美。④讦(jié)：攻击。⑤否隔：闭塞不通。⑥朋党：结党营私。⑦时逢少隳(huī)：世道稍乱。隳，毁坏。⑧垂法将来：将法则留给将来。⑨鉴貌在乎止水：照相貌要对着静止的水。⑩哲王：贤王，圣君。⑪司过：古代官名。掌谏正过失。

臣闻道德之厚，莫尚于轩、唐[①]，仁义之隆，莫彰于舜、禹。欲继轩、唐之风，将追舜、禹之迹，必镇之以道德，弘之以仁义[②]，举善而任之，择善而从之。不择善任能，而委之俗吏，既无远度，必失大体。惟奉三尺[③]之律，以绳四海之人，欲求垂拱[④]无为，不可得也。故圣哲君临，移风易俗，不资严刑峻法，在仁义而已。故非仁无以广施，非义无以正身。惠下以仁，正身以义，则其政不严而理，其教不肃而成矣。然则仁义，理之本也；刑罚，理之末也。为理之有刑罚，犹执御之有鞭策也。人皆从化，而刑罚无所施；马尽其力，则有鞭策无所用。由此言之，刑罚不可致理，亦已明矣。故《潜夫论》[⑤]曰：“人君之治，莫大于道德教化也。民有性、有情、有化、有俗。情性者，心也，本也；化俗者，行也，末也。是以上君抚世，先其本而后其末，顺其心而履其行。心情苟正，则奸慝[⑥]无所生，邪意无所载矣。是故上圣无不务治民心，故曰：‘听讼[⑦]，吾犹人也，必也使无讼乎？’道之以礼，务厚其性而明其情。民相爱，则无相伤害之意；动思义，则无畜奸邪之心。若此，非律令之所理也，此乃教化之所致也。圣人甚尊德礼而卑刑罚，故舜先敕契以敬敷五教，而后任咎繇以五刑也[⑧]。凡立法者，非以司民短而诛过误也，乃以防奸恶而救祸患，检淫邪而内正道。民蒙善化，则人有士君子之心；被恶政，则人有怀奸乱之虑。故善化之养民，犹工之为曲豉⑨也。六合⑩之民，犹一荫⑪也，黔首⑫之属，犹豆麦也，变化云为⑬，在将者耳！遭良吏，则怀忠信而履仁厚；遇恶吏，则怀奸邪而行浅薄。忠厚积，则致太平；浅薄积，则致危亡。是以圣帝明王，皆敦德化而薄威刑也。德者，所以循己也，威者，所以治人也。民之生也，犹铄金⑭在炉，方圆厚薄，随镕⑮制耳！是故世之善恶，俗之薄厚，皆在于君。世之主诚能使六合之内、举世之人，感忠厚之情而无浅薄之恶，各奉公正之心，而无奸险之虑，则醇酽⑯之俗，复见于兹矣。"后王虽未能遵，专尚仁义，当慎刑恤典，哀敬无私，故管子曰："圣君任法不任智，任公不任私。"故王天下，理国家。

【注释】

①唐：即陶唐氏，指尧帝。②弘之以仁义：弘扬仁义道德。③俗吏：眼光短浅、不学无术的官吏。三尺：古时把法律条文写在三尺长的竹简上，称作三尺法，简称"三尺"。④垂拱：古代形容天下太平无事，皇帝可垂衣拱手，无为而治。⑤《潜夫论》：东汉王符撰。⑥奸慝（tè）：奸佞。⑦听讼：处理刑狱之事。⑧敕契（xiè）以敬敷五教：契，舜帝之臣，掌管教化之事；敷，散布；五教，父子有亲、君臣有义、夫妇有别、长幼有序、朋友有信。任咎繇（yáo）以五刑：咎繇，舜帝之臣，掌管刑法之事；五刑，刺面、割鼻、断足、宫刑、死刑。⑨曲豉（chǐ）：曲，酒母，酿酒原料。豉：用大豆制成的一种食品。⑩六合：天、地和东、南、西、北四方的合称，是"宇宙"的意思。⑪荫：庇护，庇荫。⑫黔首：秦代对百姓的称呼。⑬云为：作为；言论和行事。⑭铄（shuò）金：熔化金属。⑮镕（róng）：铸造器皿使用的模型。⑯醇酽（yàn）：醇，味道醇厚的酒；酽，味道浓厚的汤。

贞观之初，志存公道，人有所犯，一一于法。纵临时处断或有轻重，但见臣下执论，无不忻然受纳。民知罪之无私，故甘心而不怨；臣下见言无忤，故尽力以效忠。顷年①以来，意渐深刻②，虽开三面之网，而察见渊中之鱼，取舍在于爱憎，轻重由乎喜怒。爱之者，罪虽重而强为之辞；恶之者，过虽小而探其意。法无定科③，任情以轻重；人有执论，疑之以阿伪。

故受罚者无所控告，当官者莫敢正言。不服其心，但穷其口，欲加之罪，其无辞乎？又五品已上有犯，悉令曹司闻奏。本欲察其情状，有所哀矜；今乃曲求小节，或重其罪，使人攻击惟恨不深。事无重条，求之法外所加，十有六七，故顷年犯者惧上闻，得付法司，以为多幸。告讦无已，穷理不息，君私于上，吏奸于下，求细过而忘大体，行一罚而起众奸，此乃背公平之道，乖泣辜之意，欲其人和讼息，不可得也。

【注释】

① 顷年：近年。② 深刻：苛刻严峻。③ 定科：定罪。

故《体论》云："夫淫泆[①]盗窃，百姓之所恶也，我从而刑罚之，虽过乎当，百姓不以我为暴者，公也。怨旷[②]饥寒，亦百姓之所恶也，遁[③]而陷之法，我从而宽宥之，百姓不以我为偏者，公也。我之所重，百姓之所憎也；我之所轻，百姓之所怜也。是故赏轻而劝善，刑省而禁奸。"由此言之，公之于法，无不可也，过轻亦可。私之于法无可也，过轻则纵奸，过重则伤善。圣人之于法也公矣，然犹惧其未也，而救之以化，此上古所务也。后之理狱者则不然：未讯罪人，则先为之意，及其讯之，则驱而致之意，谓之能；不探狱之所由，生为之分，而上求人主之微旨[④]以为制，谓之忠。其当官也能，其事上也忠，则名利随而与之，驱而陷之，欲望道化之隆，亦难矣。

【注释】

① 淫泆(yì)：淫逸、放荡。② 怨旷：怨，无夫之女子。旷，无妻之男子。③ 遁：逃走，躲避。④ 微旨：隐含未露的旨意。

凡听讼理狱，必原[①]父子之亲，立君臣之义，权轻重之序，测浅深之量。悉其聪明，致其忠爱，疑则与众共之。疑则从轻者，所以重之也。故舜命咎繇曰："汝作士，惟刑之恤[②]。"又复加之以三讯[③]，众所善，然后断之。是以为法，参之人情。故《传》曰："小大之狱，虽不能察，必以情。"而世俗拘愚苛刻之吏，以为情也者，取货者也，立爱憎者也，右[④]亲戚者也，陷怨仇者也。何世俗小吏之情，与夫古人之悬[⑤]远乎？有司以此情疑之群吏，人主以此情疑之有司，是君臣上下通相疑也，欲其尽忠立节，难矣。

【注释】

① 原：推究，察究。②“汝作士”句：你担任司法官，要怜恤刑狱。语出《尚书·舜典》。③ 三讯：《周礼》以三讯判决庶民狱讼，一讯群臣，二讯群吏，三讯万民。讯，审问，查问。④ 右：偏袒。⑤ 古人之悬：古圣先贤的愿望。

凡理狱之情，必本所犯之事以为主，不严讯[①]，不旁求，不贵多端[②]，以见聪明，故律正其举劾[③]之法，参伍[④]其辞，所以求实也，非所以饰实也，但当参伍明听[⑤]之耳，不使狱吏锻炼[⑥]饰理成辞于手。孔子曰：“古之听狱，求所以生之也；今之听狱，求所以杀之也。”故析言以破律，任案以成法，执左道以必加也[⑦]。又《淮南子》[⑧]曰：“沣水[⑨]之深十仞，金铁在焉，则形见于外。非不深且清，而鱼鳖莫之归也。”故为上者以苛为察，以功为明，以刻下为忠，以讦多为功，譬犹广革，大则大矣，裂之道也[⑩]。夫赏宜从重，罚宜从轻，君居其厚，百王通制。刑之轻重，恩之厚薄，见思与见疾，其可同日言哉！且法，国之权衡也，时之准绳也。权衡所以定轻重，准绳所以正曲直。今作法贵其宽平，罪人欲其严酷，喜怒肆志，高下在心，是则舍准绳以正曲直，弃权衡而定轻重者也，不亦惑哉？诸葛孔明，小国之相，犹曰：“吾心如秤，不能为人作轻重。”况万乘之主[⑪]，当可封之日[⑫]，而任心弃法，取怨于人乎！

【注释】

① 严讯：严刑逼供。② 多端：罪名复杂。③ 举劾：举证、审讯。④ 参伍：错综复杂。⑤ 参伍明听：交互比验，明辨听断。⑥ 锻炼：枉法陷人于罪。⑦ 析言：断章取义。左道：邪道。⑧《淮南子》：西汉淮南王刘安撰。内容庞杂，杂糅了儒、道、阴阳、法等各家思想。⑨ 沣(fēng)水：河名，源出陕西长安西南秦岭山中，北流至西安市西北入渭河。⑩ 裂之道：破裂的原因。⑪ 万乘之主：天子畿内地方圆千里，兵车万乘，故名万乘之主。⑫ 可封之日：尧舜之时，天下向化，民风淳朴，据其德行，可比

屋而封爵官。

又时有小事，不欲人闻，则暴作威怒，以弭[①]谤议。若所为是也，闻于外，其何伤？若所以非也，虽掩之，何益？故谚曰："欲人不知，莫若不为；欲人不闻，莫若勿言。"为之而欲人不知，言之而欲人不闻，此犹捕雀而掩目，盗钟而掩耳者，只以取诮[②]，将何益乎？臣又闻之，无常乱之国，无不可理之民者。夫君之善恶由乎化之薄厚，故禹、汤以之理，桀、纣以之乱；文、武以之安，幽、厉以之危。是以古之哲王，尽已而不以尤人，求身而不以责下。故曰："禹、汤罪己，其兴也勃焉；桀、纣罪人，其亡也忽焉[③]。"为之无已，深乖恻隐之情，实启奸邪之路。温舒恨于曩日[④]，臣亦欲惜不用，非所不闻也。臣闻尧有敢谏之鼓，舜有诽谤之木，汤有司过之史，武有戒慎之铭[⑤]。此则听之于无形，求之于未有，虚心以待下，庶下情之达上，上下无私，君臣合德者也。魏武帝云："有德之君乐闻逆耳之言、犯颜之诤，亲忠臣，厚谏士，斥谗慝[⑥]，远佞人者，诚欲全身保国，远避灭亡者也。"凡百君子，膺期统运[⑦]，纵未能上下无私，君臣合德，可不全身保国，远避灭亡乎？然自古圣哲之君，功成事立，未有不资同心，予违汝弼者也。

【注释】

① 弭(mǐ)：止息，中断。这里是阻止的意思。② 诮(qiào)：责备，讥讽。③"禹、汤罪己"句：此为臧文仲告鲁国君的话，语出《左传》。④ 曩日：从前。⑤ 敢谏之鼓：相传尧时曾设鼓于庭，使民击之以进谏。诽谤之木：相传舜时树立木牌于交通要道，让人在上面写谏言。司过之史：商汤设置了进谏君王的史官。戒慎之铭：姜太公述《丹书》之言："敬胜怠者吉，怠胜敬者灭，义胜欲者从，欲胜义者凶。"周武王闻之，退而为戒，写在几案、鉴、盂等器物上作为座右铭。⑥ 慝(tè)：藏在心理的恶意。⑦ 膺期统运：膺，承应；统，控制，驾驭；运，世运，国运。

昔在贞观之初，侧身励行[①]，谦以受物。盖闻善必改，时有小过，引纳忠规，每听直言，喜形颜色。故凡在忠烈，咸竭其辞。自顷年海内无虞，远夷慑服，志意盈满，事异厥初。高谈疾邪，而喜闻顺旨之说；空论忠谠，而不悦逆耳之言。私嬖[2]之径渐开，至公之道日塞，往来行路，咸知之矣。邦之兴衰，实由斯道。为人上者，可不勉乎？臣数年以来，每奉明旨，深惧群臣莫肯尽言。臣切思之，自比来人或上书，事有得失，惟见述其所短，未有称其所长。又天居自高，龙鳞难犯，在于造次[3]，不敢尽言，时有所陈，不能尽意，更思重竭，其道无因[4]。且所言当理，未必加于宠秩，意或乖忤，将有耻辱随之，莫能尽节，实由于此。虽左右近侍，朝夕阶墀[5]，事或犯颜，咸怀顾望[6]，况疏远不接，将何以极其忠款哉？又时或宣言[7]云："臣下见事，只可来道，何因所言，即望我用？"此乃拒谏之辞，诚非纳忠之意。何以言之？犯主严颜，献可替否[8]，所以成主之美，匡主之过。若主听则惑，事有不行，使其尽忠谠之言，竭股肱之力，犹恐临时恐惧，莫肯效其诚款。若如明诏所道，便是许其面从，而又责其尽言，进退将何所据？欲必使乎致谏，在乎好之而已。故齐桓[9]好服紫，而合境无异色；楚王好细腰，而后宫多饿死。夫以耳目之玩，人犹死而不违，况圣明之君求忠正之士，千里斯应，信不为难。若徒有其言，而内无其实，欲其必至，不可得也。

【注释】

① 侧身励行：兢兢业业，身体力行。② 私嬖：私，私人，亲戚旧故。嬖，宠幸的近侍。③ 龙鳞难犯：以龙比喻君主，称龙喉下有逆鳞，若有人触犯，必要杀人。④ 无因：没有机会。⑤ 阶墀（chí）：宫殿。⑥ 咸怀顾望：心怀顾虑观望之心。⑦ 宣言：公开表示。⑧ 献可替否：进献自己的意见和建议。⑨ 齐桓：齐桓公，春秋时齐国君，在位期间任用管仲改革国政，国力富强，多次聚会诸侯订立盟约，成为春秋时第一个霸主。

太宗手诏曰：

省前后讽谕，皆切至之意，固所望于卿也。朕昔在衡门[1]，尚惟童幼，未渐师保之训，罕闻先达[2]之言。值隋主分崩，万邦涂炭，惵惵黔黎[3]，庇身无所。朕自二九之年，有怀拯溺，发愤投袂[4]，便提干戈，蒙犯霜露，东西征伐，日不暇给，居无宁岁。降苍昊之灵[5]，禀庙堂之略，义旗所指，触向平夷。弱水、流沙，并通輶轩之使[6]；被发左衽，皆为衣冠之域[7]。正朔所班，无远不届[8]。及恭承宝历，寅奉帝图，垂拱无为，氛埃靖息[9]，于兹十有余年，斯盖股肱罄帷幄之谋，爪牙竭熊罴之力[10]，协德同习，以致于此。自惟寡薄，厚享斯休，每以抚大神器，忧深责重，常惧万机多旷，四聪不达，战战兢兢，坐以待旦[11]。询于公卿，以至隶皂，推以赤心[12]。庶几明赖，一动以钟石；淳风至德，永传于竹帛[13]。克播鸿名，常为称首。朕以虚薄，多惭往代，若不任舟楫[14]，岂得济彼巨川？不藉盐梅[15]，安得调夫五味？赐绢三百匹。

【注释】

① 衡门：横木为门，简陋的房屋。② 师保：古代教导贵族子弟的官。先达：前辈，长辈。③ 惵惵(dié)：恐惧的样子。④ 投袂(mèi)：拂动衣袖，形容决绝或奋发。⑤ 降苍昊之灵：幸亏苍天有灵。⑥ 庙堂：宗庙，朝堂。弱水：古水名，上流指今甘肃山丹河，下游即山丹河与甘州河合流后的黑河，黑河汇纳北大河后，称额济纳河。流沙：古代泛指中国西北的沙漠地区。輶(yóu)轩之使：輶轩，轻车，古代帝王的使臣多乘輶车，后因称使臣为輶轩史。⑦ 被发左衽：披发文身，古代吴越一带的风俗。衣冠：古代世族、士绅，指中原文化风俗所影响之处。⑧ 正朔：一年之始称正，一月之始称朔，正朔被用以指代日历。班：同“颁”。届：至，到。⑨ 宝历：皇帝的印信；历指日历。此指继承皇位。寅：敬。⑩ 爪牙：比喻武将。熊罴：两种猛兽，比喻勇猛的武士。⑪ 神器：比喻帝位或政权。⑫ 隶皂：衙门里的差人。⑬ 钟石：古代常在钟鼎和石碑上铭刻文字，或记事，或表彰功德。后亦指功业。淳风：淳朴敦厚的风气。⑭ 舟楫：船桨。⑮ 盐梅：用以比喻国家所需要的人才。后用以赞美做宰相的人。

【导读】

此则史实记载了魏征针对朝廷宦官从政，危害日甚一事而进呈太宗的长篇奏文谏言，内容丰富。首先劝谏太宗要通过辨别君子、小人而近贤远佞；接着又论述了德主刑辅、以德治政的原则。接着又论述了要公正执法，同时参以人情，所谓参以人情不是要徇私枉法，而是要符合伦理道德和人之常情。同时还劝谏太宗要严己宽人，善始善终，诚心纳谏，这样君臣上下同心同德，才可保国家长治久安。

论诚信第十七

贞观初，有上书请去佞臣者，太宗谓曰："朕之所任，皆以为贤，卿知佞者谁耶？"对曰："臣居草泽[①]，不的知[②]佞者，请陛下佯怒以试群臣，若能不畏雷霆，直言进谏，则是正人，顺情阿旨，则是佞人。"太宗谓封德彝曰："流水清浊，在其源也。君者政源[③]，人庶犹水，君自为诈，欲臣下行直，是犹源浊而望水清，理不可得。朕常以魏武帝多诡诈，深鄙其为人，如此，岂可堪为教令[④]？"谓上书人曰："朕欲使大信行于天下，不欲以诈道训俗，卿言虽善，朕所不取也。"

【注释】

① 草泽：草野民间。② 的知：确切知道。③ 政源：国家政令的发出者。④ 教令：教化。

【导读】

诚信亦为政治道德的重要规范，君为政源，"政者，正也"，因此，当有臣子向太宗进言要太宗以诈试臣时，被太宗拒绝。以诈训俗，君道不取，显示了太宗对政治活动中诚信之德的重视。

贞观十年，魏征上疏曰：

臣闻为国之基，必资于德礼，君之所保，惟在于诚信。诚信立则下无二心，德礼形则远人斯格[①]。然则德礼诚信，国之大纲，在于君臣父子[②]，不可斯须[③]而废也。故孔子曰："君使臣以礼，臣事君以忠。"又曰："自古皆有死，民无信不立。"文子[④]曰："同言而信，信在言前；同令而行，诚在令外[⑤]。"然则言而不行，言无信也；令而不从，令无诚也。不信之言，无诚之令，为上则败德，为下则危身，虽在颠沛之中，君子之所不为也。

【注释】

① 格：正。② 在于君臣父子：决定于君臣父子的伦理关系。③ 斯须：片刻。④ 文子：老子弟子。⑤“同言而信”句：说话要讲信用，说到做到，信用在说话之前就讲求了；发言要有诚意，下令必定执行，诚意在下令之后仍要坚持。

自王道休[1]明，十有余载，威加海外，万国来庭，仓廪日积，土地日广。然而道德未益厚，仁义未益博者，何哉？由乎待下之情，未尽于诚信，虽有善始之勤[2]，未睹克终之美[3]故也。昔贞观之始，乃闻善惊叹，暨八九年间，犹悦以从谏，自兹厥后[4]，渐恶直言，虽或勉强有所容，非复曩时之豁如[5]。謇谔[6]之辈，稍避龙鳞；便佞之徒，肆其巧辩。谓同心者为擅权，谓忠说者为诽谤。谓之为朋党，虽忠信而可疑；谓之为至公，虽矫伪而无咎。强直者畏擅权之议，忠说者虑诽谤之尤。正臣不得尽其言，大臣莫能与之争。荧惑视听，郁于大道，妨政损德，其在此乎？故孔子曰“恶利口之覆邦家者”，盖为此也。

【注释】

① 休：美，善。② 善始之勤：做事开端良好。③ 克终：能善终、全终。④ 自兹厥后：自此之后。⑤ 豁如：宽宏大量的样子。⑥ 謇(jiǎn)谔(è)：謇，忠诚正直。谔，正直的话。

且君子小人，貌同心异，君子掩人之恶，扬人之善，临难无苟免，杀身以成仁。小人不耻不仁，不畏不义，惟利之所在，危人自安。夫苟在危人，则何所不至[1]？今欲将求致治，必委之于君子；事有得失，或访之于小人。其待君子也则敬而疏[2]，遇小人也必轻而狎[3]。狎则言无不尽，疏则情不上通。是则毁誉在于小人，刑罚加于君子，实兴丧之所在，可不慎哉！此乃孙卿所谓“使智者谋之，与愚者论之；使修洁[4]之士行之，与污鄙[5]之人疑之，欲其成功，可得乎哉？”夫中智之人，岂无小惠？然才非经国[6]，虑不及远，虽竭力尽诚，犹未免于倾败；况内怀奸利，承颜顺旨，其为祸患，不亦深乎？夫立直木而疑影之不直，虽竭精神，劳思虑，其不得，亦已明矣。

夫君能尽礼，臣得竭忠，必在于内外无私，上下相信。上不信，则无以使下；下不信，则无以事上，信之为道大矣。昔齐桓公问于管仲曰：“吾欲使酒腐于爵⑦，肉腐于俎，得无害霸⑧乎？”管仲曰：“此极非其善者，然亦无害于霸也。”桓公曰：“如何而害霸乎？”管仲曰：“不能知人，害霸也；知而不能任，害霸也；任而不能信，害霸也；既信而又使小人参之，害霸也。”晋中行穆伯攻鼓，经年而弗能下⑨，馈间伦曰：“鼓之啬夫⑩，间伦知之。请无疲士大夫，而鼓可得。”穆伯不应，左右曰：“不折一戟，不伤一卒，而鼓可得，君奚为不取？”穆伯曰：“间伦之为人也，佞而不仁，若使间伦下之，吾可以不赏之乎？若赏之，是赏佞人也。佞人得志，是使晋国之士舍仁而为佞。虽得鼓，将何用之？”夫穆伯，列国⑪之大夫；管仲，霸者之良佐，犹能慎于信任、远避佞人也如此，况乎为四海之大君，应千龄之上圣⑫，而可使巍巍至德之盛，将有所间乎？

【注释】

①何所不至：无所不至，什么都干得出来。②敬：严厉。③狎：亲昵。④修洁：品行端正。⑤污鄙：污秽卑鄙。⑥经国：治理国家。⑦爵：古代盛酒器，多为青铜制成。⑧霸：霸业。⑨经年而弗能下：经过一年也不能攻下。⑩馈(kuì)间伦：中行氏穆伯左右官吏。啬夫：官名，为司空的属官。⑪列国：春秋战国时的诸侯之国，亦指诸侯国较大者。⑫上圣：至高无上的圣王。

若欲令君子小人是非不杂，必怀之以德，待之以信，厉之以义①，节之以礼，然后善善而恶恶，审罚而明赏②。则小人绝其私佞，君子自强不息③，无为之治，何远之有！善善而不能进，恶恶而不能去，罚不及于有罪，赏不加于有功，则危亡之期，或未可保，永锡祚胤④，将何望哉！

太宗览疏叹曰：“若不遇公，何由得闻此语！”

【注释】

①厉：勉励。②审：审察，详知。③自强不息：自我努力向上，永不懈怠。④永锡祚胤：永，永远；锡，赐予；祚，福祉；胤，后嗣。

太宗尝谓长孙无忌等曰："朕即位之初，有上书者非一，或言人主必须威权独任，不得委任群下；或欲耀兵振武，慑服[1]四夷。惟有魏征劝朕'偃革[2]兴文，布德施惠，中国既安，远人自服'。朕从此语，天下大宁，绝域[3]君长，皆来朝贡，九夷重译，相望于道。凡此等事，皆魏征之力也。朕任用，岂不得人？"征拜谢曰："陛下圣德自天，留心政术。实以庸短，承受不暇，岂有益于圣明？"

【注释】

① 慑服：因畏惧而屈服。② 偃革：偃，倒下；革，兵革。③ 绝域：极远的地方。

【导读】

魏征的这篇疏文重在论述德礼诚信为国之大纲，也就是政治的核心价值和基本原则，并在此基础上，从君臣关系的角度进一步阐发了诚信之德。就君主方面来说，近君子、远小人、赏罚得当，在某种意义上也是君主诚信之德的体现。而作为君臣关系，诚信要求互相信任，疑人不用，用人不疑。太宗信任并任用魏征，即是君臣相互信任的典范。

贞观十七年，太宗谓侍臣曰："《传》称：'去食存信[1]。'孔子曰：'民无信不立。'昔项羽既入咸阳，已制天下，向[2]能力行仁信，谁夺耶？"房玄龄对曰："仁、义、礼、智、信，谓之五常[3]，废一不可。能勤行之，甚有裨益。殷纣狎侮五常，武王夺之，项氏以无信为汉高祖所夺，诚如圣旨。"

【注释】

① "去食存信"句：强调诚信的作用。语出《论语·颜渊》。② 向：如果。③ 五常：儒家主张仁、义、礼、智、信是常行不变的五项道德标准。

【导读】

这则史实通过正反两个方面的历史经验，论述了能行信德必有裨益的政治经验和道德原则。

卷　六

论俭约第十八

贞观元年，太宗谓侍臣曰："自古帝王凡有兴造，必须贵顺物情[①]。昔大禹凿九山，通九江[②]，用人力极广，而无怨讟者，物情所欲，而众所共有故也。秦始皇营建宫室，而人多谤议者，为徇其私欲，不与众共故也。朕今欲造一殿，材木已具，远想秦皇之事，遂不复作也。古人云：'不作无益害有益[③]。''不见可欲，使民心不乱[④]。'固知见可欲，其心必乱矣。至如雕镂器物，珠玉服玩，若恣其骄奢，则危亡之期可立待也。自王公以下，第宅、车服、婚嫁、丧葬，准品秩不合服用者，宜一切禁断。"由是二十年间，风俗简朴，衣无锦绣，财帛富饶，无饥寒之弊。

【注释】

① 贵顺物情：重视顺应民心。② "九山"句：泛指九州之山；九江，泛指天下江河。③ 不作无益害有益：不要兴作无益的事情来损害、干扰有益的事情。④ "不见可欲"句：不要让人们看到那些刺激他们私欲的东西，那么民心就不会乱。语见《老子》。

贞观二年，公卿奏曰："依《礼》，季夏之月，可以居台榭[①]，今夏暑未退，秋霖[②]方始，宫中卑湿，请营一阁以居之。"太宗曰："朕有气疾，岂宜下湿？若遂来请，糜费良多。昔汉文将起露台，而惜十家之产，朕德不逮于汉帝，而所费过之，岂为人父母之道也？"固请至于再三，竟不许。

【注释】

① 台：居高临下，可以瞭望四方的建筑物。榭：建在高台上的敞屋。② 秋霖：秋季的连绵大雨。

贞观四年，太宗谓侍臣曰："崇饰宫宇，游赏池台，帝王之所欲，百姓之所不欲。帝王所欲者放逸，百姓所不欲者劳弊。孔子云：'有一言可以终身行之者，其恕乎！己所不欲，勿施于人[①]。'劳弊之事，诚不可施于百姓。朕尊为帝王，富有四海，每事由己，诚能自节，若百姓不欲，必能顺其情也。"魏征曰："陛下本怜百姓，每节己以顺人。臣闻'以欲从人者昌，以人乐己者亡。'隋炀帝志在无厌，惟好奢侈，所司每有供奉营造，小不称意，则有峻罚严刑。上之所好，下必有甚，竞为无限，遂至灭亡。此非书籍所传，亦陛下目所亲见。为其无道，故天命陛下代之。陛下若以为足，今日不啻[②]足矣。若以为不足，更万倍过此亦不足。"太宗曰："公所奏对甚善。非公，朕安得闻此言？"

【注释】

①"有一言可以终身行之者"句：语出《论语·卫灵公》。② 不啻(chì)：无异于，如同。

贞观十六年，太宗谓侍臣曰："朕近读《刘聪传》[①]，聪将为刘后[②]起凤仪殿，廷尉[③]陈元达切谏，聪大怒，命斩之。刘后手疏启请，辞情甚切，聪怒乃解，而甚愧之。人之读书，欲广闻见以自益耳，朕见此事，可以为深诫。比者欲造一殿，仍构重阁，今于蓝田采木[④]，并已备具，远想聪事，斯作[⑤]遂止。"

【注释】

① 刘聪：东晋南匈奴贵族刘渊的第四子，继刘渊做前赵的皇帝。② 刘后：太保刘殷之女，受聘为左贵嫔，后立为后。③ 廷尉：主管刑狱的官员。④ 蓝田：今属陕西省。⑤ 斯作：这个工程。指造殿构重阁。

贞观十一年，诏曰：“朕闻死者，终也[①]，欲物之反真也；葬者，藏也[②]，欲令人之不得见也。上古垂风，未闻于封树；后世贻则，乃备于棺椁[③]。讥僭侈者，非爱其厚费；美俭薄者，实贵其无危。是以唐尧，圣帝也，穀林有通树[④]之说；秦穆，明君也，橐泉[⑤]无丘陇之处。仲尼，孝子也，防墓不坟[⑥]；延陵，慈父也，嬴、博可隐[⑦]。斯皆怀无穷之虑，成独决之明，乃便体于九泉，非徇名于百代也。洎乎阖闾违礼，珠玉为凫雁[⑧]；始皇无度，水银为江海[⑨]；季孙擅鲁，敛以玙璠；桓魋专宋，葬以石椁[⑩]，莫不因多藏以速祸，由有利而招辱。玄庐既发，致焚如于夜台[⑪]；黄肠[⑫]再开，同暴骸于中野。详思曩事，岂不悲哉？由此观之，奢侈者可以为戒，节俭者可以为师矣。朕居四海之尊，承百王之弊，未明思化，中宵战惕[⑬]。虽送往之典，详诸仪制，失礼之禁，著在刑书，而勋戚之家多流遁于习俗，闾阎之内或侈靡而伤风，以厚葬为奉终，以高坟为行孝，遂使衣衾棺椁极雕刻之华，灵辆[⑭]冥器穷金玉之饰。富者越法度以相尚，贫者破资产而不逮，徒伤教义，无益泉壤，为害既深，宜为惩革。其王公已下，爰及黎庶，自今已后，送葬之具有不依令式[⑮]者，仰州府县官明加检察，随状科罪。在京五品以上及勋戚家，仍录奏闻。”

【注释】

① 死者终也：语见《列子·天瑞》。② 葬者藏也：语见《大戴礼记·保傅》。③ 封树：在墓上堆土，做标记。椁(guǒ)：棺的外层。④ 穀(gǔ)林：相传帝尧葬于此。通树：四周种上树作为标记。⑤ 橐(tuó)泉：秦穆公葬于此。⑥ 防墓不坟：孔子合葬双亲于防，在今山东费县东北。坟，堆土为坟。⑦ 嬴(yíng)、博可隐：嬴与博都是春秋时齐邑，在今山东莱芜西北。吴延陵季札使齐回国，儿子死在途中，葬于嬴博之间，不归葬乡里。隐，埋藏。⑧ 阖(hé)闾(lǘ)：春秋时吴王。死后葬于苏州虎丘山下，征发士卒十万人建墓，穿土为川，积壤成丘，铜棺三重，鸿池六尺，以黄金珠玉为凫雁。凫(fú)，野鸭。⑨ “始皇无度”句：秦始皇葬于骊山，修墓的士卒数十万，历时十年，以水银为江海，人鱼膏为灯烛。⑩ 季孙：鲁国大夫季平子。玙(yú)璠(fán)：美玉的名称。桓魋(tuí)：春秋时宋向戌之孙，为司马，宋国贵族，曾专擅宋国朝政。⑪ 玄庐：玄宫，墓室，坟墓中地下放棺木之处。夜台：墓穴，因坟墓封闭后黑暗，所以叫夜台，也叫长夜台。

⑫ 黄肠：汉代梁商死后，赐予朱饰银镂之棺，并以柏木黄心为椁，叫做黄肠。⑬ 战惕：惊悸，恐惧。⑭ 闾阎：古代居民区叫里，闾是里门，阎是里的中门。闾阎指民间。灵辆(ér)：灵车。⑮ 令式：令，法规；式，有关细则，当时专有丧葬令，式里也有相应的细则。

岑文本为中书令，宅卑湿，无帷帐之饰，有劝其营产业者，文本叹曰：“吾本汉南一布衣耳，竟无汗马之劳，徒以文墨，致位中书令，斯亦极矣。荷俸禄之重，为惧已多，更得言产业乎？”言者叹息而退。

户部尚书戴胄卒，太宗以其居宅弊陋，祭享无所，令有司特为之造庙。

温彦博为尚书右仆射，家贫无正寝①，及薨，殡于旁室。太宗闻而嗟叹，遽命所司为造，当厚加赙赠②。

魏征宅内，先无正堂③，及遇疾，太宗时欲造小殿，而辍其材为征营构，五日而就。遣中使赍素褥布被而赐之，以遂其所尚。

【注释】

① 正寝：居室正屋。② 赙(fù)赠：拿钱财帮助别人办理丧事。③ 正堂：正屋。

【导读】

《论俭约》一篇涉及两个方面：一为皇帝宫宇之兴造，主张贵物顺情，不为私欲，民意为重，并从法令加以规定诸事节俭；一为制丧之礼，俭约薄葬。一为生之事，一为死之宜。意在说明俭约为民重于生死之事，又意在说明以俭约善始善终。历史不乏如此范例，生死未卜的创业时期，君王往往开明通达；歌舞升平的守成年代，往往显得愚昧昏聩。“由俭入奢易，由奢入俭难。”太宗从一而终，不渝俭约之志，实为国之贤君，同有尚俭之臣辅佐，上下相应，社会俭约风气兴起，而致贞观之富庶。

论谦让第十九

贞观二年，太宗谓侍臣曰：“人言作天子则得自尊崇，无所畏惧，朕则以为正合自守谦恭，常怀畏惧。昔舜诫禹曰：‘汝惟不矜，天下莫与汝争能；汝惟不伐，天下莫与汝争功①。’又《易》曰：‘人道恶盈而好谦②。’凡为天子，若惟自尊崇，不守谦恭者，在身倘有不是之事，谁肯犯颜谏奏？朕每思出一言，行一事，必上畏皇天，下惧群臣。天高听卑，何得不畏？群公卿士，皆见瞻仰，何得不惧？以此思之，但知常谦常惧，犹恐不称天心及百姓意也。”魏征曰：“古人云：‘靡不有初，鲜克有终③。’愿陛下守此常谦常惧之道，日慎一日，则宗社永固，无倾覆矣。唐、虞所以太平，实用此法。”

【注释】

①“汝惟不矜”句：是舜告诫禹的话。语见《尚书·大禹谟》。②人道恶盈而好谦：君子的准则是厌恶骄傲自满，崇尚谦逊。③“靡不有初”句：意思是说，开端往往很好，但很少有好的结局。语见《诗经·大雅·荡》。

贞观三年，太宗问给事中孔颖达曰：“《论语》云：‘以能问于不能，以多问于寡，有若无，实若虚①。’何谓也？”颖达对曰：“圣人设教，欲人谦光②，己虽有能，不自矜大，仍就不能之人，求访能事。己之才艺虽多，犹病③以为少，仍就寡少之人④更求所益。己之虽有，其状若无，己之虽实，其容若虚。非惟匹庶，帝王之德，亦当如此。夫帝王内蕴神明，外须玄默⑤，使深不可知。故《易》称‘以蒙养正；以明夷莅众⑥’，若其位居尊极，炫耀聪明，以才陵人，饰非拒谏，则上下情隔，君臣道乖，自古灭亡，莫不由此也。”太宗曰：“《易》云：‘劳谦，君子有终，吉⑦。’诚如卿言。”诏赐物二百段。

【注释】

①“以能问于不能”句：意思是说，有能力却向无能力的人请教，知识丰富的却向知识缺少的人请教，有学问像没学问一样，满腹知识像空无所有一样。语见《论语·泰伯》。②谦光：尊者有谦则更光明。语出《易·谦》。③病：担心。④仍就寡少之人：仍然向知识寡少的人请教。⑤玄默：沉静寡言。⑥以蒙养正：以蒙昧自居，自己修养。以明夷莅(lì)众：隐藏明智去治理百姓。⑦“劳谦”句：君子谦让，而且有始有终，吉利。

河间王孝恭[①],武德初封为赵郡王,累授东南道行台[②]尚书左仆射。孝恭既讨平萧铣、辅公祏,遂领江、淮及岭南、北,皆统摄之。专制一方,威名甚著,累迁礼部尚书。孝恭性惟退让,无骄矜自伐之色。时有特进江夏王道宗,尤以将略[③]驰名,兼好学,敬慕贤士,动修礼让,太宗并加亲待。诸宗室中,惟孝恭、道宗莫与为比,一代宗英[④]云。

【注释】

① 河间王孝恭:李虎之子,唐高祖李渊的堂兄弟,协助李渊平定天下,有大功,但不居功自傲,受到李世民的亲近敬重。② 行台:在地方上代表朝廷行使尚书省职事的机构称行台。始于魏晋,隋称行台省,唐初亦置,贞观后废。③ 将略:用兵的谋略。④ 宗英:宗族内的杰出人物。

【导读】

谦让一德,为传统文化所重视,它不仅是老百姓应具之德,而且也是居于人上的人君和大臣甚至是皇家子弟应具之德。谦受益、满招损,因此,人人都应具有虚怀若谷、不耻下问的谦虚美德。

论仁恻第二十

贞观初,太宗谓侍臣曰:“妇人幽闭深宫,情实可愍[①]。隋氏末年,求采无已,至于离宫别馆[②],非幸御[③]之所,多聚宫人。此皆竭人财力,朕所不取。且洒扫之余,更何所用?今将出之,任求伉俪[④],非独以省费,兼以息人,亦各得遂其情性。”于是后宫及掖庭[⑤]前后所出三千余人。

【注释】

① 愍:怜悯。② 离宫别馆:天子出巡时所居住的宫室。别馆与离宫同类。③ 幸御:皇帝驾临。④ 伉(kàng)俪(lì):夫妻。⑤ 掖(yè)庭:宫殿中旁舍,妃嫔所居住的地方。隋唐时在大内的西边有掖庭宫。

贞观二年，关中[①]旱，大饥。太宗谓侍臣曰："水旱不调，皆为人君失德。朕德之不修，[②]天当责朕，百姓何罪，而多遭困穷！闻有鬻[③]男女者，朕甚愍焉。"乃遣御史大夫杜淹[④]巡检，出御府[⑤]金宝赎之，还其父母。

【注释】

① 关中：古地域名。一般指今陕西关中盆地，或陕西渭河流域一带。② 修：善，美好。③ 鬻：买卖。④ 杜淹：杜如晦之叔，富有才干，博学多闻。唐太宗即位后，召为御史大夫，所推举引荐的官员近四十人，后都成为名士。⑤ 御府：皇宫中收藏财务的仓库。

贞观七年，襄州都督张公谨卒，太宗闻而嗟悼，出次发哀[①]。有司奏言："准阴阳书[②]云：'日在辰，不可哭泣[③]。'此亦流俗所忌。"太宗曰："君臣之义，同于父子，情发于中[④]，安避辰日？"遂哭之。

【注释】

① 次：处所。发哀：吊丧。② 阴阳书：主要内容有关于办理丧葬的"风水"、"择日"等。③ 辰：辰日，古人用十二地支计日。④ 情发于中：哀情发自内心。

贞观十九年，太宗征高丽，次定州[①]，有兵士到者，帝御州城北门楼抚慰之。有从卒[②]一人病，不能进，诏至床前，问其所苦，仍敕州县医疗之，是以将士莫不欣然愿从。及大军回次柳城[③]，诏集前后战亡人骸骨，设太牢[④]致祭，亲临，哭之尽哀，军人无不洒泣。兵士观祭者，归家以言，其父母曰："吾儿之丧，天子哭之，死无所恨。"太宗征辽东，攻白岩城，右卫大将军李思摩[⑤]为流矢所中，帝亲为吮血，将士莫不感励。

【注释】

① 定州：今河北省定州市。② 从卒：随从的士卒。③ 柳城：今河北省滦县东南。④ 太牢：古代帝王举行重大祭祀仪式时，需要牛、羊、猪三牲具备，称太牢。⑤ 白岩城：辽宁省辽阳市东。李思摩：颉利族人，唐

初归顺，被封为和顺郡王，赐姓李，为化州都督，唐太宗时以右卫大将军从征高丽。

【导读】

仁为传统道德的第一德，也是仁政的基础，恻隐之心生仁，本章四则史实分别记载了太宗怜惜宫女、百姓、大臣、兵将的事迹，颂扬了太宗的仁恻美德。

慎所好第二十一

贞观二年，太宗谓侍臣曰："古人云：'君犹器也，人犹水也，方圆在于器，不在于水。'故尧、舜率天下以仁，而人从之；桀、纣率天下以暴，而人从之。下之所行，皆从上之所好。至如梁武帝父子志尚浮华，惟好释氏、老氏[①]之教。武帝末年，频幸同泰寺，亲讲佛经，百寮皆大冠高履，乘车扈从[②]，终日谈论苦空[③]，未尝以军国典章[④]为意。及侯景率兵向阙[⑤]，尚书郎已下，多不解乘马，狼狈步走，死者相继于道路。武帝及简文卒被侯景幽逼而死。孝元帝在于江陵，为万纽于谨所围[⑥]，帝犹讲《老子》不辍，百寮皆戎服以听，俄而城陷，君臣俱被囚絷[⑦]。庾信[⑧]亦叹其如此，及作《哀江南赋》，乃云：'宰衡以干戈为儿戏，缙绅以清谈为庙略[⑨]。'此事亦足为鉴戒。朕今所好者，惟在尧、舜之道，周、孔之教，以为如鸟有翼，如鱼依水，失之必死，不可暂无耳。"

【注释】

① 释氏：佛教始祖汉译为释迦牟尼，略称释氏。老氏：因东汉末创始的道教托老子为创始人，故称老氏。② 扈(hù)从：随从天子的百官。③ 苦空：人生为苦，万物为空，指佛教常说的修行方法和佛教内容。此处意为佛教。④ 军国典章：军国机务、法典制度，即国家大事。⑤ 向阙：进攻皇室。⑥ 孝元帝：梁元帝，梁武帝第七子。万纽于谨所围：西魏遣万纽于谨统兵五万，进攻江陵。万纽于是胡姓。⑦ 囚絷(zhí)：俘虏。

⑧ 庾(yǔ)信：南阳新野(今属河南)人，幼时聪敏，博览群书。初仕南梁，奉使西魏，未被放还。西魏亡，仕北周，官至骠骑大将军、开府仪同三司，世称庾开府。因思念南朝，作《哀江南赋》，著称于世。⑨ 庙略：庙堂的谋略，朝廷的重大决策。

贞观二年，太宗谓侍臣曰："神仙事本是虚妄，空有其名。秦始皇非分爱好，为方士所诈，乃遣童男童女数千人，随其入海求神仙①。方士避秦苛虐，因留不归，始皇犹海侧踟蹰②以待之，还至沙丘③而死。汉武帝为求神仙，乃将女嫁道术之人，事既无验，便行诛戮④。据此二事，神仙不烦妄求也。"

【注释】

① 入海求神仙：指秦始皇派方士徐市入海求三神山不死药一事。② 踟(chí)蹰(chú)：徘徊不进。③ 沙丘：今河北省广宗县西北大平台。④ "汉武帝为求神仙"句：汉武帝元鼎四年(113)，方士栾大见武帝，夸口道："若用我，可以炼就黄金，解决黄河决口之患，可求得不死之药，也可以为陛下招来神仙。"汉武帝非常高兴，就拜他为五利将军，又把卫长公主嫁给他。后来栾大因为诬王罪名被腰斩。

贞观四年，太宗曰："隋炀帝性好猜防①，专信邪道，大忌胡人②，乃至谓胡床为交床③，胡瓜为黄瓜，筑长城以避胡。终被宇文化及使令狐行达④杀之。又诛戮李金才⑤，及诸李殆尽，卒何所益？且君天下者，惟须正身修德而已，此外虚事，不足在怀。"

【注释】

① 猜防：猜疑防范别人。② 胡人：古代泛称我国北方和西方的少数民族。③ 胡床：即交椅、交床，一种可以折叠的轻便坐具。④ 令狐行达：复姓令狐，时任校尉，奉宇文化及之命杀死隋炀帝。⑤ 李金才：隋将军，名浑，与宇文述有隙，被诬陷灭族。

贞观七年，工部尚书[①]段纶奏进巧人[②]杨思齐至，太宗令试，纶遣造傀儡戏具[③]。太宗谓纶曰："所进巧匠，将供国事，卿令先造此物，是岂百工相戒无作奇巧之意耶？"乃诏削纶阶级[④]，并禁断此戏。

【注释】

① 工部尚书：工部为尚书省六部之一，掌山泽、屯田、工匠之事，其长官称工部尚书。② 巧人：巧匠。③ 傀(kuǐ)儡(lěi)戏具：傀儡，木偶，演戏的道具。④ 阶级：官阶、品级。

【导读】

如果说谦让为君之礼德，那么，慎所好即为君之敬德。君主居于封建统治的塔顶，其私人爱好是否有所慎，关系到政治安危和兴衰成败，因此，不得不慎。梁武帝好佛，隋炀帝好胡导致亡国的教训应该记取，因此，对一切不好的嗜好不得不慎。

慎言语第二十二

贞观二年，太宗谓侍臣曰："朕每日坐朝，欲出一言，即思此一言于百姓有利益否，所以不敢多言。"给事中兼知起居事[①]杜正伦进曰："君举必书，言存左史[②]。臣职当兼修起居注，不敢不尽愚直。陛下若一言乖于道理，则千载累于圣德[③]，非止当今损于百姓，愿陛下慎之。"太宗大悦，赐彩百段。

【注释】

① 知起居事：唐初设置起居郎，逐日记录皇帝的言行。行是皇帝处理国家的大事，言是皇帝所发的诏令，并依照这些言行记录撰写皇帝的《起居注》。唐高宗时增设起居舍人记言，起居郎只记行。杜正伦这时兼起居郎工作。② "君举必书"句：周代史官有左史和右史之分，左史记言，右史记行。语出《国语》。③ 累于圣德：对圣德有损害。累，连累，使

受害。圣德，皇帝的功德。

贞观八年，太宗谓侍臣曰："言语者，君子之枢机[1]，谈何容易？凡在众庶，一言不善，则人记之，成其耻累[2]。况是万乘之主？不可出言有所乖失。其所亏损至大，岂同匹夫，我常以此为戒。隋炀帝初幸甘泉宫[3]，泉石称意，而怪无萤火[4]，敕云：'捉取多少[5]于宫中照夜。'所司遽遣数千人采拾，送五百舆于宫侧。小事尚尔，况其大乎？"魏征对曰："人君居四海之尊，若有亏失，古人以为如日月之蚀[6]，人皆见之，实如陛下所戒慎。"

【注释】

① 枢机：原指户枢和弩牙，用来比喻主要的事物。② 耻累：耻辱和损害。③ 甘泉宫：陕西省淳化县甘泉山上，宫以山名。本是秦朝离宫，唐朝又增加不少建筑物。④ 怪无萤火：责备没有萤火虫。怪，埋怨。⑤ 多少：一些。⑥ 日月之蚀：日蚀、月蚀。蚀，日月亏食，亏损。

贞观十六年，太宗每与公卿言及古道[1]，必诘难往复[2]。散骑常侍刘洎上书谏曰："帝王之与凡庶，圣哲之与庸愚，上下相悬，拟伦斯绝[3]。是知以至愚而对至圣，以极卑而对极尊，徒思自强，不可得也。陛下降恩旨，假慈颜，凝旒[4]以听其言，虚襟[5]以纳其说，犹恐群下未敢对扬[6]。况动神机，纵天辩[7]，饰辞以折其理，援古以排其议，欲令凡庶何阶[8]应答？臣闻皇天以无言为贵，圣人以不言为德，老子称'大辩若讷[9]'，庄生称'至道无文[10]'，此皆不欲烦也。是以齐侯读书，轮扁窃议，汉皇慕古，长孺陈讥[11]，此亦不欲劳也。且多记则损心，多语则损气，心气内损，形神外劳，初虽不觉，后必为累。须为社稷自爱，岂为性好自伤乎？窃以今日升平，皆陛下力行所至，欲其长久，匪由辩博，但当忘彼爱憎，慎兹取舍，每事敦朴，无非至公[12]，若贞观之初则可矣。至如秦政强辩，失人心于自矜；魏文宏材，亏众望于虚说。此才辩之累，皎然[13]可知。伏愿略兹雄辩，浩然养气，简彼细图，澹焉怡悦，固万寿于南岳，齐百姓于东户，则天下幸甚，皇恩斯毕[14]。"太宗手诏答曰："非虑无以临下，非言无以述虑。比有谈论，遂至烦多。轻物骄人,恐由兹道。形神心气,非此为劳。今闻谠言,虚怀以改。"

【注释】

① 古道:古代治国学说。② 诘(jié)难往复:反复诘责。诘难,诘责,驳诘。③ 散骑常侍:官名,职掌劝谏。拟伦:伦比,比拟。④ 凝旒(liú):古代冕冠前后悬垂的玉串称旒。此指端正冠冕,整肃威仪。⑤ 虚襟:虚心。⑥ 对扬:对答,当面回答。⑦ 天辩:天赐的辩才。⑧ 阶:因由,凭借。⑨ 大辩若讷:真正善辩的人,不自炫耀,表面上好像言语迟钝。讷,讷言,言语迟钝。⑩ 庄生:先秦思想家庄周。至道无文:至道,最根本的道理;文,文采。⑪"齐侯读书"句:《庄子》载,齐桓公在堂上读书,在堂下制轮的轮扁放下工具走上堂,称齐桓公所读之书是"古人之糟粕已夫"。"汉皇慕古"句:汉武帝好古尊儒,欲招纳文学儒士,大臣汲黯极力劝阻,并当面指出汉武帝"内多欲而外施仁义"。长孺:汲黯的字。⑫ 至公:至公之帝曹丕。⑬ 皎然:清楚明白的样子。⑭ 缃(xiāng)图:因年久而纸色发黄的古书。缃,浅黄色。南岳:南山。东户:传说中的人君,在其国内,路不拾遗,余粮囤积在田头。毕,遍及。

【导读】

一言兴邦,一言丧邦,这是历史的经验。封建时代的皇帝"一言九鼎"、"口含天宪",因此,不得不慎。另外,传统道德"木讷近仁","大辩若讷"、"至道无文",不以雄辩为美,而以慎言为德,而且认为少言可以养精神、免伤气,从而有利于养生,故成为明君之德。

杜谗邪第二十三

贞观初,太宗谓侍臣曰:"朕观前代,谗佞之徒,皆国之蟊贼[①]也。或巧言令色,朋党比周[②];若暗主庸君,莫不以之迷惑,忠臣孝子所以泣血衔冤。故丛兰欲茂,秋风败之;王者欲明,谗人蔽之。此事著于史籍,不能具道。至如齐、隋间谗谮事,耳目所接者,略与公等言之。斛律明月,齐朝良将，威震敌国，周家每岁斫汾河冰，虑齐兵之西渡③。及明月被祖孝征④谗构伏诛，周人始有吞齐之意。高颎有经国大才，为隋文帝赞成霸业，知国政者二十余载，天下赖以安宁。文帝惟妇言是听，特令摈斥。及为炀帝所杀，刑政⑤由是衰坏。又隋太子勇⑥抚军监国，凡二十年间，固亦早有定分。杨素欺主罔上，贼害良善，使父子之道一朝灭于天性⑦。逆乱之源，自此开矣。隋文既混淆嫡庶，竟祸及其身，社稷寻亦覆败。古人云'世乱则谗胜'，诚非妄言。朕每防微杜渐，用绝谗构之端，犹恐心力所不至，或不能觉悟。前史云：'猛兽处山林，藜藿为之不采；直臣立朝廷，奸邪为之寝谋⑧。'此实朕所望于群公也。"魏征曰："《礼》云：'戒慎乎其所不睹，恐惧乎其所不闻⑨。'《诗》云：'恺悌君子，无信谗言。谗言罔极，交乱四国⑩。'又孔子曰：'恶利口之覆邦家。'盖为此也。臣尝观自古有国有家者，若曲受谗谮，妄害忠良，必宗庙丘墟，市朝霜露⑪矣。愿陛下深慎之！"

【注释】

① 蟊(máo)贼：吃禾苗的两种害虫，蟊吃根，贼吃茎，常用以比喻危害国家的坏人。② 朋党比周：互相勾结，结党营私。③ 斛(hú)律明月：北齐名将，复姓斛律，名光，字明月，能征善战，声名传世，后遭佞臣祖孝征谗陷，被齐后主诛杀灭族。周家：北周。斫(zhuó)：砍。④ 祖孝征：北齐大臣，散布谣言，谗杀斛律明月等贤臣。⑤ 刑政：法制政令。⑥ 隋太子勇：隋文帝长子，因杨广、杨素多方设计诬陷，以致废为庶人。⑦ 杨素：隋朝宰相，因揣知独孤皇后的心意，对隋文帝极言太子杨勇不才，致废太子而立杨广，后又与杨广密谋，弑隋文帝篡位。天性：先天的本性。⑧ 寝谋：停止阴谋活动。⑨"戒慎乎其所不睹"句：在别人看不见的地方也要谨慎小心，在别人听不到的时候也要担心忧虑。⑩ 恺(kǎi)悌(tì)：平易近人。罔极：不中正。⑪ 市朝霜露：人众聚集的闹市变得冷落无人，霜覆露凝。

贞观七年，太宗幸蒲州①。刺史赵元楷课②父老服黄纱单衣，迎谒路左，盛饰廨宇③，修营楼雉④以求媚。又潜饲⑤羊百余口、鱼数千头，将馈贵戚。太宗知，召而数⑥之曰："朕巡省河、洛，经历数州，凡有所须，皆资官物。卿为饲羊养鱼，雕饰院宇，此乃亡隋弊俗，今不可复行。当识朕心，改旧态也。”以元楷在隋邪佞，故太宗发此言以戒之。元楷惭惧，数日不食而卒。

【注释】

① 蒲州：北周所置府名，唐后改名河中府。山西、陕西交通咽喉，历代为军事重地。治所在今山西永济西。② 课：原指规定数额征收赋税，此处指规定服装质色。③ 廨（xiè）宇：官署。④ 雉：城上的齿形矮墙。⑤ 潜饲：偷偷饲养。⑥ 数：责备。

贞观十年，太宗谓侍臣曰：“太子保傅，古难其选。成王幼小，以周、召为保傅，左右皆贤，足以长仁，致理太平，称为圣主。及秦之胡亥，始皇所爱，赵高作傅，教以刑法。及其篡也，诛功臣，杀亲戚，酷烈不已，旋踵亦亡。以此而言，人之善恶，诚由近习[①]。朕弱冠[②]交游，惟柴绍、窦诞[③]等，为人既非三益[④]，及朕居兹宝位，经理天下，虽不及尧、舜之明，庶免乎孙皓、高纬[⑤]之暴。以此而言，复不由染，何也？”魏征曰：“中人[⑥]可与为善，可与为恶，然上智之人自无所染。陛下受命自天，平定寇乱，救万民之命，理致升平，岂绍、诞之徒能累圣德？但经云：‘放郑声[⑦]，远佞人。’近习之间，尤宜深慎。”太宗曰：“善。”

【注释】

① 近习：近臣，帝王的亲信。② 弱冠：二十岁。古代男子到二十岁要行冠礼，以表示成年。③ 柴绍：字嗣昌，晋州临汾（今属山西）人，娶唐高祖女儿平阳公主，为唐朝开国功臣，封霍国公。窦诞：娶唐高祖女儿襄阳公主，官至宗正卿，因与唐太宗谈话昏谬失对，以光禄大夫罢官。④ 三益：孔子曰：“益者三友……友直、友谅、友多闻。”语出《论语·季氏》。直，正直；谅，诚信；多闻，博学。⑤ 孙皓：三国吴国之君，淫虐不理国政，西晋兵攻破建业，孙皓出降，废为归命侯。高纬：北齐后主，性骄纵，乱政害人，后被北周所掳，国亡。⑥ 中人：中等智能的人，即平常人。⑦ 郑声：春秋时郑国的乐歌，古代认为郑声淫，故以郑声指代淫靡音乐。

尚书左仆射杜如晦奏言："监察御史陈师合上《拔士论》，谓人之思虑有限，一人不可总知[①]数职，以论臣等。"太宗谓戴胄曰："朕以至公治天下，今任玄龄、如晦，非为勋旧，以其有才行也。此人妄事毁谤，止欲离间我君臣。昔蜀后主[②]昏弱，齐文宣狂悖，然国称治者，以任诸葛亮、杨遵彦不猜之故也。朕今任如晦等，亦复如法。"于是，流[③]陈师合于岭外。

【注释】

① 总知：统管。② 蜀后主：三国蜀汉先主刘备之子刘禅，昏庸懦弱。③ 流：古代五刑之一，将罪人放逐到远方。

贞观中，太宗谓房玄龄、杜如晦曰："朕闻自古帝王上合天心，以致太平者，皆股肱之力。朕比[①]开直言之路者，庶知冤屈，欲闻谏诤。所有上封事人，多告讦百官，细无可采。朕历选前王，但有君疑于臣，则下不能上达，欲求尽忠极虑，何可得哉？而无识之人，务行谗毁，交乱[②]君臣，殊非益国。自今已后，有上书讦人小恶者，当以谗人之罪罪之。"

魏征为秘书监，有告征谋反者，太宗曰："魏征，昔吾之仇，只以忠于所事，吾遂拔而用之，何乃妄生谗构[③]？"竟不问征，遽斩所告者。

【注释】

① 比：近来。② 交乱：使相互胡乱猜疑。③ 谗构：谗言构成罪名。

贞观十六年，太宗谓谏议大夫褚遂良曰："卿知起居，比来记我行事善恶？"遂良曰："史官之设，君举必书。善既必书，过亦无隐。"太宗曰："朕今勤行三事，亦望史官不书吾恶。一则鉴前代成败事，以为元龟；二则进用善人，共成政道；三则斥弃群小，不听谗言。吾能守之，终不转也。"

【导读】

亲君子、远小人，是清明政治的必然要求，而君主能杜绝谗邪正是实现上述政治价值的保证。本章通过历史经验的总结，阐发了听信谗邪必致亡国的道理，记述赞颂了太宗旗帜鲜明地远佞近贤的圣德。

论悔过第二十四

贞观二年，太宗谓房玄龄曰："为人大须学问。朕往为群凶未定[①]，东西征讨，躬亲戎事，不暇读书。比来四海安静，身处殿堂，不能自执书卷，使人读而听之。君臣父子，政教之道，共在书内。古人云：'不学墙面，莅事惟烦[②]。'不徒言也。却[③]思少小时行事，大觉非也。"

【注释】

① 群凶未定：隋末各路农民起义军及封建割据势力。②"不学墙面"句：不学就像面墙而立，一无所见，遇事无从入手解决。语出《尚书·周官》。③ 却：由此。

贞观中，太子承乾多不修法度，魏王泰尤以才能为太宗所重，特诏泰移居武德殿。魏征上疏谏曰："魏王既是陛下爱子，须使知定分，常保安全；每事抑其骄奢，不处嫌疑之地也。今移居此殿，使在东宫之西，海陵[①]昔居，时人以为不可，虽时移事异，犹恐人之多言。又王之本心，亦不宁息，既能以宠为惧，伏愿成人之美。"太宗曰："我几[②]不思量，甚大错误。"遂遣泰归于本第[③]。

【注释】

① 海陵：唐高祖第四子李元吉，与太子李建成合谋陷害秦王李世民，在"玄武门之变"中被诛，后被追封为海陵郡王。② 几：几乎，很少。③ 本第：原来的府第。

贞观十七年，太宗谓侍臣曰："人情之至痛者，莫过乎丧亲也。故孔子云：'三年之丧，天下之通丧，自天子达于庶人也。'又曰：'何必高宗[①]，古之人皆然。'近代帝王，遂行不逮，汉文以日易月之制[②]，甚乖于礼典。朕昨见徐干《中论·复三年丧》篇[③]，义理甚深，恨不早见此书。所行大[④]疏略，但知自咎自责，追悔何及！”因悲泣久之。

【注释】

① 何必高宗：高宗，商国君高宗武丁。语出《论语·宪问》。② 汉文以日易月之制：汉文帝实行短的守丧期，以守一日之丧当作守一月之丧。③ 徐干：东汉末人，撰《中论》二卷，阐述儒家思想。《复三年丧》是《中论》中一篇。④ 大：同“太”。

贞观十八年，太宗谓侍臣曰：“夫人臣之对帝王，多承意顺旨，甘言取容。朕今欲闻己过，卿等皆可直言。”散骑常侍刘洎对曰：“陛下每与公卿论事，及有上书者，以其不称旨，或面加诘难，无不惭退。恐非诱[1]进直言之道。”太宗曰：“朕亦悔有此问难，当即改之。”

【注释】

① 诱：诱导，鼓励。

【导读】

人非圣贤，孰能无过。在传统道德中，悔过知过，知过能改，被看做是人的重要道德，也是人进步之机。因此，在《贞观政要》中也记述了太宗主动悔过、改过的圣德事迹，如主动询臣，欲闻己过；反思以往，励己勤学；宠子违礼，臣谏君省；读书思过，悔服丧短等。

论奢纵第二十五

贞观十一年，侍御史马周上疏陈时政曰：

臣历睹前代，自夏、殷、周及汉氏之有天下，传祚[1]相继，多者八百余年，少者犹四五百年，皆为积德累业，恩结于人心。岂无僻王[2]，赖前哲以免尔[3]！自魏、晋已还，降及周、隋，多者不过五六十年，少者才二三十年而亡，良由创业之君不务广恩化[4]，当时仅能自守，后无遗德[5]可思。故传嗣之主[6]政教少衰,一夫大呼而天下土崩矣。今陛下虽以大功定天下,而积德日浅,固当崇禹、汤、文、武之道,广施德化,使恩有余地,为子孙立万代之基。岂欲但令政教无失,以持当年而已!且自古明王圣主,虽因人设教,宽猛随时[7],而大要[8]以节俭于身、恩加于人二者是务。故其下爱之如父母,仰之如日月,敬之如神明,畏之如雷霆。此其所以卜祚[9]遐长而祸乱不作也。

【注释】

① 传祚:帝位相传。② 僻王:邪僻的君王。③ 前哲:前代贤明的君王。④ 恩化:德化,用恩德教化百姓。⑤ 遗德:留下的恩德。⑥ 传嗣之主:继承帝位的君王。⑦ 宽猛随时:政令的宽厚与严厉,根据时势不同而改变。⑧ 大要:总的原则。⑨ 卜祚:古人认为帝位是上天所赐,而卜筮可测知天意,故以卜祚借指帝位。

今百姓承丧乱之后,比于隋时才十分之一,而供官徭役,道路相继,兄去弟还,首尾不绝,远者往来五六千里,春秋冬夏[1],略无休时。陛下虽每有恩诏,令其减省,而有司作[2]既不废,自然须人,徒行文书[3],役之如故。臣每访问,四五年来,百姓颇有怨嗟之言,以陛下不存养之。昔唐尧茅茨土阶[4],夏禹恶衣菲食[5]。如此之事,臣知不复可行于今。汉文帝惜百金之费,辍露台之役,集上书囊以为殿帷,所幸夫人衣不曳地[6]。至景帝以锦绣纂组妨害女工,特诏除之,所以百姓安乐。至孝武帝,虽穷奢极侈,而承文、景遗德,故人心不动。向使高祖之后即有武帝,天下必不能全。此于时代差近[7],事迹可见。今京师及益州诸处营造供奉器物,并诸王妃主服饰,议者皆不以为俭。臣闻昧旦丕显,后世犹怠,作法于理,其弊犹乱[8]。陛下少处民间,知百姓辛苦,前代成败,目所亲见,尚犹如此,而皇太子生长深宫,不更外事,即万岁[9]之后,固圣虑所当忧也。

【注释】

① 春秋冬夏:服徭役春去秋回,冬去夏回,时间较长。② 司作:有关部门。③ 文书:诏令。④ 茅茨土阶:以茅草盖房,以土为台阶,指住处简陋。⑤ 恶衣菲食:粗劣的衣服和食物,指衣食节俭。⑥ 曳地:拖在

地上。⑦ 差近：较近。⑧ 益州：今四川成都市。“昧旦丕显”句：勤奋早起以求得功业显赫，而后代犹且懈怠不为。昧旦，黎明。丕，大。“作法于理”句：制定法令合乎常理，其弊败的结果仍然会造成混乱。⑨ 万岁：指皇帝的死亡，同“百年”。

臣窃寻往代以来成败之事，但有黎庶怨叛，聚为盗贼，其国无不即灭，人主虽欲改悔，未有重能安全者。凡修政教，当修之于可修之时，若事变一起，而后悔之，则无益也。故人主每见前代之亡，则知其政教之所由丧，而皆不知其身之有失。是以殷纣笑夏桀之亡，而幽、厉亦笑殷纣之灭。隋帝大业之初，又笑周、齐之失国，然今之视炀帝，亦犹炀帝之视周、齐也。故京房谓汉元帝云：“臣恐后之视今，亦犹今之视古。”此言不可不戒也。

往者贞观之初，率土霜俭[①]，一匹绢才得粟一斗，而天下怡然[②]。百姓知陛下甚忧怜之，故人人自安，曾无谤讟[③]。自五六年来，频岁丰稔[④]，一匹绢得十余石粟，而百姓皆以陛下不忧怜之，咸有怨言。又今所营为者，颇多不急之务故也。自古以来，国之兴亡不由蓄积多少，惟在百姓苦乐。且以近事验之，隋家贮洛口仓[⑤]，而李密因之[⑥]；东京积布帛，王世充据之；西京府库，亦为国家之用，至今未尽。向使洛口、东都无粟帛，即世充、李密未必能聚大众。但贮积者固是国之常事，要当人有余力而后收之。若人劳而强敛之，竟以资寇，积之无益也。然俭以息人，贞观之初，陛下已躬为之，故今行之不难也。为之一日，则天下知之，式歌且舞[⑦]矣。若人既劳矣，而用之不息，倘中国被水旱之灾，边方有风尘之警，狂狡因之窃发[⑧]，则有不可测之事，非徒圣躬旰食晏寝[⑨]而已。若以陛下之圣明，诚欲励精为政，不烦远求上古之术，但及贞观之初，则天下幸甚。

太宗曰：“近令造小随身器物，不意百姓遂有嗟怨，此则朕之过误。”乃命停之。

【注释】

① 率土：普天下。霜俭：霜灾歉收。② 怡然：喜悦的样子。此谓安居乐业。③ 谤讟：怨言。④ 频岁丰稔：连年丰收。⑤ 洛口仓：河南巩县东南，洛水入黄河口。隋炀帝筑兴洛仓于此，号洛口仓城，后李密攻克

其地，开仓赈济百姓，招集大量兵力，又筑洛口城，作为基地。⑥ 因之：沿用它。⑦ 式歌且舞：载歌载舞。⑧ 狂狡因之窃发：不法分子乘机作乱。狂狡，狂暴狡诈之徒，指不法分子。⑨ 旰(gàn)食晏寝：吃饭晚，睡觉晚，比喻辛苦操劳。

【导读】

本章由马周的一篇疏文和太宗的一句话组成。正如前面《论俭约》中所说的那样“成由俭约败由奢”，在一定意义上可以说奢纵是俭约的反德，奢纵有双重涵义，即奢侈和放纵。表现为对物质追求的无节制和行为的无限制。贞观君臣倡导合理生活所需之消费，而革除贱民害民之奢纵。情感上要求节俭于身，恩加于人；政策上施行减省徭役、与民休息。

论贪鄙第二十六

贞观初，太宗谓侍臣曰：“人有明珠，莫不贵重。若以弹雀，岂非可惜？况人之性命甚于明珠，见金钱财帛不惧刑网[①]，径即受纳[②]，乃是不惜性命。明珠是身外之物，尚不可弹雀，何况性命之重，乃以博财物耶？群臣若能备尽忠直，益国利人，则官爵立至。皆不能以此道求荣，遂妄受财物，赃贿既露，其身亦殒，实可为笑。帝王亦然。恣情放逸，劳役无度，信任群小，疏远忠正，有一于此，岂不灭亡？隋炀帝奢侈自贤，身死匹夫之手，亦为可笑。”

【注释】

① 刑网：刑法，法网。罪人触犯刑法，如身陷网中，不能自脱。② 径即受纳：立即收受贿赂。

贞观二年，太宗谓侍臣曰：“朕尝谓贪人不解爱财也。至如内外官五品以上，禄秩优厚，一年所得，其数自多。若受人财贿，不过数万。一朝彰露，禄秩削夺，此岂是解爱财物？规小得而大失者也。昔公仪休[①]性嗜鱼，而不受人鱼，其鱼长存。且为主贪，必丧其国；为臣贪，必亡其身。

《诗》云：'大风有隧，贪人败类[②]。'固非谬言也。昔秦惠王[③]欲伐蜀，不知其径，乃刻五石牛，置金其后，蜀人见之，以为牛能便金。蜀王使五丁力士[④]拖牛入蜀，道成。秦师随而伐之，蜀国遂亡。汉大司农田延年[⑤]赃贿三千万，事觉自死。如此之流，何可胜记！朕今以蜀王为元龟，卿等亦须以延年为覆辙也。"

【注释】

① 公仪休：春秋时鲁国贤相。公仪，复姓。② "大风有隧"句：大风因隧道而生成，贪婪的人败坏同类。语出《诗经·桑柔》。③ 秦惠王：战国时秦国国君。④ 五丁力士：古代传说中的五位力士。⑤ 大司农：汉九卿之一，掌钱粮、租税、盐铁和国家财政收支。田延年，字子宾，齐人。

贞观四年，太宗谓公卿曰："朕终日孜孜，非但忧怜百姓，亦欲使卿等长守富贵。天非不高，地非不厚，朕常兢兢业业，以畏天地。卿等若能小心奉法，常如朕畏天地，非但百姓安宁，自身常得欢乐。古人云：'贤者多财损其志，愚者多财生其过。'此言可为深诫。若徇私贪浊，非止坏公法，损百姓，纵事未发闻，中心岂不常惧？恐惧既多，亦有因而致死。大丈夫岂得苟贪财物，以害及身命，使子孙每怀愧耻耶？卿等宜深思此言。"

贞观六年，右卫将军[①]陈万福自九成宫赴京，违法取驿家麸[②]数石。太宗赐其麸，令自负出以耻之[③]。

【注释】

① 右卫将军：武官名。唐制，左右卫将军之职，掌统领宫廷警卫之法，以督其所属的对仗，并总管诸曹之职务。② 麸(fū)：麦麸。③ 耻之：侮辱他。

贞观十年，治书侍御史权万纪上言："宣、饶[①]二州诸山大有银坑[②]，采之极是利益，每岁可得钱数百万贯。"太宗曰："朕贵为天子，是事无所少之。惟须纳嘉言，进善事，有益于百姓者。且国家剩得数百万贯钱，何如得一有才行人？不见卿推贤进善之事，又不能按举不法，震肃权豪，惟道税鬻[3]银坑以为利益。昔尧、舜抵璧[4]于山林，投珠于渊谷，由是崇名美号，见称千载。后汉桓、灵二帝好利贱义，为近代庸暗之主。卿遂欲将我比桓、灵耶？"是日敕放，令万纪还第[5]。

【注释】

①宣：宣州，在今安徽省。饶：饶州，今江西省上饶市。②银坑：银矿。③税鬻(yù)：出租出售。税，出租收取租税。④抵璧：抛弃玉璧。⑤"是日敕放"句：当天就敕令权万纪罢官，放逐回家。是日，当天；放，放逐，削职。

贞观十六年，太宗谓侍臣曰："古人云'鸟栖于林，犹恐其不高，复巢于木末[1]；鱼藏于水，犹恐其不深，复穴于窟下[2]。然而为人所获者，皆由贪饵故也。'今人臣受任，居高位，食厚禄，当须履忠正，蹈公清[3]，则无灾害，长守富贵矣。古人云：'祸福无门，惟人所召。'然陷其身者，皆为贪冒[4]财利，与夫鱼鸟何以异哉？卿等宜思此语为鉴诫。"

【注释】

①复巢于木末：再在树梢上构筑鸟巢。②穴于窟下：在水窟底部筑穴。③公清：公正清廉。④贪冒：贪污，贪图。

【导读】

廉与贪是关乎政治人物道德品质的重要问题，古今皆然。太宗洞悉人性、反复告诫群臣并自勉：君贪亡国、臣贪丧命，贪鄙之害，君臣共鉴，并反复强调贪财损志生过、以致丧命的危害，戒贪倡清、当为鉴诫。当然敕放权万纪一事，从今天发展经济的角度看似乎还有值得商榷之处，但这体现了太宗鲜明的价值导向。倡廉诫贪，为古今之政治难题。贞观王朝是中国历史上贪污相对较少的王朝，为后世所称道。皇帝率先垂范，官员一心为公，吏佐各安本分，滥用职权和贪污渎职的现象降到了历史上的最低点。这可为今天所借鉴。

卷　七

崇儒学第二十七

太宗初践阼[①]，即于正殿之左置弘文馆，精选天下文儒，令以本官兼署学士，给以五品珍膳，更日宿直[②]，以听朝之隙，引入内殿，讨论坟典[③]，商略[④]政事，或至夜分乃罢。又诏勋贤[⑤]三品已上子孙为弘文学生。

【注释】

① 践阼（zuò）：君主即位。践，脚踏。阼，殿堂的主阶。② 直：通"值"，兼任之意。③ 坟典：古代的典籍。④ 略：谋划。⑤ 勋贤：对朝廷有功勋的人。

贞观二年，诏停周公为先圣，始立孔子庙堂于国学[①]，稽式[②]旧典，以仲尼为先圣，颜子为先师，两边俎豆干戚[③]之容，始备于兹矣。是岁大收天下儒士，赐帛给传[④]，令诣京师，擢以不次[⑤]，布在廊庙[⑥]者甚众。学生通一大经[⑦]已上，咸得署吏。国学增筑学舍四百余间，国子、太学、四门、广文[⑧]亦增置生员，其书、算各置博士、学生，以备众艺[⑨]。太宗又数幸国学，令祭酒、司业[⑩]、博士讲论，毕，各赐以束帛。四方儒生负书而至者，盖以千数。俄而吐蕃及高昌、高丽、新罗等诸夷酋长，亦遣子弟请入于学。于是国学之内，鼓箧升讲筵[⑪]者，几至万人，儒学之兴，古昔未有也。

【注释】

① 国学：唐代在国子监中设国子学、太学、广文、四门学、律学、算

学、书学，各学并立博士。② 稽：考求。式：根据。③“以仲尼为先圣”句：汉后崇尚儒学，立学者必庙祀孔子，魏正始至隋大业间，皆尊孔子为先圣，配颜子为先师；唐高祖改以周公为先圣，配孔子；太宗时则罢周公，以孔子为先圣，颜子仍配为先师。俎(zǔ)豆干戚：俎与豆为古代礼器，干与戚即盾与斧，为古代兵器，祭祀时伴以歌舞。文舞手举羽旌，武舞手拿干戚。此指礼乐之盛。④ 传(zhuàn)：驿传。⑤ 不次：不按寻常的次序，超等提拔。⑥ 廊庙：朝廷。⑦ 大经：唐时科举，按诸经经文长短而分为大、中、小经，《礼记》、《左传》为大经；《诗经》、《周礼》、《仪礼》为中经；《易》、《书》、《公羊传》、《谷梁传》为小经。⑧ 广文：俊士，选取庶人子弟中道德俊秀者入四门学。⑨ 以备众艺：按唐制，国子、太学、广文、四门、律、书、算凡七学，皆置博士。又置五经博士，以五经教国子。⑩ 祭酒、司业：古时飨宴，由尊者或老者一人举酒祭地。唐制，国子监祭酒，为国子监长官，掌管国家儒学训导之政，兼领诸学。司业，为祭酒的副手。⑪ 箧(qiè)：方竹器，用以盛书籍。讲筵(yán)：讲经、讲学的处所。这里借指讲学的人。

贞观十四年诏曰：“梁皇侃、褚仲都，周熊安生、沈重，陈沈文阿、周弘正、张讥，隋何妥、刘炫等①，并前代名儒，经术可纪②，加以所在学徒，多行其讲疏③，宜加优赏，以劝后生，可访其子孙见在者，录姓名奏闻。”二十一年诏曰：“左丘明、卜子夏、公羊高、谷梁赤、伏胜、高堂生、戴圣、毛苌、孔安国、刘向、郑众、杜子春、马融、卢植、郑玄、服虔、何休、王肃、王弼、杜预、范宁④等二十有一人，并用其书，垂于国胄⑤，既行其道，理合褒崇。自今有事⑥于太学，可并配享尼父⑦庙堂。”其尊儒重道如此。

【注释】

① 皇侃：梁时吴郡(今江苏苏州)人，尽通所业，为国子助教，听讲者常数百人。撰有《礼记讲疏》、《论语义》、《礼记义》。褚仲都：南朝梁时名儒，以精通《周易》著称。熊安生：北周阜城(今属河北)人，字植之，博通五经，尤精三礼，著有《周礼》、《礼记》、《孝经》诸义疏。沈重：北周武康(今浙江德清)人，字子厚，道德敦厚。学业该博，当世儒宗。著有《周礼

义》、《仪礼义》等书。沈文阿：字国卫，研精训诂，从事“三传”、“三礼”之学，著有《仪礼》、《经典大义》。周弘正：陈时人，字思行，年十岁，通《老子》、《周易》。张讥：陈时名儒，字直言，武城（今属山东）人，十四岁通《孝经》、《论语》。著有《周易义》、《尚书义》、《毛诗义》、《孝经义》等。何妥：隋朝人，字栖凤，少机警，有才名，著有《周易讲疏》、《孝经义疏集要》。刘炫：隋河间景城（今河北献县东北）人，字光伯，著有《论语述义》等。② 经术可纪：经学、儒术可以取法。③ 多行其讲疏：推重信奉他们对经典义理的解释和阐述。④ 左丘明：相传为《春秋左传》作者，春秋时战国人。卜子夏：春秋卫人，名商，以字行，孔子弟子，著有《诗序》、《易传》等。公羊高：战国齐人，姓公羊，名高。子夏弟子，著有《春秋公羊传》。谷梁赤：春秋鲁人，姓谷梁，名赤。子夏弟子，著有《春秋谷梁传》。伏胜：秦博士。济南人。秦始皇焚书，伏生藏书于屋壁中。高堂生：西汉鲁人，为治《礼》者奉为宗师。戴圣：西汉梁人，字次君，宣帝时为博士，得《礼记》四十六篇传于世，号《小戴礼记》。毛苌（cháng）：西汉赵人，初鲁有毛亨，称大毛公，有《毛诗训诂传》，至苌治《诗》尤精，是为小毛公，为汉河间献王博士，官至北海太守。孔安国：字子国，孔子裔孙，汉武帝时为博士，传《古文尚书》之学。刘向：汉楚元王之后，字子政，著有《别录》、《列女传》、《列仙传》、《新序》、《说苑》等书。郑众：东汉郑兴子，字仲师，经学家称为郑司农，亦称先郑。杜子春：东汉人，郑众、贾逵并往受业，《周礼》之学始传。马融：后汉人，字季长，著《三传异同说》，注《孝经》、《论语》、《诗》、《易》、《尚书》、《三礼》、《列女传》、《老子》、《淮南子》、《离骚》。卢植：东汉人，师从马融，学通古今。郑玄：东汉高密（今属山东）人，字康成。经学家称为后郑。著有《毛诗笺》、《周礼仪礼记注》、《易注》、《驳五经异义》等。服虔：东汉人，字子慎，作《春秋左氏传解》。何休：东汉任城樊（今山东曲阜）人，字邵公。精研《六经》，作《春秋公羊解诂》，世传何氏学。王肃：三国魏人，有《孔子家语注》。王弼：三国魏人，字辅嗣，好老庄之学，开魏晋以后玄学的先河。杜预：晋人，京兆杜陵（今陕西西安东南）人，字元凯。博学，多韬略。著有《春秋盟会图》、《春秋长历》等，成一家之学。范宁：晋时顺阳（今河南淅川）人，字武子，反对玄学，著《左传解诂》、《国语解诂》。⑤ 国胄：宗室王侯子弟。⑥ 有事：皇帝巡守、祭天告成之礼。这里指祭祀孔子。⑦ 尼父：鲁哀公时对孔子的称呼。

贞观二年，太宗谓侍臣曰："为政之要，惟在得人。用非其才，必难致治。今所任用，必须以德行、学识为本。"谏议大夫王珪曰："人臣若无学业，不能识前言往行①，岂堪大任？汉昭帝时，有人诈称卫太子②，聚观者数万人，众皆致惑。隽不疑断以蒯聩之事③。昭帝曰：'公卿大臣，当用经术明于古义者，此则固非刀笔俗吏④所可比拟。'"上曰："信如卿言。"

【注释】

① 前言往行：前人的言论和行事。② 汉昭帝：名弗陵，汉武帝幼子。卫太子：名据，汉武帝太子，卫皇后所生，故称。③ 隽不疑：渤海（今河北沧县东）人，汉武帝时京兆尹。蒯（kuǎi）聩（kuì）：春秋时卫灵公世子，出奔到宋。④ 刀笔俗吏：古时用笔在竹简上写字，有差错就用刀削去，故"刀笔"连用。

贞观四年，太宗以经籍去圣久远，文字讹谬，诏前中书侍郎颜师古①于秘书省考定五经。及功毕，复诏尚书左仆射房玄龄集诸儒重加详议。时诸儒传习②师说，舛谬③已久，皆共非之，异端蜂起。而师古辄引晋、宋已来古本，随方晓答④，援据详明，皆出其意表⑤，诸儒莫不叹服。太宗称善者久之，赐帛五百匹，加授通直散骑常侍⑥，颁其所定书于天下，令学者习焉。太宗又以文学多门⑦，章句繁杂，诏师古与国子祭酒孔颖达等诸儒，撰定五经疏义⑧，凡一百八十卷，名曰《五经正义》，付国学施行。

【注释】

① 颜师古：祖籍琅琊临沂（今属山东），隋时任安养尉。唐高祖时任中书舍人，贞观中，任秘书少监，后撰成《五礼》，进封子爵。② 传习：接受师教而学习。③ 舛谬：错误。④ 随方晓答：依着书籍给以明白地回答。⑤ 意表：以外。⑥ 通直散骑常侍：晋代以员外常侍与散骑常侍为通直之官，故号。唐代为使臣，备顾问。⑦ 多门：流派很多。⑧ 疏义：疏通其义，即对古籍旧注的意义进行阐述和解释。

太宗尝谓中书令岑文本曰："夫人虽禀定性①，必须博学以成其道，亦犹蜃②性含水，待月光而水垂；木性怀火，待燧③动而焰发；人性含灵，待学成而为美④。是以苏秦刺股，董生垂帷⑤。不勤道艺，则其名不立。"文本对曰："夫人性相近，情则迁移⑥，必须以学饬⑦情，以成其性。《礼》云：'玉不琢不成器，人不学不知道。'所以古人勤于学问，谓之懿德。"

【注释】

① 禀定性：上天给予了好的品性和气质。② 蜃(shèn)：大蛤。《本草纲目》称："蛟之属有蜃，其状似蛇而大，有角，能吁气成楼台城郭之状，将雨即见，名蜃楼，亦曰海市。"实为光线折射而生的现象。③ 燧(suì)：燧石，用铁器敲打时能迸发出火星将干草木点燃。古人取火的工具。④"人性含灵"句：人的本性虽然包含着灵巧、聪明的因素，但要靠学业的成就才能显出美好的本质。⑤ 苏秦刺股：苏秦，字季子，潜心研读。读书欲睡，就用锥子刺自己的大腿，血流至脚跟，一年学成。董生垂帷：董生名仲舒，汉景帝时博士。放下帷幕专心教书，三年足不出户。⑥ 情则迁移：后天形成的情感是受客观影响而变化的。⑦ 饬(chì)：告诫，命令。

【导读】

本章与后两章为《贞观政要》之第七卷，可以看做是贞观一朝的文化政策纪要。本章记述的是贞观年间崇儒学并以此作为统治的思想基础的史实。一般认为，唐朝或者贞观年间的文化政策或意识形态是儒、道、释兼融，而不是像汉武帝那样"独尊儒术"，但唐太宗尊崇儒学在《贞观政要》全书中表现的特别突出。本章记述了太宗设弘文馆，尊孔读经，尊奉先儒，奖励其后，考订《五经》、恩泽儒林，劝学勉学、以成其道，用人须以德行学识为本等崇儒学、重儒术的事迹。

论文史第二十八

贞观初，太宗谓监修国史房玄龄曰："比见前、后《汉史》载录杨雄《甘泉》、《羽猎》[①]，司马相如《子虚》、《上林》[②]，班固《两都》[③]等赋，此既文体[④]浮华，无益劝诫，何假书之史策[⑤]？其有上书论事，词理切直，可裨于政理者，朕从与不从皆须备载。”

【注释】

① 杨雄：即扬雄，字子云，汉代文学家。尝从汉成帝自甘泉还，奏《甘泉赋》以讽；后从帝羽猎，作《羽猎赋》以讽。② 司马相如：汉文学家，成都（今属四川）人，撰《子虚赋》，汉武帝读而善之；又撰《上林赋》，其卒章归之于节俭，因以讽谏。③ 班固：字孟坚，陕西扶风（今陕西咸阳）人，东汉史学家、文学家。历二十余年修成《汉书》，又善作赋，有《西都赋》、《东都赋》。④ 文体：辞藻体裁。⑤ 史策：史册。

贞观十一年，著作佐郎邓隆[①]表请编次[②]太宗文章为集。太宗谓曰：“朕若制事出令[③]，有益于人者，史则书之，足为不朽。若事不师古，乱政害物，虽有词藻，终贻后代笑，非所须也。只如梁武帝父子及陈后主[④]、隋炀帝，亦大有文集，而所为多不法，宗社皆须臾倾覆。凡人主惟在德行，何必要事文章耶？”竟不许。

【注释】

① 邓隆：即邓世隆，历任修史学士、著作佐郎、著作郎等职。② 编次：编辑、编排。③ 制事出令：制定政策，下达诏令。④ 陈后主：南朝陈国皇帝。在位时多与狎客赋诗，如《玉树后庭花》之类。陈被隋灭后，被封为长城公。

贞观十三年，褚遂良为谏议大夫，兼知起居注。太宗问曰：“卿比知起居，书何等事？大抵于人君得观见否？朕欲见此注记[①]者，将却观[②]所为得失以自警戒耳。”遂良曰：“今之起居，古之左、右史[③]，以记人君言行，善恶毕书，庶几人主不为非法，不闻帝王躬自观史。”太宗曰：“朕有不善，卿必记耶？”遂良曰：“臣闻守道不如守官，臣职当载笔[④]，何不书之？”黄门侍郎刘洎进曰：“人君有过失，如日月之蚀，人皆见之。设令遂良不记，天下之人皆记之矣。"

【注释】

① 注记：记录，记载。② 却观：再看一看。③ 左、右史：据《礼记·玉藻》记载，天子"动则左史书之，言则右史书之"。④ 载笔：秉笔记录。

贞观十四年，太宗谓房玄龄曰："朕每观前代史书，彰善瘅恶[1]，足为将来规诫。不知自古当代国史，何因不令帝王亲见之？"对曰："国史既善恶必书，庶几人主不为非法。止应畏有忤旨[2]，故不得见也。"太宗曰："朕意殊不同古人。今欲自看国史者，盖有善事，固不须论；若有不善，亦欲以为鉴诫，使得自修改耳。卿可撰录进来。"玄龄等遂删略国史为编年体，撰高祖、太宗实录[3]各二十卷，表上之。太宗见六月四日事[4]，语多微文[5]，乃谓玄龄曰："昔周公诛管、蔡而周室安[6]，季友鸩[7]叔牙而鲁国宁。朕之所为，义同此类，盖所以安社稷，利万民耳。史官执笔，何烦有隐？宜即改削浮词，直书其事。"侍中魏征奏曰："臣闻人主位居尊极，无所忌惮。惟有国史，用为惩恶劝善，书不以实，后嗣何观？陛下今遣史官正其辞，雅合至公之道。"

【注释】

① 瘅（dàn）：憎恨。② 忤旨：与皇帝的意见抵触。③ 实录：编年史的一种体裁，专记皇帝在位期间的大事。④ 六月四日事：指玄武门事变。⑤ 微文：不明言而用隐晦的话来表达心意。⑥ 周室安：周王室得到安定。周公辅佐周成王，其兄弟管叔、蔡叔、霍叔等人不服，联合武庚及东方夷族反叛。周公率兵东征，讨平叛乱。周王室得以安定。⑦ 鸩（zhèn）：毒死。

【导读】

本章只有两段史实，体现了贞观时期君臣在文史政策方面崇尚文风质朴、助德裨政的价值取向；在对待史录方面君臣共鉴，秉笔直书，保持历史的真实，不隐晦事实真相，这对于封建君主和臣下都难能可贵。

论礼乐第二十九

太宗初即位，谓侍臣曰："准《礼》，名，终将讳之[1]。前古帝王，亦不生讳其名，故周文王名昌，《周诗》云：'克昌厥后。'春秋时鲁庄公名同，十六年《经》书[2]：'齐侯、宋公同盟于幽。'唯近代诸帝，妄为节制，特令生避其讳，理非通允，宜有改张。"因诏曰："依《礼》，二名义不偏讳[3]，尼父达圣，非无前指。近世以来，曲[4]为节制，两字兼避，废阙已多，率意[5]而行，有违经语。今宜依据礼典，务从简约，仰效先哲，垂法将来，其官号人名及公私文籍，有'世'及'民'两字不连读，并不须避。"

【注释】

① 名终将讳之：人名，等到死后才避讳，语出《周礼·小史》。古代对君王或尊长不能直呼、直书其名，要有所避忌，称作避讳。② 十六年《经》：《春秋》庄公十六年。③ 二名义不偏讳：人名的两个字，不需一一避讳。④ 曲：不公正、不合理。⑤ 率意：任意。

贞观二年，中书舍人高季辅上疏曰："窃见密王元晓[1]等俱是懿亲，陛下友爱之怀，义高古昔，分以车服，委以藩维[2]，须依礼仪，以副瞻望。比见帝子拜诸叔，诸叔亦即答拜，王爵既同，家人有礼，岂合如此颠倒昭穆[3]？伏愿一垂训诫，永循彝则[4]。"太宗乃诏元晓等，不得答吴王恪、魏王泰兄弟拜。

【注释】

① 密王元晓：唐高祖第二十一子，唐太宗之弟。② 藩维：地方重镇。③ 昭穆：古代宗法制度。宗庙内以始祖居中，昭为左，穆为右。祭祀时，子孙依次序行礼，以区别父子、长幼、亲疏的次序。此指宗族的辈分。④ 彝则：日常法则。

贞观四年，太宗谓侍臣曰："比闻京城士庶居父母丧[1]者，乃有信巫书之言,辰日不哭,以此辞于吊问,拘忌辍哀,败俗伤风,极乖人理。宜令州县教导,齐之以礼典。"

贞观五年,太宗谓侍臣曰:"佛道设教[2],本行善事,岂遣僧尼道士等妄自尊崇,坐受父母之拜,损害风俗,悖乱[3]礼经?宜即禁断,仍令致拜于父母。"

【注释】

① 居父母丧:在父母的丧期之中。② 佛道设教:佛教、道教设施教化。③ 悖乱:违背,紊乱。

贞观六年,太宗谓尚书左仆射房玄龄曰:"比有山东[1]崔、卢、李、郑四姓,虽累叶陵迟[2],犹恃其旧地[3],好自矜大,称为士大夫。每嫁女他族,必广索聘财,以多为贵,论数定约,同于市贾[4],甚损风俗,有紊礼经。既轻重失宜,理须改革。"乃诏吏部尚书高士廉、御史大夫韦挺、中书侍郎岑文本、礼部侍郎令狐德棻[5]等,刊正姓氏,普责天下谱牒[6],兼据凭史、传,剪其浮华,定其真伪,忠贤者褒进,悖逆者贬黜,撰为《氏族志》。士廉等及进定氏族等第,遂以崔干为第一等。太宗谓曰:"我与山东崔、卢、李、郑,旧既无嫌,为其世代衰微,全无官宦,犹自云士大夫,婚姻之际,则多索财物,或才识庸下,而偃仰自高[7],贩鬻松槚[8],依托富贵,我不解人间何为重之?且士大夫有能立德、立功,爵位崇重,善事君父,忠孝可称,或道义清素,学艺通博,此亦足为门户[9],可谓天下士大夫。今崔、卢之属,唯矜远叶衣冠,宁比当朝之贵?公卿已下,何暇多输钱物,兼与他气势,向声背实,以得为荣。我今定氏族者,诚欲崇树今朝冠冕[10],何因崔干犹为第一等,只看卿等不贵我官爵耶?不论数代已前,只取今日官品、人才作等级,宜一量定,用为永则。"遂以崔干为第三等。至十二年,书成,凡百卷,颁天下。又诏曰:"氏族之美,实系于冠冕,婚姻之道,莫先于仁义。自有魏失御[11],齐氏云亡,市朝[12]既迁,风俗陵替。燕、赵古姓,多失衣冠之绪;齐、韩旧族,或乖礼义之风。名不著于州闾,身未免于贫贱,自号高门之胄[13],不敦匹嫡[14]之仪,问名[15]唯在于窃赀,结褵[16]必归于富室。乃有新官之辈,丰财之家,慕其祖宗,竞结婚姻,多纳货贿,有如贩鬻。或自贬家门,受辱于姻娅；或矜其旧望，行无礼于舅姑[17]。积习成俗，迄今未已，既紊人伦，实亏名教。朕夙夜兢惕，忧勤政道，往代蠹害[18]，咸已惩革，唯此弊风，未能尽变。自今已后，明加告示，使识嫁娶之序，务合礼典，称朕意焉。"

【注释】

① 山东：秦汉时泛指华山、崤山以东，后泛指黄河流域中下游一带。② 累叶陵迟：指声誉、门户一天天衰落。叶，世代。陵迟，丘陵随时代推移而夷为平地。③ 恃其旧地：依仗旧时的地位、威望。④ 市贾：市场上的商人。⑤ 令狐德棻（fēn）：宜州华原（今陕西耀县）人，博贯文史。武德初年，任起居舍人。贞观三年（629），主持撰写周、齐、梁、陈、隋等国史，书成后迁为礼部侍郎。⑥ 谱牒：古代记述氏族世系的书籍。⑦ 偃（yǎn）仰自高：自以门第高贵而悠闲自得。⑧ 贩鬻松槚（jiǎ）：贩卖，此处指炫耀。槚即楸，松楸是常植于坟墓前的两种树。故以松槚为墓地之代称。⑨ 门户：门第。⑩ 冠冕（miǎn）：士大夫和官宦的代称。⑪ 失御：失去驾驭，失去统治权利，即亡国。⑫ 市朝：市指交易买卖场所，朝指官府治事处所，因此多以市朝指争名争利的场所，此处泛指朝野。⑬ 高门之胄：高贵门第的后代。⑭ 匹嫡：匹敌，配偶。⑮ 问名：古代婚礼"六礼"之一。男家请媒人问女方的名字和生年、月、日。⑯ 结褵（lí）：古代女子出嫁，母亲把配巾系在女儿身上。后用来泛指结婚。⑰ 姻娅（yà）：亲家和连襟。婿父称姻，两婿互称为娅。舅姑：妻称夫之父曰舅，夫之母曰姑。⑱ 往代蠹（dù）害：前代有害之事。

礼部尚书王珪子敬直，尚[1]太宗女南平公主。珪曰："《礼》有妇见舅姑之仪，自近代风俗弊薄，公主出降[2]，此礼皆废。主上钦明[3]，动循法制，吾受公主谒见，岂为身荣，所以成国家之美耳。"遂与其妻就位而坐，令公主亲执巾，行盥馈之道[4]，礼成而退。太宗闻而称善。是后公主下降有舅姑者，皆遣备行此礼。

【注释】

① 尚：娶皇帝的女儿为妻。② 出降：出嫁。因公主尊贵，下嫁到大

臣之家，故称为降。③ 钦明：英明。钦，对皇帝所作之事的敬称。④ 盥(guàn)馈之道：盥，用盆取水洗手；馈，进食品。古代婚俗之一，新媳妇进门拜见公婆时，要先给公婆取水洗手，然后送上食物。

贞观十二年，太宗谓侍臣曰："古者诸侯入朝，有汤沐之邑①，刍禾②百车，待以客礼。昼坐正殿，夜设庭燎③，思与相见，问其劳苦。又汉家京城亦为诸郡立邸舍④。顷闻考使⑤至京者，皆赁房以坐，与商人杂居，才得容身而已。既待礼之不足，必是人多怨叹，岂肯竭情于共理哉。"乃令就京城闲坊⑥，为诸州考使各造邸第。及成，太宗亲幸观焉。

【注释】

① 汤沐之邑：古代诸侯朝见天子，天子在王畿之内赐给封邑，以作住宿、斋戒沐浴之用，称之为汤沐邑。② 刍禾：喂食牛马的草料。刍，茭(jiāo)草；禾，麦杆。③ 庭燎(liáo)：诸侯夜朝天子，于门庭内设火炬照明。④ 汉家：汉朝。邸(dǐ)舍：古代朝见天子的人在京城中的住所。⑤ 考使：唐代全国各道每年派使者集中于京城，谒见天子和宰相，汇报各地民情和丰歉情况，称朝集使。⑥ 坊：唐代城市居民居住区，四周筑有围墙。

贞观十三年，礼部尚书王珪奏言："准令三品以上，遇亲王①于路，不合②下马，今皆违法申③敬，有乖朝典。"太宗曰："卿辈欲自崇贵，卑我儿子耶？"魏征对曰："汉、魏已来，亲王班④皆次三公下。今三品并天子六尚书九卿⑤，为王下马，王所不宜当也。求诸故事⑥，则无可凭，行之于今，又乖国宪⑦，理诚不可。"帝曰："国家立太子者，拟以为君。人之修短，不在老幼。设无太子，则母弟次立。以此而言，安得轻我子耶？"征又曰："殷人尚质⑧，有兄终弟及之义。自周已降，立嫡必长⑨，所以绝庶孽之窥窬⑩，塞祸乱之源本。为国家者，所宜深慎。"太宗遂可王珪之奏。

【注释】

① 亲王：唐代封皇帝的兄弟和儿子为亲王。② 不合：不应该。

③ 申：表明。④ 班：官爵排列次序。⑤ 九卿：唐朝设尚书分主各部行政，以九卿专掌一部分中央职务，职任较轻。⑥ 故事：先例，旧时的典章制度。⑦ 国宪：国家法令制度。⑧ 尚质：崇尚朴实。⑨ 立嫡必长：古代正妻为嫡，正妻所生之子称嫡子。在封建社会，为保证皇位继承的顺利，一般实行以嫡长子为继承人的做法。⑩ 庶孽：为妾媵所生的庶子，与嫡子相对而言。窥窬（yú）：非分的企图和希望。

贞观十四年，太宗谓礼官曰："同爨[①]尚有缌麻[②]之恩，而嫂叔无服[③]，又舅之与姨，亲疏相似，而服纪[④]有殊，未为得礼，宜集学者详议。余有亲重而服轻者，亦附奏闻。"是月尚书八座与礼官定议曰：

臣窃闻之，礼所以决嫌疑[⑤]、定犹豫、别同异、明是非者也。非从天下，非从地出，人情而已矣。人道[⑥]所先，在乎敦睦九族。九族[⑦]敦睦，由乎亲亲，以近及远。亲属有等差，故丧纪有隆杀[⑧]，随恩之薄厚，皆称情以立文[⑨]。原夫舅之与姨，虽为同气[⑩]，推之于母，轻重相悬。何则？舅为母之本宗，姨乃外戚他姓，求之母族，姨不与[⑪]焉，考之经史，舅诚为重。故周王念齐，是称舅甥之国；秦伯怀晋，实切《渭阳》之诗。今在舅服止一时之情[⑫]，为姨居丧五月[⑬]，徇名丧实，逐末弃本，此古人之情或有未达，所宜损益，实在兹乎。

【注释】

① 爨（cuàn）：烧火煮饭。② 缌（sī）麻：丧服名。古代丧服分五种，缌服是五服中最轻的一种，服期三个月。③ 服：按礼制穿戴相应的丧服，以哀悼死者。④ 服纪：丧礼。⑤ 嫌疑：疑惑不明。⑥ 人道：人伦。⑦ 九族：本身以上的父、祖、曾祖、高祖和以下的子、孙、曾孙、玄孙。⑧ 隆杀：亲疏、重轻。⑨ 称情以立文：衡量亲疏来定立丧礼的礼法条文。⑩ 同气：兄弟辈。⑪ 不与：不在其中。⑫ 一时之情：服最轻的丧服缌麻。⑬ 居丧五月：按丧礼，为小功之服。

《礼记》曰："兄弟之子犹子[①]也，盖引而进之也。嫂叔之无服，盖推而远之也。"礼，继父同居则为之期[②]，未尝同居则不为服。从母[③]之夫，舅之妻,二人相为服[4]。或曰"同爨缌麻"。然则继父且非骨肉,服重由乎同爨,恩轻在乎异居。固知制服虽系于名文,盖亦缘恩之厚薄者也。或有长年之嫂,遇孩童之叔,劬劳鞠养[5],情若所生,分饥共寒,契阔[6]偕老,譬同居之继父,方他人之同爨,情义之深浅,宁可同日而言哉?在其生也,乃爱同骨肉,于其死也,则推而远之,求之本源,深所未喻[7]。若推而远之为是,则不可生而共居;生而共居为是,则不可死同行路。重其生而轻其死,厚其始而薄其终,称情立文,其义安在?且事嫂见称[8],载籍非一。郑仲虞[9]则恩礼甚笃,颜弘都[10]则竭诚致感,马援[11]则见之必冠,孔伋[12]则哭之为位,此盖并躬践教义,仁深孝友,察其所行之旨,岂非先觉者欤?但于时上无哲王,礼非下之所议,遂使深情郁于千载,至理藏于万古,其来久矣,岂不惜哉!

【注释】

①兄弟之子犹子:兄弟的儿子如同自己的儿子。后世称侄子为犹子。②期:期服的简称,指齐衰为期一年之服。③从母:姨母。④二人相为服:为二人服相同的丧服。⑤劬(qú)劳鞠养:勤苦抚养。⑥契阔:劳苦,勤苦。⑦深所未喻:使人很不理解。⑧事嫂见称:侍奉嫂嫂而被世人称赞。⑨郑仲虞:名均,东汉人。好义笃实,奉养寡嫂孤儿,恩礼敦至。侄子长大,令分门别居,将己财全部给予,使其奉养其母。⑩颜弘都:名含,晋人。其嫂因疾失明,颜含尽心奉养,以孝著称。⑪马援:字文渊,后汉伏波将军,奉嫂备至,不戴帽则不入屋见嫂。⑫孔伋(jí):孔子之孙,字子思。

今陛下以为尊卑之叙,虽焕乎[1]已备,丧纪之制,或情理未安,爰命秩宗[2],详议损益。臣等奉遵明旨,触类傍求,采摭[3]群经,讨论传记,或抑或引,兼名兼实,损其有余,益其不足,使无文之礼咸秩[4],敦睦之情毕举,变薄俗于既往,垂笃义于将来,信六籍所不能谈[5],超百王而独得者也。

谨按曾祖父母,旧服齐衰三月,请加为齐衰[6]五月;嫡子妇,旧服大功[7],请加为期;众子妇,旧服小功[8],今请与兄弟子妇同为大功九月;嫂叔,旧无服,今请服小功五月。其弟妻及夫兄亦小功五月。舅,旧服缌麻,请加与从母同服小功五月。

诏从其议。此并魏征之词也。

【注释】

① 焕乎：清楚。② 爰：于是。秩宗：古代职掌宗庙祭祀的官，此指礼官。③ 采摭(zhí)：选择引用。④ 秩：秩序。⑤ 信：申。六籍：六经。⑥ 齐衰(cuī)：五服之第二等，次于斩衰。⑦ 大功：五服之第三等，服期九个月。⑧ 小功：五服之第四等，服期五个月。

贞观十七年十二月癸丑，太宗谓侍臣曰："今日是朕生日。俗间以生日可为喜乐，在朕情，翻成感思。君临天下，富有四海，而追求侍养，永不可得。仲由怀负米之恨，良有以也①。况《诗》云：'哀哀父母，生我劬劳②。'奈何以劬劳之辰，遂为宴乐之事！甚是乖于礼度。"因而泣下久之。

【注释】

① "仲由怀负米之恨"句：仲由，子路。子路曰："昔者由也事二亲之时，常食藜藿之食，为亲负米于外。亲没之后，南游于楚，从车百乘，积粟万钟。愿欲食藜藿，为亲负米，不可复得也。"见《孔子家语·致思》。意谓子路怀着不能为父母负米的遗恨，实在有道理。② "哀哀父母"句：哀伤我父母，生我真劳苦。语见《诗经·蓼莪》。

太常少卿祖孝孙奏所定新乐①。太宗曰："礼乐之作，是圣人缘物设教②，以为撙节③，治政善恶，岂此之由？"御史大夫杜淹对曰："前代兴亡，实由于乐。陈将亡也为《玉树后庭花》④，齐将亡也而为《伴侣曲》⑤，行路闻之，莫不悲泣，所谓亡国之音⑥。以是观之，实由于乐。"太宗曰："不然，夫音声岂能感人？欢者闻之则悦，哀者听之则悲。悲悦在于人心，非由乐也。将亡之政，其人心苦，然苦心相感，故闻之则悲耳。何乐声哀怨，能使悦者悲乎？今《玉树》、《伴侣》之曲，其声具存，朕能为公奏之，知公必不悲耳。"尚书右丞魏征进曰："古人称：'礼云，礼云，玉帛云乎哉！乐云，乐云，钟鼓云乎哉！'乐在人和，不由音调。"太宗然之。

【注释】

① 新乐：祖孝孙作唐雅乐八十四调、三十一曲、十二和。② 缘物设教：取法天地之物象而设施教化。③ 撙(zǔn)节：控制约束。④《玉树后庭花》：陈后主奢淫日甚，作《玉树后庭花》曲，以赞美诸妃嫔之容色。⑤《伴侣曲》：南朝齐东昏侯萧宝卷，荒淫无道，聚敛无度，宠潘贵妃，作《伴侣曲》，不理朝政。⑥ 亡国之音：《史记·乐书》："亡国之音哀以思。其民困。"张守节正义："亡国，谓将欲灭亡之国，乐音悲哀而愁思。"

贞观七年，太常卿萧瑀奏言："今《破陈乐舞》[1]，天下之所共传，然美盛德之形容，尚有所未尽。前后之所破刘武周、薛举[2]、窦建德、王世充等，臣愿图其形状，以写战胜攻取之容。"太宗曰："朕当四方未定，因为天下救焚拯溺[3]，故不获已，乃行战伐之事，所以人间遂有此舞，国家因兹亦制其曲。然雅乐[4]之容，止得陈其梗概，若委曲[5]写之，则其状易识。朕以见在将相，多有曾经受彼驱使者，既经为一日君臣，今若重见其被擒获之势，必当有所不忍，我为此等，所以不为也。"萧瑀谢曰："此事非臣思虑所及。"

【注释】

①《破陈乐舞》：唐宫廷乐舞。② 刘武周：马邑(今山西朔州)人，隋时为鹰扬校尉，后据马邑郡，依附于突厥，被立为定杨可汗，称帝。后被唐太宗击败于并州。薛举：兰州(今属甘肃)人，隋末起兵自号西秦霸王，称帝，后降于唐太宗。③ 救焚拯溺：拯救在水深火热中的百姓。④ 雅乐：古代帝王祭祀天地、祖宗及朝贺、宴会等大典时所用的乐舞。⑤ 委曲：底细和原委。

【导读】

礼乐文明是中国古代文明的特征，通过制礼作乐，形成一套完善的礼乐制度，维护封建等级秩序。礼的本质是别尊卑、贵贱、长幼、亲疏，乐则是为了人的心身和谐。礼是维护封建社会等级秩序的重要举措和实践，如开明修礼、不讳生名，纠正不合礼制之事以正俗，厚今薄古，重整族序，设立邸第、礼遇诸侯，纠正三品高官下拜皇子的有违礼制的状况，缘人情亲疏而修改丧制，太宗生日，感念父母恩德不为宴乐之事。另外，也讨论了乐的实质不在其表。“凡音之起，由人心生也。”“乐在人和，不在音调。”

卷 八

论务农第三十

贞观二年，太宗谓侍臣曰："凡事皆须务本。国以人为本，人以衣食为本，凡营衣食，以不失时为本。夫不失时者，在人君简静[①]乃可致耳。若兵戈屡动，土木不息，而欲不夺农时，其可得乎？"王珪曰："昔秦皇、汉武，外则穷极兵戈，内则崇侈宫室，人力既竭，祸难遂兴。彼岂不欲安人乎？失所以安人之道也。亡隋之辙，殷鉴不远，陛下亲承其弊，知所以易之。然在初则易，终之实难。伏愿慎终如始，方尽其美。"太宗曰："公言是也。夫安人宁国，惟在于君。君无为则人乐，君多欲则人苦。朕所以抑情损欲，克己自励耳。"

【注释】

① 简静：简易宁静，不苛烦百姓。

贞观二年，京师旱，蝗虫大起。太宗入苑[①]视禾，见蝗虫，掇数枚而咒曰："人以谷为命，而汝食之，是害于百姓。百姓有过，在予一人，尔其有灵，但当蚀我心，无害百姓。"将吞之，左右遽谏曰："恐成疾，不可。"太宗曰："所冀移灾朕躬，何疾之避？"遂吞之。自是蝗不复为灾。

【注释】

① 苑：禁苑，帝王蓄养禽兽和种植林木的园林，以供皇帝游玩、打猎。

贞观五年，有司上书言："皇太子将行冠礼，宜用二月为吉，请追兵以备仪注[1]。”太宗曰：“今东作[2]方兴，恐妨农事。令改用十月。”太子少保萧瑀奏言：“准阴阳家[3]，用二月为胜。”太宗曰：“阴阳拘忌，朕所不行。若动静必依阴阳，不顾理义，欲求福佑，其可得乎？若所行皆遵正道，自然常与吉会。且吉凶在人，岂假阴阳拘忌？农时甚要，不可暂失。”

【注释】

① 仪注：礼节制度。② 东作：春耕生产。③ 阴阳家：以研究阴阳、历律为专业。后来则把星相、占卜、择日、看风水等也称阴阳家。

贞观十六年，太宗以天下粟价率计斗直五钱，其尤贱处，计斗直三钱，因谓侍臣曰：“国以民为本，人以食为命。若禾黍不登[1]，则兆庶非国家所有。既属丰稔若斯，朕为亿兆人父母，唯欲躬务俭约，必不辄[2]为奢侈。朕常欲赐天下之人，皆使富贵，今省徭赋，不夺其时，使比屋之人恣其耕稼，此则富矣。敦行礼让，使乡闾之间，少敬长，妻敬夫，此则贵矣。但令天下皆然，朕不听管弦，不从畋猎，乐在其中矣！”

【注释】

① 不登：歉收。② 辄(zhé)：随意。

【导读】

本章及以下四章为《贞观政要》第八卷，可以视为贞观一朝的经济法律政策的相关实践纪要。

本章记述论证了国以人为本，人以食为本的重农政策。重农首先要求不夺农时，即使是太子冠礼亦不能夺农时，为了不使蝗虫影响百姓收成，太宗亲吞蝗虫，以示祈福。在追求百姓丰衣足食过程中，仍要坚持轻徭薄赋，富民教民、敦行礼让的仁政政策，从而实现与民同乐的社会景象。

论刑法第三十一

贞观元年，太宗谓侍臣曰：“死者不可再生，用法务在宽简。古人云，鬻棺者欲岁之疫，非疾于人，利于棺售故耳。今法司核理[①]一狱，必求深劾[②]，欲成其考课[③]。今作何法，得使平允？”谏议大夫王珪进曰：“但选公直良善人，断狱允当者，增秩[④]赐金，即奸伪自息。”诏从之。太宗又曰：“古者断狱，必讯于三槐、九棘之官[⑤]，今三公、九卿，即其职也。自今以后，大辟[⑥]罪，皆令中书、门下四品已上及尚书九卿议之。如此，庶免冤滥[⑦]。”由是至四年，断死刑，天下二十九人，几致刑措[⑧]。

【注释】

① 核理：审核治理。② 深劾（hé）：严峻苛刻。③ 考课：考核官吏的功过善恶，立有一定标准，分别等级，优升劣罢。④ 增秩：公允恰当。⑤ 三槐、九棘之官：古代的高官。据说周天子的朝堂上有三株槐树，三公朝见时站在下面；左右各有九株棘树，卿、大夫、诸侯等分别站在下面。⑥ 大辟：死刑。⑦ 冤滥：冤案和量刑过度。⑧ 刑措：无人犯法，刑法搁置不用。

贞观二年，太宗谓侍臣曰：“比有奴告主谋逆[①]，此极弊法[②]，特须禁断。假令有谋反者，必不独成，终将与人计之；众计之事，必有他人论之，岂藉奴告也？自今奴告主者，不须受，尽令斩决。”

【注释】

① 谋逆：谋反。② 弊法：有害的法令。

贞观五年，张蕴古[①]为大理丞。相州人李好德素有风疾[②]，言涉妖妄，诏令鞫其狱[③]。蕴古言：“好德癫病有征，法不当坐[④]。”太宗许将宽宥。蕴古密报其旨，仍引与博戏[⑤]。治书侍御史权万纪劾奏之。太宗大怒，令斩于东市[⑥]。既而悔之，谓房玄龄曰：“公等食人之禄，须忧人之忧，事无巨细，咸当留意。今不问则不言，见事都不谏诤，何所辅弼？如蕴古身为法官，与囚博戏，漏泄朕言，此亦罪状甚重。若据常律，未至极刑。朕当时盛怒，即令处置。公等竟无一言，所司又不覆奏[⑦]，遂即决之，岂是道理。”因诏曰：“凡有死刑，虽令即决，皆须五覆奏。”五覆奏，自蕴古始也。又曰：

“守文定罪,或恐有冤。自今以后,门下省覆,有据法令合死而情可矜者,宜录奏闻。”

【注释】

① 张蕴古:贞观二年(628),自幽州总管府记室兼直中书省。② 风疾:病名,癫狂病。③ 鞫其狱:亲自审问这件案子。④ 法不当坐:依法不应治罪。⑤ 博戏:局戏。⑥ 东市:唐长安东市。市肆为行刑处,是从先秦传下来的制度。⑦ 覆奏:反复奏闻。

蕴古,初以贞观二年,自幽州总管府记室兼直中书省,表上《大宝箴》[①],文义甚美,可以规诫。其词曰:

今来古往,俯察仰观,惟辟作福[②],为君实难[③]。宅普天之下,处王公之上,任土[④]贡其所有,具僚和其所唱[⑤]。是故恐惧之心日弛,邪僻之情转放。岂知事起乎所忽,祸生乎无妄[⑥]。固以圣人受命,拯溺亨屯[⑦],归罪于己,因心于民。大明[⑧]无偏照,至公无私亲。故以一人治天下,不以天下奉一人。礼以禁其奢,乐以防其佚[⑨]。左言而右事,出警而入跸[⑩]。四时调其惨舒[⑪],三光[⑫]同其得失。故身为之度,而声为之律[⑬]。勿谓无知,居高听卑;勿谓何害,积小成大。乐不可极,极乐成哀;欲不可纵,纵欲成灾。壮九重于内,所居不过容膝[⑭];彼昏不知,瑶其台而琼其室[⑮]。罗八珍[⑯]于前,所食不过适口;惟狂罔念,丘其糟而池其酒[⑰]内荒于色,勿外荒于禽;勿贵难得之货,勿听亡国之音。内荒伐人性,外荒荡人心;难得之物侈,亡国之声淫。勿谓我尊而傲贤侮士,勿谓我智而拒谏矜己。闻之夏后,据馈频起[⑱];亦有魏帝,牵裾不止[⑲]。安彼反侧,如春阳秋露;巍巍荡荡,推汉高大度[⑳]。抚兹庶事,如履薄临深;战战慄慄,用周文小心[㉑]。

【注释】

①《大宝箴》:以大宝指帝位。箴,一种用于规劝的文体。② 惟辟作福:只有君王能够作威作福。语出《尚书·洪范》。辟,国君。③ 为君实难:作为君主实在不容易。语出《论语·子路》。④ 任土:根据土地肥瘠、生产情况而定出纳贡之额。⑤ 具僚和其所唱:官僚都同声附和他的

言论。具僚，众官。⑥ 无妄：意外。⑦ 亨屯：比喻艰难。⑧ 大明：指日月。⑨ 佚：放荡、放纵。⑩ 出警而入跸(bì)：天子出称警，入称跸。指帝王出行时，开道清路，禁止通行。⑪ 惨舒：心情忧郁或舒畅。⑫ 三光：指日、月、星。⑬"故身为之度"句：自身合乎法度，声音符合钟律。语出《史记·夏本纪二》。⑭ 容膝：仅能容下双膝，形容屋极小。⑮ 瑶其台而琼其室：相传暴君桀作瑶台，纣作琼室。⑯ 八珍：古代八种珍贵食物。⑰ 丘其糟而池其酒：相传桀、纣以酒为池，酒糟为堤。⑱ 据馈频起：接受食物时，多次起身。馈，进食。⑲ 牵裾(jū)不止：辛毗因为劝谏魏文帝勿迁士家十万户充实河南，文帝不听，辛毗因而牵住文帝的衣裾。⑳ 反侧：心中不安定的人。汉高大度：汉高祖刘邦做事宽仁有大度。㉑ 周文小心：周文王做事小心翼翼。

《诗》云："不识不知[①]。"《书》曰："无偏无党。"一彼此于胸臆，捐好恶于心想。众弃而后加刑，众悦而后命赏。弱其强而治其乱，伸其屈而直其枉。故曰：如衡如石[②]，不定物以数，物之悬者，轻重自见；如水如镜，不示物以形，物之鉴者，妍蚩[③]自露。勿浑浑而浊，勿皎皎而清；勿汶汶而暗，勿察察而明[④]。虽冕旒[⑤]蔽目而视于未形，虽黈纩[⑥]塞耳而听于无声。纵心乎湛然[⑦]之域，游神于至道之精。扣之者，应洪纤而效响；酌之者，随浅深而皆盈[⑧]。故曰：天之清，地之宁，王之贞[⑨]。四时不言而代序[⑩]，万物无为而受成。岂知帝有其力，而天下和平。吾王拨乱，戡[⑪]以智力；人惧其威，未怀其德。我皇抚运，扇以淳风；民怀其始，未保其终。爰述金镜，穷神尽性[⑫]。使人以心，应言以行。包括理体[⑬]，抑扬辞令。天下为公，一人有庆。开罗起祝，援琴命诗。一日二日，念兹在兹[⑭]。惟人所召，自天祐之。争臣司直[⑮]，敢告前疑。

太宗嘉之，赐帛三百段，仍授以大理寺丞。

【注释】

① 不识不知：好像无识又无知，却顺应上帝的法则。语出《诗经·皇矣》。② 如衡如石：衡，称。石，重量单位。③ 妍蚩(chī)：蚩，同"媸"。美丽和丑陋。④ 浑浑：浑浊不清；皎皎：洁白貌；汶汶(mén)：昏暗不明；

察察：明辨审察。⑤ 冕旒：冕，皇冠。旒，冕冠前后悬垂的玉串，前后各十二旒，寓意目不视恶色。⑥ 黈（tǒu）纩（kuàng）：黄色棉球，悬于冕，垂两耳旁，寓意耳不听邪谗之言。⑦ 湛然：清澈明净貌。⑧ 盈：装满。⑨“天之清”句：天有道则清明，地有道则安宁，君王有道则天下公正。语出《老子》。⑩ 代序：时序更替。⑪ 戡（kān）：胜。⑫ 穷神尽性：达到神圣的最高境界，洞察一切，无不通晓。⑬ 理体：治国的本体，根本的道理。⑭ 念兹在兹：念念不忘。语出《尚书·大禹谟》。⑮ 争臣司直：谏诤之臣职在直言劝谏。争臣，谏诤之臣。

【导读】

蕴古虽因太宗盛怒获罪而死，但其在贞观初年所进呈的《大宝箴》却为《贞观政要》记载下来，也可谓不因人废言。此文可以说是一篇全面的“帝王规鉴”，但放在“刑法”一章，体现出来的主要是只有君主有道，才能实现天下公正的道理。

贞观五年，诏曰：“在京诸司，比来奏决死囚，虽云三覆，一日即了，都未暇审思[1]，三奏何益？纵有追悔，又无所及。自今后，在京诸司奏决死囚，宜二日中五覆奏，天下诸州三覆奏。”又手诏敕[2]曰：“比来有司断狱，多据律文，虽情在可矜而不敢违法，守文定罪，或恐有冤。自今门下省复有据法合死，而情在可矜者，宜录状奏闻。”

【注释】

① 审思：仔细慎重地思考。② 敕：告诫。

贞观九年，盐泽道行军总管、岷州都督高甑生[1]，坐[2]违李靖节度，又诬告靖谋逆，减死徙边[3]。时有上言者曰：“甑生旧秦府功臣，请宽其过。”太宗曰：“虽是藩邸[4]旧劳，诚不可忘。然理国守法，事须画一，今若赦之，使开侥幸之路。且国家建义太原[5]，元[6]从及征战有功者甚众，若甑生获免，谁不觊觎？有功之人，皆须犯法。我所以必不赦者，正为此也。”

【注释】

① 盐泽：湖泊，今新疆罗布泊。盐泽道：行军道，不是行政区划的道。行军道设大总管，统帅所辖各道总管。此次出兵攻打吐谷浑，李靖为西海道行军大总管，高甑生是李靖所辖的盐泽道行军总管。岷(mín)州：在今甘肃岷县。② 坐：因事触犯法律。③ 减死徙边：从死刑减为谪戍边境。④ 藩邸：王府。⑤ 建义太原：在太原起兵反隋。⑥ 元：一开始。

贞观十一年，特进魏征上疏曰：

臣闻《书》曰："明德慎罚"，"惟刑恤哉[①]！"《礼》云："为上易事，为下易知，则刑不烦矣。上人疑则百姓惑，下难知则君长劳矣[②]。"夫上易事，则下易知，君长不劳，百姓不惑。故君有一德，臣无二心，上播忠厚之诚，下竭股肱之力，然后太平之基不坠，"康哉"之咏[③]斯起。当今道被华戎，功高宇宙，无思不服，无远不臻[④]。然言尚于简文[⑤]，志在于明察，刑赏之用，有所未尽。夫刑赏之本，在乎劝善而惩恶，帝王之所以与天下为画一，不以贵贱亲疏而轻重者也。今之刑赏，未必尽然。或屈伸在乎好恶，或轻重由乎喜怒；遇喜则矜其情于法中，逢怒则求其罪于事外；所好则钻皮出其毛羽，所恶则洗垢求其瘢痕[⑥]。瘢痕可求，则刑斯滥矣；毛羽可出，则赏因谬矣。刑滥则小人道长，赏谬则君子道消。小人之恶不惩，君子之善不劝，而望治安刑措[⑦]，非所闻也。

【注释】

① 明德慎罚：意思是，文王以明德治理天下，谨慎用刑。语出《尚书·康诰》。惟刑恤哉：意思是，舜忧虑用刑，唯恐失之过滥。语出《尚书·舜典》。② "为上易事"句：意思是，君主疑心，老百姓就迷惘；大臣难知，君主就劳心。语出《礼记·缁衣》。③ 康哉之咏：相传虞舜时天下大治，作歌颂之，其臣续而歌："庶事康哉！"语出《尚书·益稷》。④ 华戎：天下百姓。华，华夏族。戎，西方少数民族。无思不服：没有谁不归服。语出《诗经·文王》。臻(zhēn)：至，达到。⑤ 简文：选择美好的文辞。⑥ 瘢(bān)痕：疤痕。⑦ 刑措：无人犯法，刑法因而搁置不用。

且夫暇豫清谈，皆敦尚于孔、老[①]；威怒所至，则取法于申、韩[②]。直道而行，非无三黜，危人自安，盖亦多矣。故道德之旨未弘，刻薄之风已扇[③]。夫刻薄既扇，则下生百端；人竞趋时[④]，则宪章不一。稽[⑤]之王度，实亏君道。昔州犁上下其手[⑥]，楚国之法遂差；张汤轻重其心[⑦]，汉朝之刑以弊。以人臣之颇僻[⑧]，犹莫能申其欺罔，况人君之高下，将何以措其手足乎？以睿圣之聪明，无幽微而不烛[⑨]，岂神有所不达，智有所不通哉？安其所安，不以恤刑为念；乐其所乐，遂忘先笑之变[⑩]。祸福相倚，吉凶同域，惟人所召，安可不思？顷者责罚稍多，威怒微厉，或以供帐[⑪]不赡，或以营作差违[⑫]，或以物不称心，或以人不从命，皆非致治之所急，实恐骄奢之攸渐[⑬]。是知"贵不与骄期而骄自至，富不与侈期而侈自来"，非徒语也。

【注释】

① 孔、老：孔子和老子。此指儒家的王道学说和道家的无为学说。② 申、韩：战国时法家申不害和韩非，主张严刑峻法。③ 扇：旺盛。④ 人竞趋时：人人竞相追赶时尚。⑤ 稽：衡量。⑥ 上下其手：玩弄手法。⑦ 张汤：汉武帝时廷尉、御史大夫，治狱深文酷刻，善于揣摩皇帝的心意。⑧ 颇僻：邪僻不正。⑨ 烛：照耀，引申为洞见。⑩ 先笑之变：命运的变化。⑪ 供帐：陈设帷帐等用具以供宴会或旅宿之需。⑫ 营作差违：宫室营造不如意。⑬ 攸(yōu)：所。

且我之所代，实在有隋。隋氏乱亡之源，圣明之所临照。以隋氏之府藏譬今日之资储，以隋氏之甲兵况当今之士马，以隋氏之户口校今时之百姓，度长比大，曾何等级？然隋氏以富强而丧败，动之也[①]；我以贫穷而安宁，静之也[②]。静之则安，动之则乱，人皆知之，非隐而难见也，非微而难察也。然鲜蹈平易之涂，多遵覆车之辙，何哉？在于安不思危、治不念乱、存不虑亡之所致也。昔隋氏之未乱，自谓必无乱；隋氏之未亡，自谓必不亡，所以甲兵屡动，徭役不息。至于将受戮辱，竟未悟其灭亡之所由也，可不哀哉！

夫鉴形之美恶，必就于止水；鉴国之安危，必取于亡国。故《诗》曰：

“殷鉴不远，在夏后之世[3]。”又曰：“伐柯伐柯，其则不远[4]。”臣愿当今之动静，必思隋氏以为殷鉴，则存亡之治乱，可得而知。若能思其所以危，则安矣；思其所以乱，则治矣；思其所以亡，则存矣。知存亡之所在节嗜欲以从人，省游畋之娱，息靡丽[5]之作，罢不急之务，慎偏听之怒；近忠厚，远便佞，杜悦耳之邪说，甘苦口之忠言；去易进[6]之人，贱难得之货，采尧舜之诽谤[7]，追禹汤之罪己[8]；惜十家之产，顺百姓之心，近取诸身，恕以待物，思劳谦[9]以受益，不自满以招损；有动则庶类以和，出言而千里斯应[10]，超上德于前载，树风声于后昆[11]，此圣哲之宏观，而帝王之大业，能事斯毕，在乎慎守而已。

夫守之则易，取之实难。既能得其所以难，岂不能保其所以易？其或保之不固，则骄奢淫泆动之也。慎终如始，可不勉欤！《易》曰：“君子安不忘危，存不忘亡，治不忘乱，是以身安而国家可保也。”诚哉斯言，不可以不深察也。伏惟陛下欲善之志，不减于昔时，闻过必改，少亏于曩日。若以当今之无事，行畴昔之恭俭，则尽善尽美矣，固无得而称焉。

太宗深嘉而纳用。

【注释】

① 动之也：指大肆聚敛、重赋、劳役、战争等等苛政。因而社会动荡，人民不能安居乐业。② 静之也：清静无为，实行与民休养生息的政策，百姓能安居乐业。③ “殷鉴不远”句：语出《诗经·荡》。④ “伐柯伐柯”句：语出《诗经·伐柯》。伐，砍；柯，斧柄；则，法则。⑤ 靡丽：奢侈华丽。⑥ 易进：侥幸进取以求利禄。⑦ 诽谤：相传尧、舜设立诽谤之木于交通要道，让人在其上书写谏诤意见。⑧ 罪己：归罪于自己，后世帝王于天灾人祸时，往往颁布“罪己诏”，以图缓和社会矛盾。⑨ 劳谦：勤勉谦虚。⑩ 千里斯应：千里之外响应。《周易·系辞上》：“君子居其室，出其言善，则千里之外应之。”⑪ 后昆：后代。

【导读】

魏征的这篇谏文内容比较综合，劝谏太宗要诫骄奢淫逸、倡俭朴节约，以隋朝为鉴，慎终如始，才可保长治久安。但此文被放在《论刑法》一章，其强调的另一重点在于说明赏罚之本在于劝善惩恶，刑赏得当是国家治乱的根本。因此，君王要公平得当，不应徇私。

贞观十四年，戴州刺史贾崇以所部有犯十恶[①]者，被御史劾奏[②]。太宗谓侍臣曰："昔陶唐[③]大圣，柳下惠大贤，其子丹朱甚不肖，其弟盗跖[④]为臣恶。夫以圣贤之训，父子兄弟之亲，尚不能使陶染[⑤]变革，去恶从善。今遣刺史，化被下人，咸归善道，岂可得也？若令缘此皆被贬降，或恐递相掩蔽，罪人斯失。诸州有犯十恶者，刺史不须从坐[⑥]，但令明加纠访科罪[⑦]，庶可肃清奸恶。"

【注释】

① 十恶：谋反、谋大逆、谋叛、谋恶逆、不道、大不敬、不孝、不睦、不义、内乱等十种不可赦免的罪名。② 劾奏：向皇帝揭发罪行。③ 陶唐：尧。④ 盗跖(zhí)：春秋时大盗。⑤ 陶染：熏陶感化。⑥ 从坐：因牵连而处罚。⑦ 科罪：判刑，定罪。

【导读】

古代社会的传统往往是"一人犯法，九族连坐"，因此，往往下属犯罪也会让上司负连带责任。在此条记载中，太宗倡导刑责自负，不搞株连，虽不能将其拔高为一种现代法治精神，但作为一位封建统治者，确是明智之举。

贞观十六年，太宗谓大理卿孙伏伽曰："夫作甲[①]者欲其坚，恐人之伤；作箭[②]者欲其锐，恐人不伤。何则？各有司存[③]，利在称职故也。朕常问法官刑罚轻重，每称法网宽于往代，仍恐主狱之司[④]，利在杀人，危人自达[⑤]，以钓声价。今之所忧，正在此耳。深宜禁止，务在宽平。"

【注释】

① 作甲：制作铠甲。② 作箭：制作弓箭。③ 司存：职守所在。④ 主狱之司：办案的主官。⑤ 达：显贵。

论赦令第三十二

贞观七年，太宗谓侍臣曰："天下愚人者多，智人者少，智者不肯为恶，愚人好犯宪章。凡赦宥之恩，惟及不轨[1]之辈。古语云：'小人之幸，君子之不幸。''一岁再赦，善人喑哑[2]。'凡'养稂莠者[3]伤禾稼，惠奸宄[4]者贼良人'。昔'文王作罚，刑兹无赦[5]'。又蜀先主[6]尝谓诸葛亮曰：'吾周旋陈元方、郑康成[7]之间，每见启告治乱之道备矣，曾不语赦。'故诸葛亮治蜀，十年不赦，而蜀大化。梁武帝每年数赦，卒至倾败。夫谋小仁者，大仁之贼。故我有天下以来，绝不放赦。今四海安宁，礼义兴行，非常之恩，弥不可数，将恐愚人常冀侥幸，惟欲犯法，不能改过。"

【注释】

① 赦宥（yòu）：宽恕，赦免。不轨：不遵守法度。② 喑（yīn）哑：口不能言，此指不敢言。③ 稂（láng）莠（yǒu）：形状像禾苗而有害农作物的草。④ 奸宄（guǐ）：犯法作乱者。⑤"文王作罚"句：周文王制定的处罚条令，在行刑时是一概不赦的。语见《尚书·康诰》。⑥ 蜀先主：刘备。⑦ 陈元方、郑康成：元方名纪，东汉末名士；康成名玄，东汉末经学家。

贞观十年，太宗谓侍臣曰："国家法令，惟须简约，不可一罪作数种条。格式既多，官人不能尽记，更生奸诈，若欲出罪[1]即引轻条，若欲入罪[2]即引重条。数变法者，实不益道理，宜令审细，毋使互文[3]。"

【注释】

① 出罪：断案官吏判有罪为无罪，或判重罪为轻罪。② 入罪：断案官吏判无罪为有罪，或判轻罪为重罪。③ 互文：含义相同的法律条文。

贞观十一年，太宗谓侍臣曰："诏令格式[1]，若不常定，则人心多惑，奸诈益生。《周易》称'涣汗其大号[2]'，言发号施令，若汗出于体，一出而不复也。《书》曰:'慎乃出令,令出惟行,弗为反[3]。'且汉祖日不暇给[4],萧何起于小吏[5],制法之后,犹称画一[6]。今宜详思此义,不可轻出诏令,必须审定,以为永式。"

【注释】

① 诏令格式:唐代法律的表现形式。诏,皇帝的命令,规定刑名轻重;令,规定各种行政制度;格,规定对官民奖罚的各项标准;式,规定官署应用的文件程式。② 涣汗其大号:发号施令,像人体出汗,一旦出来就收不回去了。语出《周易·涣》。③"慎乃出令"句:颁行法令要慎重,令出必行,不得更改。语出《尚书·周官》。④ 汉祖日不暇给:汉祖,汉高祖刘邦;日不暇给,事务繁多,时间不够;给,足。⑤ 小吏:刘邦的宰相萧何,早年曾为沛县小吏。⑥ 画一:整齐。

长孙皇后遇疾,渐危笃[1]。皇太子启后曰:"医药备尽,今尊体不瘳[2],请奏赦囚徒并度人入道[3],冀蒙福祐。"后曰:"死生有命,非人力所加。若修福可延,吾素非为恶者;若行善无效,何福可求?赦者,国之大事;佛道者,上每示存异方之教耳[4],常恐为理体之弊。岂以吾一妇人而乱天下法?不能依汝言。"

【注释】

① 危笃:病重濒于死亡。② 瘳(chōu):病愈。③ 度人入道:佛教以使人脱离尘世为度,故剃发出家被称为剃度。入道,皈依佛教。④ 异方之教:佛教兴起于印度,自西域传入中国,故被儒家蔑称为"异方之教"。

【导读】

赦令为皇帝临时改变法式而对有罪之人下发的免罪的命令,以显示皇恩浩荡。太宗不轻发赦令,不仅示其法律严明,更表明其对治政的信心。法令为全民共同遵守的原则,法令简约为执法者提供了执法的方便。因事、因人、因时改变法令,可致善恶不分,而失法之威严。

论贡赋第三十三

贞观二年，太宗谓朝集使曰："任土作贡，布在前典[1]，当州所产，则充庭实[2]。比闻都督、刺史邀射[3]声名，厥土所赋，或嫌其不善，逾境外求，更相仿效，遂以成俗。极为劳扰，宜改此弊，不得更然。"

【注释】

①前典：从前的典章制度。②庭实：诸侯国之间互相访问，或朝见周天子时把礼物或贡物陈列在中庭，称为庭实。③邀射：追求。

贞观中，林邑国[1]贡白鹦鹉，性辩慧[2]，尤善应答，屡有苦寒之言。太宗愍之，付其使，令还出于林薮[3]。

【注释】

①林邑国：越南中南部的一个古国。②辩慧：聪明，灵慧。③林薮(sǒu)：树林。

贞观十二年，疏勒、朱俱波、甘棠遣使贡方物[1]，太宗谓群臣曰："向使中国不安，日南[2]、西域朝贡使亦何缘而至？朕何德以堪之？睹此翻[3]怀危惧。近代平一天下，拓定边方[4]者，惟秦皇、汉武。始皇暴虐，至子而亡；汉武骄奢，国祚几绝。朕提三尺剑以定四海，远夷率服，亿兆乂安，自谓不减二主也。然二主末途，皆不能自保，由是每自惧危亡，必不敢懈怠。惟藉公等直言正谏，以相匡弼。若惟扬美隐恶，共进谀言[5]，则国之危亡，可立而待也。"

【注释】

①疏勒：西域古国名，都城在今新疆喀什市，国王裴氏。朱俱波：西域古国名，在葱岭之西。甘棠：西域古国名，在西海之南。②日南：在今

越南中部。③ 翻：反而。④ 方：小国，诸侯。⑤ 谀(yú)言：奉承话。

贞观十八年，太宗将伐高丽，其莫离支[1]遣使贡白金。黄门侍郎褚遂良谏曰："莫离支虐杀其主，九夷所不容[2]，陛下以之兴兵，将事吊伐[3]，为辽东之人[4]报主辱之耻。古者讨弑君之贼，不受其赂。昔宋督遗鲁君以郜鼎[5]，桓公受之于大庙[6]，臧哀伯[7]谏曰：'君人者将昭德塞违[8]，今灭德立违，而置其赂器于大庙，百官象[9]之，又何诛焉？武王克商，迁九鼎于雒邑[10]，义士犹或非之，而况将昭违乱之赂器置诸大庙，其若之何？'夫《春秋》之书，百王取则，若受不臣之筐篚[11]，纳弑逆之朝贡，不以为愆，将何致伐？臣谓莫离支所献，自不合受。"太宗从之。

【注释】

① 莫离支：高丽官名，相当于唐朝吏部尚书兼兵部尚书。② 莫离支虐杀其主：贞观十六年(642)，高丽东部大人泉盖苏文弑其国王武，立王弟之子藏为国王，自任莫离支，把持朝政。九夷：古人泛称居住在东方的民族为夷。③ 吊伐：吊民伐罪。④ 辽东之人：高丽人。⑤ 宋督遗鲁君以郜鼎：宋，春秋时国名；督，字华父，宋戴公之孙；鲁君，鲁桓公；郜(gào)，古国名，始封君为周文王之子，春秋时为宋国所灭。郜鼎，郜国所造鼎器。⑥ 大庙：祖庙。⑦ 臧哀伯：鲁国大夫臧孙达。⑧ 昭德塞违：显扬道德，堵塞邪恶。⑨ 象：取法，效仿。⑩ 迁九鼎于雒邑：传说夏禹铸九鼎象征九州，奉为国宝。商汤灭夏，迁九鼎于商邑；周武王灭商，又迁九鼎于雒邑。⑪ 筐篚(fěi)：竹器，方形为筐，圆形为篚。此指贿赂之物。

贞观十九年，高丽王高藏及莫离支盖苏文遣使献二美女，太宗谓其使曰："朕悯此女离其父母兄弟于本国，若爱其色而伤其心，我不取也。"并却[1]还之本国。

【注释】

① 却：拒绝。

【导读】

贡赋制度的产生源自两方的进贡，一为地方的朝贡，一为边远国家的进贡。唐朝疆域辽阔，物产丰富。中央政府接受地方朝贡无可非议，而处理不当往往开启贿赂之风。太宗严厉整治朝贡不正之风，杜绝犯罪之源。边远小国的进贡则更具政治意义，往往是国力强盛的象征，太宗在国势强大之时仍然保有对人对物的仁惠之心和对草创艰巨的反思，对治国治世的惊惧。

辩兴亡第三十四

贞观初，太宗从容谓侍臣曰："周武平纣之乱，以有天下；秦皇因周之衰，遂吞六国。其得天下不殊，祚运[①]长短若此之相悬也？"尚书右仆射萧瑀进曰："纣为无道，天下苦之，故八百诸侯不期而会[②]。周室微，六国无罪，秦氏专任智力，蚕食诸侯。平定虽同，人情则异。"太宗曰："不然，周既克殷，务弘仁义；秦既得志，专行诈力。非但取之有异，抑亦守之不同。祚之修短，意在兹乎！"

【注释】

① 祚运：帝位国运。② 八百诸侯不期而会：指武王伐纣时，八百诸侯不约而同地会合于孟津。

贞观二年，太宗谓黄门侍郎王珪曰："隋开皇十四年大旱，人多饥乏。是时仓库盈溢，竟不许赈给，乃令百姓逐粮[①]。隋文不怜百姓而惜仓库，比至末年，计天下储积，得供五六十年。炀帝恃[②]此富饶，所以奢华无道，遂致灭亡。炀帝失国，亦此之由。凡理国者，务积于人，不在盈其仓库。古人云：'百姓不足，君孰与足？'但使仓库可备凶年，此外何烦储蓄！后嗣若贤，自能保其天下；如其不肖，多积仓库，徒益其奢侈，危亡之本也。"

【注释】

① 逐粮：让饥民逃荒到有粮处。② 恃：依靠，凭借。

贞观五年，太宗谓侍臣曰："天道福善祸淫，事犹影响[①]。昔启民亡国来奔[②]，隋文帝不吝粟帛，大兴士众营卫[③]安置，乃得存立。既而强富，子孙不思念报德，才至始毕[④]，即起兵围炀帝于雁门[⑤]。及隋国乱，又恃强深入，遂使昔安立其国家者，身及子孙，并为颉利兄弟之所屠戮。今颉利破亡，岂非背恩忘义所至也？"群臣咸曰："诚如圣旨。"

【注释】

① 影响：天的报应，如影随形、响应声一样灵验。语见《尚书·大禹谟》。② 启民亡国来奔：启民可汗原称突利可汗，东突厥内乱，突利可汗受到大可汗都蓝可汗攻击，南逃投隋，隋立他为启民可汗，成为统治东突厥的大可汗。③ 营卫：用兵守卫。④ 始毕：始毕可汗，启民可汗的儿子。⑤ 雁门：今山西省代县北的雁门关。

贞观九年，北蕃归朝人[①]奏："突厥内大雪，人饥，羊马并死。中国人[②]在彼者，皆入山作贼，人情大恶。"太宗谓侍臣曰："观古人君，行仁义、任贤良则理；行暴乱、任小人则败。突厥所信任者，并共公等见之，略无忠正可取者。颉利复不忧百姓，恣情所为，朕以人事观之，亦何可久矣？"魏征进曰："昔魏文侯问李克[③]：'诸侯谁先亡？'克曰：'吴先亡。'文侯曰：'何故？'克曰：'数战数胜，数胜则主骄，数战则民疲，不亡何待？'颉利逢隋末中国丧乱，遂恃众内侵，今尚不息，此其必亡之道。"太宗深然之。

【注释】

① 北蕃(fān)：北突厥国。归朝人：指归附唐朝的突厥人。② 中国人：汉族人。③ 魏文侯：名斯，战国初晋国卿大夫，三分晋国，为诸侯。李克：战国时人。

贞观九年，太宗谓魏征曰："顷读周、齐史，末代亡国之主为恶多相类[①]也。齐主[②]深好奢侈，所有府库用之略尽，乃至关市无不税敛。朕常谓此犹如馋人自食其肉，肉尽必死。人君赋敛不已，百姓既弊，其君亦亡，齐主即是也。然天元[③]、齐主若为优劣？"征对曰："二主亡国虽同，其行则别。齐主懦弱,政出多门,国无纲纪,遂至亡灭。天元性凶而强,威福在己,亡国之事,皆在其身。以此论之,齐主为劣。”

【注释】

① 相类:相类似。② 齐主:齐后主高纬,北齐世祖高洋之子。③ 天元:后周宣帝宇文赟,自称天元皇帝。

【导读】

本章为本卷最后一章,在记述了相关经济法律政策后,本章试图总结治乱兴亡的一些普遍规律。贞观君臣经过讨论,认为周、秦国运相差悬殊,惟道不同;隋文帝遇旱灾不怜百姓,这是其危亡之本。天道福善祸淫,多行不义必自毙,行仁义、任贤良是理政之本,横征暴敛,必致败亡。

卷　九

议征伐第三十五

武德九年冬，突厥颉利、突利二可汗以其众二十万，至渭水便桥之北，遣酋帅执失思力入朝为觇[①]，自张声势云："二可汗总兵百万，今已至矣。"乃请返命[②]。太宗谓曰："我与突厥面自和亲[③]，汝则背之，我无所愧，何辄将兵入我畿县[④]，自夸强盛？我当先戮尔矣！"思力惧而请命[⑤]。萧瑀、封德彝等请礼而遣之，太宗曰："不然。今若放还，必谓我惧。"乃遣囚之。太宗曰："颉利闻我国家新有内难[⑥]，又闻朕初即位，所以率其兵众直至于此，谓我不敢拒之。朕若闭门自守，虏必纵兵大掠。强弱之势，在今一策。朕将独出，以示轻之，且耀军容，使知必战。事出不意，乖其本图，制服匈奴，在兹举矣。"遂单马而进，隔津[⑦]与语，颉利莫能测。俄而六军[⑧]继至，颉利见军容大盛，又知思力就拘，由是大惧，请盟而退。

【注释】

① 执失思力入朝为觇：执失，姓；思力，名。觇(chān)，侦察，此指窥探虚实。② 返命：复命。③ 和亲：汉族君王与少数民族首领之间具有一定政治目的的联姻。④ 畿县：京城所管辖的郊县。⑤ 请命：请求保全性命。⑥ 内难：指武德九年(626)的"玄武门之变"。⑦ 津：渡口，渭河。⑧ 六军：春秋时，诸侯大国多设上、中、下(或左、中、右)三军，后晋、吴等国扩至五、六军。后代沿用六军名称，人数多少不一。

贞观初，岭南诸州奏言高州酋帅冯盎、谈殿阻兵反叛[①]。诏将军蔺謩发江、岭[②]数十州兵讨之。秘书监魏征谏曰："中国初定，疮痍[③]未复，岭南瘴疠[④]，山川阻深，兵运难继，疾疫或起，若不如意，悔不可追。且冯盎若反，即须及中国未宁，交结远人，分兵断险，破掠州县，署置官司。何因告来数年，兵不出境？此则反形未成，无容动众。陛下既未遣使人就彼观察，即来朝谒，恐不见明。今若遣使，分明晓谕[⑤]，必不劳师旅，自致阙庭[⑥]。"太宗从之，岭表[⑦]悉定。侍臣奏言："冯盎、谈殿往年恒相征伐，陛下发一单使，岭外恬然。"太宗曰："初，岭南诸州盛言盎反，朕必欲讨之，魏征频谏，以为但怀之以德，必不讨自来。既从其计，遂得岭表无事，不劳而定，胜于十万之师。"乃赐征绢五百匹。

【注释】

① 岭南：五岭以南地区，今两广地区。高州：南朝梁始置，隋初废，唐初复置，辖境约今广东省茂名市、高州、电白等县。冯盎：字明达，高州良德人，隋末割据岭南，唐初降，唐高祖封其为越国公。谈殿：人名，隋末占据岭南一隅。② 蔺（lìn）謩（mó）：人名，唐太宗时将军。江、岭：江南道、岭南道。唐时分全国为十道。③ 疮痍：创伤，比喻战争后国家元气未复，民生凋敝。④ 瘴疠：瘴，即瘴气，旧指南方山林湿热导致人生疾病的气体。疠：瘟疫。⑤ 分明晓谕：明白地告之于人。⑥ 阙庭：皇宫，指朝廷。⑦ 岭表：岭南。

贞观四年，有司上言："林邑蛮国，表疏不顺[①]，请发兵讨击之。"太宗曰："兵者凶器[②]，不得已而用之。故汉光武云：'每一发兵，不觉头须为白。'自古以来，穷兵极武，未有不亡者也。苻坚[③]自恃兵强，欲必吞晋室，兴兵百万，一举而亡[④]。隋主亦必欲取高丽，频年劳役，人不胜怨，遂死于匹夫之手。至如颉利，往岁数来侵我国家，部落疲于征役，遂至灭亡。朕今见此，岂得辄即发兵？但经历山险，土多瘴疠，若我兵士疾疫，虽克翦[⑤]此蛮，亦何所补？言语之间，何足介意！"竟不讨之。

【注释】

① 表疏不顺：奏章里的言辞不恭顺。② 凶器：兵器。③ 苻（fú）坚：

东晋时，苻健据长安，建立前秦。苻健死，子苻生立。苻坚杀苻生自立，率领大军伐东晋，于淝水大败。④ 一举而亡：指苻坚在淝水大败后被羌族首领所杀。⑤ 克翦：能够灭掉。

贞观五年，康国[①]请归附。时太宗谓侍臣曰："前代帝王，大有务广土地，以求身后之虚名，无益于身，其民甚困。假令于身有益，于百姓有损，朕必不为，况求虚名而损百姓乎？康国既来归朝，有急难不得不救；兵行万里，岂得无劳于民？若劳民求名，非朕所欲。所请归附，不须纳也。"

【注释】

① 康国：汉康居国，王族姓温，居住在祁连山北昭武城，为突厥所破，南迁葱岭。

贞观十四年，兵部尚书侯君集[①]伐高昌，及师次柳谷[②]，候骑[③]言："高昌王麹文泰[④]死，克日[⑤]将葬，国人咸集，以二千轻骑袭之，可尽得也。"副将薛万均、姜行本[⑥]皆以为然。君集曰："天子以高昌骄慢，使吾恭行天诛。乃于墟墓[⑦]间以袭其葬，不足称武，此非问罪之师也。"遂按兵以待。葬毕，然后进军，遂平其国。

【注释】

① 侯君集：唐初大将，从唐太宗征战有功，任左卫将军、兵部尚书等职，后助太子承乾谋反，事发被诛。② 次：停留，驻扎。柳谷：西域地名，在今新疆吐鲁番东南。③ 候骑：侦察骑兵。④ 麹文泰：高昌国王。⑤ 克日：指定时日。⑥ 薛万均：唐初大将，以击突厥、吐谷浑有功，官至左屯卫大将军。姜行本：唐初将军，唐太宗每次出巡，都随从宿卫，后以平高昌有功，封金城郡公。⑦ 墟墓：荒坟，坟墓。

贞观十六年，太宗谓侍臣曰："北狄世为寇乱，今延陀倔强，须早为之所[①]。朕熟思之，惟有二策：选徒[②]十万，击而虏之，涤除凶丑，百年无患，此一策也。若遂其来请，与之为婚媾[③]。朕为苍生父母，苟可利之，岂惜一女！北狄风俗，多由内政[④]，亦既生子，则我外孙，不侵中国，断可知矣。以此而言，边境足得三十年来无事。举此二策，何者为先？”司空房玄龄对曰：“遭隋室大乱之后，户口太半未复，兵凶战危，圣人所慎，和亲之策，实天下幸甚。”

【注释】

① 须早为之所：必须趁早对他们进行处置。② 徒：役徒。指被罚服劳役的人。③ 婚媾(gòu)：结成姻亲。④ 内政：由妻室主政。

贞观十七年，太宗谓侍臣曰：“盖苏文弑其主而夺其国政，诚不可忍。今日国家兵力，取之不难，朕未能即动兵众，且令契丹、靺鞨[①]搅扰之，何如？”房玄龄对曰：“臣观古之列国，无不强陵弱，众暴寡。今陛下抚养苍生，将士勇锐，力有余而不取之，所谓止戈为武[②]者也。昔汉武帝屡伐匈奴，隋主三征辽左，人贫国败，实此之由，惟陛下详察。”太宗曰：“善！”

【注释】

① 契丹：古族名，源于东胡，北魏时号契丹，贞观二十二年(648)内附，遂于其地置松漠都督府，以其首领为都督。靺(mò)鞨(hé)：古族名，源于肃慎，分布于松花江流域和黑龙江中下游地区，自北朝至隋唐，常来献贡。② 止戈为武：平定暴乱、止息兵戈，乃真正的武功。

贞观十八年，太宗以高丽莫离支贼杀其主，残虐其下，议将讨之[①]。谏议大夫褚遂良进曰：“陛下兵机神算，人莫能知。昔隋末乱离，克平寇难，及北狄侵边，西蕃失礼，陛下欲命将击之，群臣莫不苦谏，唯陛下明略独断，卒并诛夷。今闻陛下将伐高丽，意皆荧惑[②]。然陛下神武英声，不比周、隋之主，兵若渡辽[③]，事须克捷，万一不获，无以威示远方，必更发怒，再动兵众。若至于此，安危难测。”太宗然之。

【注释】

① 高丽莫离支贼杀其主：贞观十六年(642)十一月，高丽东部大人、

莫离支泉盖苏文弑其王武一事。议将讨之：贞观十六年、十七年、十八年，唐君臣几次讨论高丽事。② 荧惑：迷惑。③ 辽：辽河，东北地区南部大河。辽河流域或称辽海。

贞观十九年，太宗将亲征高丽，开府仪同三司[1]尉迟敬德奏言："车驾若自往辽左[2]，皇太子又监国定州，东西二京，府库所在，虽有镇守，终是空虚，辽东路遥，恐有玄感之变[3]。且边隅小国，不足亲劳万乘。若克胜，不足为武，倘不胜，恐为所笑。伏请委之良将，自可应时摧灭。"太宗虽不从其谏，而识者是之。

【注释】

① 开府仪同三司：唐代文散官名。② 辽左：辽河以东地区，此指高丽。③ 玄感之变：隋炀帝亲征高丽时，杨玄感发动兵变，围攻东都洛阳。

礼部尚书江夏王道宗从太宗征高丽，诏道宗[1]与李勣为前锋，及济辽水，克盖牟城[2]，逢贼兵大至，军中佥欲[3]深沟保险，待太宗至，徐进。道宗议曰："不可，贼赴急远来，兵实疲顿，恃众轻我，一战可摧。昔耿弇[4]不以贼遗君父，我既职在前军，当须清道以待舆驾[5]。"李勣大然其议。乃率骁勇数百骑，直冲贼阵，左右出入，勣因合击，大破之。太宗至，深加赏劳。道宗在阵损足，帝亲为针灸，赐以御膳。

【注释】

① 道宗：李道宗，唐初大臣，唐高祖李渊的堂侄，屡立战功，封江夏王。② 盖牟(móu)城：在今辽宁省营口市盖县境内。③ 佥(qiān)：都、皆。④ 耿弇(yǎn)：东汉初大将，讨平张步，平定王郎，镇压铜马、赤眉军等，被封为建威大将军。⑤ 清道：古代帝王或高官外出，要清扫道路，驱赶行人。此指扫荡敌人。舆驾：皇帝的坐车，此代指皇帝。

太宗《帝范》[1]曰："夫兵甲者，国家凶器也。土地虽广，好战则人凋；

邦国虽安，忘战则人殆。凋非保全之术，殆非拟寇[②]之方，不可以全除，不可以常用。故农隙讲武，习威仪也；三年治兵，辨等列也。是以勾践轼蛙[③]，卒成霸业；徐偃弃武[④]，终以丧邦。何也？越习其威，徐忘其备也。孔子曰：'以不教人战，是谓弃之。'故知弧矢之威，以利天下[⑤]，此用兵之职也。"

【注释】

①《帝范》：书名，共四卷。唐太宗所作，赐给太子李治。② 拟寇：揣度敌情以待敌人。③ 勾践轼蛙：春秋时越王勾践被吴国打败，在复仇雪耻的路上向一只发怒的青蛙敬礼，以敬青蛙之勇。轼：敬礼。④ 徐偃弃武：西周时，徐国僭越称王，周穆王听说后，叫楚国出兵伐徐。徐偃王只讲文德，不搞武备，终于亡国。⑤"以不教民战"句：用未经训练的百姓去打仗，是让他们去送死，等于是抛弃他们。

贞观二十二年，太宗将重讨高丽。是时，房玄龄寝疾增剧，顾谓诸子曰："当今天下清谧[①]，咸得其宜，唯欲东讨高丽，方为国害。吾知而不言，可谓衔恨入地。"遂上表谏曰：

臣闻兵恶不戢，武贵止戈。当今圣化所覃[②]，无远不暨[③]。上古所不臣者，陛下皆能臣之；所不制者，皆能制之。详观古今，为中国患害，无过突厥。遂能坐运神策，不下殿堂，大小可汗，相次[④]束手，分典禁卫，执戟行间[⑤]。其后延陀鸱张[⑥]，寻就夷灭，铁勒慕义[⑦]，请置州县，沙漠已北，万里无尘。至如高昌叛涣于流沙，吐浑首鼠于积石，偏师薄伐，俱从平荡[⑧]。高丽历代逋诛[⑨]，莫能讨击。陛下责其逆乱，杀主虐人，亲总六军，问罪辽碣[⑩]。未经旬日，即拔辽东，前后虏获，数十万计，分配诸州，无处不满。雪往代之宿耻[⑪]，掩崤陵之枯骨[⑫]，比功校德，万倍前王。此圣主所自知，微臣安敢备说。

【注释】

① 清谧：清静，安宁。② 覃（tán）：延及。③ 暨：达到。④ 相次：相继，一个接一个。⑤ 典：主管。禁卫：皇帝的卫队。执戟：值宿警卫。

⑥ 鸱(chī)张：嚣张，凶暴。⑦ 铁勒慕义：贞观二十年(646)，江夏王李道宗击败薛延陀，遣使诏谕铁勒诸部，使其自愿归附唐朝。唐朝置燕然都护府，统铁勒诸部各羁縻州府。⑧ 叛涣：横行不法。流沙：泛指我国西北沙漠地区。首鼠：踌躇不决，进退不定。积石：在今甘肃省临夏市西北。偏师：小部分部队。薄：迫近。⑨ 逋(bū)：逃避。⑩ 辽碣(jié)：今河北昌黎县北。⑪ 宿耻：隋朝多次讨伐高丽，均遭败绩。⑫ 掩崤(xiáo)陵之枯骨：唐太宗在贞观十九年征高丽途中诏令掩埋阵亡将士并自作文祭奠。崤陵：在今河南省西部，秦岭东段支脉。

且陛下仁风被于率土，孝德彰于配天[①]。睹夷狄之将亡，则指期[②]数岁；授将帅之节度，则决机[③]万里。观风云气候，视景而望书，符应若神，筭无遗策[④]。擢将于行伍之中[⑤]，取士于凡庸之末。远夷单使，一见不忘；小臣之名，未尝再问。箭穿七札，弓贯六钧[⑥]。加以留情坟典，属意篇什，笔迈钟、张，词穷贾、马[⑦]。文锋既振，则宫徵自谐；轻翰暂飞，则花葩竞发[⑧]。抚万姓以慈，遇群臣以礼。褒秋毫之善，解吞舟之网[⑨]。逆耳之谏必听，肤受之愬斯绝[⑩]。好生之德，禁障塞于江湖；恶杀之仁，息鼓刀于屠肆[⑪]。凫鹤荷稻粱之惠，犬马蒙帷盖之恩[⑫]。降尊吮思摩之疮，登堂临魏征之柩[⑬]。哭战亡之卒[⑭]，则哀动六军；负填道之薪[⑮]，则情感天地。重黔黎之大命，特尽心于庶狱[⑯]。臣心识昏愦[⑰]，岂足论圣功之深远，谈天德之高大哉？陛下兼众美而有之，靡不备具，微臣深为陛下惜之重之，爱之宝之。

【注释】

① 配天：祖先。② 指期：指明日期。此作估计解。③ 决机：决胜。④ 筭(suàn)无遗策：筭，同“算”。算计没有失策。⑤ 行伍之中：士兵队伍中。⑥ 箭穿七札：春秋时养由基善射，能一箭射穿七层铠甲。札，铠甲。弓贯六钧：《左传》定公八年，鲁国伐齐国，颜高之弓六钧。钧，重量单位。⑦ 坟典：古代书名，即三坟、五典。篇什：《诗经》中“雅”、“颂”以十篇为“什”。后人以“篇什”称诗章。钟、张：汉魏书法家钟繇、张芝。贾、马：西汉文学家贾谊、司马相如。⑧ 宫徵(zhǐ)：古代五音中两个音级。此指音调、韵律。翰：毛笔。暂：初，开始。葩(pā)：花。⑨ 解吞舟

之网：比喻法网宽大。吞舟：大鱼的代称。⑩ 肤受之愬：肤受，浮泛不实，即谗言。愬(sù)："诉"的异体字。诽谤。⑪ 鼓刀：动刀发出声音，指宰杀牲畜。屠肆：肉肆，肉店。⑫ 凫(fú)：野鸭。荷：担负，承受。帷盖：车的帷幔和车盖。⑬ 吮思摩之疮：贞观十九年(645)，唐太宗征高丽，攻白岩城，右卫大将军李思摩为流矢射中，唐太宗亲自为他吮吸伤口的毒血。临魏征之柩：贞观十七年，魏征卒，唐太宗亲至灵堂致祭，恸哭失声。⑭ 哭战亡之卒：贞观十九年，唐太宗征高丽，至营州，诏令收集阵亡将士骸骨葬于柳城东南，命有司设太牢，亲自作文祭奠，临哭致哀。⑮ 负填道之薪：贞观十九年，唐太宗渡辽河，辽地多沼泽地，车马难以通行，便命长孙无忌带领万人割柴草填道，水深处用车作桥。唐太宗亲自在马鞍上捆系柴草，帮助填道。⑯ 庶狱：百姓的官司。⑰ 愦(kuì)：糊涂。

《周易》曰："知进而不知退，知存而不知亡，知得而不知丧。"又曰："知进退存亡，而不失其正者，其惟圣人乎！"由此言之，进有退之义，存有亡之机，得有丧之理，老臣所以为陛下惜之者，盖谓此也。《老子》曰："知足不辱，知止不殆[①]。"臣谓陛下威名功德，亦可足矣；拓地开疆，亦可止矣。彼高丽者，边夷贱类，不足待以仁义，不可责以常理。古来以鱼鳖畜之，宜从阔略[②]。必欲绝其种类，深恐兽穷则搏。且陛下每决死囚，必令三覆五奏，进素食，停音乐者，盖以人命所重，感动圣慈也。况今兵士之徒，无一罪戾，无故驱之于战阵之间，委之于锋刃之下，使肝脑涂地，魂魄无归，令其老父孤儿、寡妻慈母，望辒[③]车而掩泣，抱枯骨而摧心[④]，足变动阴阳[⑤]，感[⑥]伤和气，实天下之冤痛也。且兵，凶器；战，危事，不得已而用之。向使高丽违失臣节，而陛下诛之可也；侵扰百姓，而陛下灭之可也；久长能为中国患，而陛下除之可也。有一于此，虽日杀万夫，不足为愧。今无此三条，坐烦中国，内为旧主[⑦]雪怨，外为新罗[⑧]报仇，岂非所存者小，所损者大？

【注释】

①"知足不辱"句：凡事能够知足，就不会遭受困辱；知道适可而止，就不会遇到危险。② 阔略：宽缓简略。③ 辒(wèi)：同"槥"，小棺材。

④ 摧心：撕心裂肺般悲伤。⑤ 阴阳：古代哲学中的两个对立范畴，以阴阳的交错变化来说明物质世界的运动和发展。唯心论者认为阴阳变化是天意的表现。⑥ 感：通“撼”，摇动。⑦ 旧主：高丽王高武，为其莫离支盖苏文所杀。⑧ 新罗：贞观十七年(643)，新罗遣使节至唐，言百济攻占其国四十余城，又与高丽连兵，谋断绝新罗入贡唐朝之路，乞兵救援。唐太宗遣使节至高丽，警告其勿攻新罗。高丽不听，唐太宗遂欲征之。

愿陛下遵皇祖老子[①]止足之诫，以保万代巍巍之名。发霈然之恩[②]，降宽大之诏，顺阳春[③]以布泽，许高丽以自新，焚凌波之船，罢应募之众[④]，自然华夷庆赖，远肃迩安[⑤]。臣老病三公，朝夕入地，所恨竟无尘露，微增海岳。谨罄残魂余息，豫代结草[⑥]之诚。倘蒙录此哀鸣[⑦]，即臣死骨不朽。

太宗见表，叹曰：“此人危笃如此，尚能忧我国家。”虽谏不从，终为善策。

【注释】

① 皇祖老子：皇祖，一般指祖父，此指远祖。据说唐初晋州人吉善在羊角山见一白衣老人，嘱令转告唐天子，勿忘祖宗。唐高祖疑白衣老人为老子，故建老子庙于羊角山，尊老子为远祖，春秋致祭。② 发霈(pèi)然之恩：贞观十八年(644)，唐太宗欲东征高丽，于长安、洛阳征募甲士三千，造战舰五百艘。霈然，雨水很多的样子。③ 阳春：温暖的春天。比喻惠政。④ “焚凌波之船”句：贞观十八年至十九年，唐太宗征高丽，发天下甲士，招募十万，以战舰五百艘，自莱州渡海趋平壤。凌波，渡过波涛。应募，应朝廷招募兵士的命令。⑤ 迩：近。⑥ 结草：《左传》宣公十五年载魏颗事，以结草比喻救女之恩。⑦ 哀鸣：比喻人临终时所说的善言。

贞观二十二年，军旅亟动[①]，宫室互兴，百姓颇有劳弊。充容徐氏[②]上疏谏曰：

贞观已来，二十有余载，风调雨顺，年登岁稔，人无水旱之弊，国无饥馑之灾。昔汉武帝，守文之常主[③]，犹登刻玉之符[④]；齐桓公，小国之庸君，尚涂泥金之事[5]。望陛下推功损已，让德不居[6]。亿兆倾心，犹阙告成之礼[7]；云、亭伫谒，未展升中之仪[8]。此之功德，足以咀嚼百王，网罗千代者矣[9]。然古人有云："虽休[10]勿休。"良[11]有以也。守初保末，圣哲罕兼。是知业大者易骄，愿陛下难之；善始者难终，愿陛下易之。

【注释】

① 亟(qì)动：屡次行动。② 充容：唐代嫔妃名。徐氏：唐太宗妃徐惠。③ 常主：一般的君主。④ 犹登刻玉之符：登，古代祭器，引申为祭祀，此作封禅解。刻玉之符，即玉牒，古代帝王封禅时所用的文书，刻写在玉版之上。⑤ 涂：图。泥金之事：齐桓公称霸后，会诸侯于葵丘，欲举行封禅仪式，为管仲所谏止。泥金，封禅用玉牒、玉检，以水银和金屑为封泥。⑥ 让德不居：礼让功德而不自己占有。⑦ 告成之礼：《通典》："古者帝王之兴，每易姓而起，以致太平，必封乎泰山，所以告成公也。"⑧ 云、亭：泰山下的云云山、亭亭山，传说黄帝禅亭亭山，五帝禅云云山。伫谒：伫立谒告。升中之仪：古代帝王登五岳，燔柴祭天，以告事业成功的仪式。⑨ 咀嚼：品评，褒贬。网罗：囊括，盖过。⑩ 休：吉利，高兴。⑪ 良：很。

窃见顷年以来，力役兼总[1]，东有辽海之军，西有昆丘之役，士马疲于甲胄，舟车倦于转输[2]。且召募役戍[3]，去留怀死生之痛，因风阻浪，人米有漂溺[4]之危。一夫力耕，年无数十之获；一船致损，则倾覆数百之粮。是犹运有尽之农功，填无穷之巨浪；图未获之他众，丧已成之我军。虽除凶伐暴，有国常规，然黩武玩兵[5]，先哲所戒。昔秦皇并吞六国，反速危祸之基；晋武奄有三方[6]，翻成覆败之业。岂非矜功恃大，弃德轻邦，图利忘害，肆情纵欲？遂使悠悠六合，虽广不救其亡；嗷嗷[7]黎庶，因弊以成其祸。是知地广非常安之术，人劳乃易乱之源。愿陛下布泽流仁[8]，矜弊恤乏，减行役[9]之烦，增雨露之惠。

【注释】

① 力役兼总：兵事和徭役同时进行。② 辽海之军：贞观十八年

(644)唐太宗征讨高丽之事。昆丘之役：贞观二十二年唐军西征龟兹之事。昆丘，昆仑山。③ 役戍：驻防边疆的士兵。④ 漂溺：漂泊淹没。⑤ 黩武玩兵：滥用武力，好战。⑥ 晋武奄有三方：晋武帝代魏自立，并攻占蜀、吴，统一中国。⑦ 嗷嗷：哀号声。⑧ 流仁：流离失所之人。⑨ 行役：因服兵役或劳役而在外奔波跋涉。

妾又闻为政之本，贵在无为。窃见土木之功，不可遂兼。北阙初建，南营翠微，曾未逾时，玉华[①]创制，非惟构架[②]之劳，颇有工力之费。虽复茅茨示约[③]，犹兴木石之疲，假使和雇[④]取人，不无烦扰之弊。是以卑宫菲食[⑤]，圣王之所安；金屋瑶台，骄主之为丽。故有道之君，以逸逸人[⑥]；无道之君，以乐乐身。愿陛下使之以时，则力不竭矣；用而息之，则心斯悦矣。

【注释】

① 玉华：玉华宫，在今陕西宜君县，贞观二十一年(647)建。② 构架：建造宫宇。③ 茅茨示约：用茅草盖屋显示节约。④ 和雇：由官府出资雇佣工匠、劳力。⑤ 卑宫菲食：宫室简陋，饮食简单。⑥ 以逸逸人：用逸乐使人民得到休息。

夫珍玩技巧，为丧国之斧斤；珠玉锦绣，实迷心之酖毒。窃见服玩鲜靡[①]，如变化于自然；职贡[②]奇珍，若神仙之所制，虽驰华于季俗[③]，实败素于淳风。是知漆器非延叛[④]之方，桀造之而人叛；玉杯岂招亡之术，纣用之而国亡。方验侈丽之源，不可不遏[⑤]。夫作法于俭，犹恐其奢；作法于奢，何以制后？伏惟陛下，明照[⑥]未形，智周无际[⑦]，穷奥秘于麟阁[⑧]，尽探赜于儒林[⑨]。千王治乱之踪，百代安危之迹，兴亡衰乱之数，得失成败之机，固亦包吞心府[⑩]之中，循环目围[⑪]之内，乃宸衷[⑫]久察，无假一二言焉。惟知之非难，行之不易，志骄于业著，体逸于时安。伏愿抑志裁心[⑬]，慎终成始，削轻过以添重德，择今是以替前非，则鸿名与日月无穷，盛业与乾坤[⑭]永泰！

太宗甚善其言，特加优赐甚厚。

【注释】

① 鲜靡：鲜艳细腻。② 职贡：赋税贡献。③ 季俗：末世衰俗。④ 延叛：引起叛逆。⑤ 遏(è)：阻止。⑥ 明照：明亮照耀。意谓能详细地考察。⑦ 智周无际：智慧无穷无尽。⑧ 麟阁：麒麟阁，汉宣帝曾令人画功臣像于阁上，以表彰其功绩。⑨ 探赜(zé)：探究深奥的义理，搜索隐秘的事迹。⑩ 心府：心胸。⑪ 目围：目光所能达到的范围。⑫ 宸(chén)衷：宸，帝王居住处，借指帝王。衷，内心。⑬ 抑志裁心：按抑心志，裁制心思。⑭ 乾、坤：《周易》中的两个卦名。指阴阳两种势力，阳性势力为乾，阴性势力为坤。《易传》认为，乾的作用在于使万物发生，坤的作用在于使万物成长。后引申为天地、世界。

【导读】

唐朝是我国多民族国家形成的重要时期，因此，如何处理中央政权与四方少数民族政权甚至藩属国的关系就成为重要的国政问题。本章记述的主要是贞观群臣的军事政策史实。无论是“便桥”之战，还是“亲征高丽”，唐太宗都身先士卒，勇猛不屈，表现出其以弱胜强的军事胆识；运筹帷幄、有勇有谋及与敌人周旋的心理战术；善用骑兵、集中优势兵力的用兵战略，具有杰出的军事才能，但其亦保有军事道德和情操，不恃强凌弱、不乘人之危、不兴无义之战。帝王大兴征伐，穷兵黩武，一是为解决边疆之乱，更多的是为拓展疆域以显功名，而太宗明确表示其兴征伐不求虚名，布施恩泽、止兵息战以安百姓。治世之道为以德治国，治军之道为以德治军，虽尚德而治，亦不全除武力。在对待民族问题尚和亲，而非武力征伐，表现出其平等的态度和开放的胸襟，欲使现代人明了战争只是不得已之举，友好往来才是邦交的主流。

议安边第三十六

贞观四年，李靖击突厥颉利，败之，其部落多来归降者。诏议安边之策，中书令温彦博议：“请于河南[①]处之。准汉建武[②]时，置降匈奴于五原[③]

塞下,全其部落,得为捍蔽[4],又不离其土俗,因而抚之,一则实空虚之地,二则示无猜之心,是含育之道也。"太宗从之。秘书监魏征曰:"匈奴自古至今,未有如斯之破败,此是上天剿绝,宗庙神武。且其世寇中国,万姓冤仇,陛下以其为降,不能诛灭,即宜遣发河北[5],居其旧土。匈奴人面兽心,非我族类,强必寇盗,弱则卑伏,不顾恩义,其天性也。秦、汉患之者若是,故时发猛将以击之,收其河南以为郡县。陛下以内地居之,且今降者几至十万,数年之后,滋息过倍,居我肘腋,甫迩王畿[6],心腹之疾,将为后患,尤不可处以河南也。"温彦博曰:"天子之于万物也,天覆地载,有归我者则必养之。今突厥破除,余落归附,陛下不加怜愍,弃而不纳,非天地之道,阻四夷之意,臣愚甚谓不可,宜处之河南。所谓死而生之,亡而存之,怀我厚恩,终无叛逆。"魏征曰:"晋代有魏时,胡部落分居近郡,江统[7]劝逐出塞外,武帝不用其言,数年之后,遂倾瀍、洛[8]。前代覆车,殷鉴不远。陛下必用彦博言,遣居河南,所谓养兽自遗患也。"彦博又曰:"臣闻圣人之道,无所不通。突厥余魂[9],以命归我,收居内地,教以礼法,选其酋首,遣居宿卫,畏威怀德,何患之有?且光武居河南单于于内郡,以为汉藩翰,终于一代,不有叛逆。"又曰:"隋文帝劳兵马,费仓库,树立可汗,令复其国,后孤恩失信,围炀帝于雁门。今陛下仁厚,从其所欲,河南、河北,任情居住,各有酋长,不相统属,力散势分,安能为害?"给事中杜楚客[10]进曰:"北狄人面兽心,难以怀德,易以威服。今令其部落散处河南,逼近中华,久必为患。至如雁门之役,虽是突厥背恩,自由隋主无道。中国以之丧乱,岂得云兴复亡国以致此祸?夷不乱华,前哲明训,存亡继绝[11],列圣通规。臣恐事不师古,难以长久。"太宗嘉其言,方务怀柔[12],未之从也。卒用彦博策,自幽州至灵州,置顺、祐、化、长四州都督府以处之,其人居长安者近且万家。

【注释】

① 河南:北方河套以南地区。② 建武:汉光武帝的年号。③ 五原:汉代郡名,今内蒙古包头市西北。东汉匈奴南单于分部众屯居于此。④ 捍蔽:坚实的屏障。⑤ 河北:黄河以北之地。⑥ 甫迩王畿:靠近都城。⑦ 江统:字应元,陈留圉(今河南杞县南)人。⑧ 瀍(chán)、洛:瀍河和洛河,均在河南洛阳附近,此代指东汉都城洛阳。⑨ 余魂:剩余下

来的人。⑩ 杜楚客：杜如晦之弟，贞观四年(630)召为给事中，有能名。⑪ 存亡继绝：恢复灭亡的，延续断绝的。⑫ 怀柔：用政治手段笼络他族别国，使其归附。

自突厥颉利破后，诸部落首领来降者，皆拜将军[1]中郎将，布列朝廷，五品已上百余人，殆与朝士相半。惟拓拔[2]不至，又遣招慰之，使者相望于道[3]。凉州都督李大亮以为于事无益，徒费中国，上疏曰："臣闻欲绥远[4]者必先安近。中国百姓，天下根本，四夷之人，犹于枝叶，扰其根本以厚枝叶，而求久安，未之有也。自古明王，化中国以信，驭夷狄以权。故《春秋》云：'戎狄豺狼，不可厌也；诸夏亲昵，不可弃也[5]。'自陛下君临区宇[6]，深根固本，人逸兵强，九州殷富，四夷自服。今者招致突厥，虽入提封[7]，臣愚稍觉劳费，未悟其有益也。然河西民庶，镇御藩夷，州县萧条，户口鲜少，加因隋乱，减耗尤多，突厥未平之前，尚不安业，匈奴微弱以来，始就农亩，若即劳役，恐致妨损，以臣愚惑，请停招慰。且谓之荒服[8]者，故臣而不纳。是以周室爱民攘狄，竟延八百之龄；秦王轻战事胡，故四十载而绝灭。汉文养兵静守，天下安丰；孝武扬威远略，海内虚耗，虽悔轮台[9]，追已不及。至于隋室，早得伊吾，兼统鄯善[10]，且既得之后，劳费日甚，虚内致外，竟损无益。远寻秦、汉，近观隋室，动静安危，昭然备矣。伊吾虽已臣附，远在藩碛[11]，民非夏人，地多沙卤[12]。其自竖立称藩附庸[13]者，请羁縻受之，使居塞外，必畏威怀德，永为藩臣，盖行虚惠而收实福矣。近日突厥倾国入朝，既不能俘[14]之江淮，以变其俗，乃置于内地，去京不远，虽则宽仁之义，亦非久安之计也。每见一人初降，赐物五匹，袍一领，酋长悉授大官，禄厚位尊，理多糜费。以中国之租赋，供积恶之凶虏，其众益多，非中国之利也。"太宗不纳。

【注释】

① 将军：唐官名。唐代十六卫，羽林、龙武、神武、神策等军，均于大将军之下设将军之官，为武散官。② 拓拔：党项羌首领之一。③ 相望于道：使者往来频繁。④ 绥远：安抚远邦。⑤ "《春秋》云"句：此《左传》闵公元年载管仲告诉齐侯之语。⑥ 区宇：疆土地域。⑦ 提封：指诸侯或

宗室的封地，也指四境之内。⑧ 荒服：古代王畿之外每五百里为一服，最远者称荒服。⑨ 轮台：轮台国，在今新疆轮台东南。⑩ 伊吾：西域地名，隋大业六年(610)置郡，治所在今新疆哈密。鄯(shàn)善：古西域国名，本名楼兰，在今新疆若羌县一带，隋大业五年置郡。⑪ 薄碛(qì)：沙漠。⑫ 沙卤：多砂石的盐碱地。⑬ 附庸：内附、内属。⑭ 俘：通“浮”。

十三年，太宗幸九成宫。突利可汗弟中郎将阿史那结社率①阴结所部，并拥突利子贺罗鹘夜犯御营②，事败，皆捕斩之。太宗自是不直③突厥，悔处其部众于中国，还其旧部于河北，建牙于故定襄城④，立李思摩为乙弥泥熟俟利苾可汗以主之⑤。因谓侍臣曰：“中国百姓，实天下之根本，四夷之人，乃同枝叶，扰其根本以厚枝叶，而求久安，未之有也。初不纳魏征言，遂觉劳费日甚，几失久安之道。”

【注释】

① 阿史那结社率：突利可汗之弟，贞观四年(630)入朝。② 御营：皇帝住的营帐。此指太宗在九成宫的住宿处。③ 直：信任。④ 建牙：此指武将出外镇守地方。定襄城：指隋定襄郡城，贞观十四年于此置云州，今山西大同市。⑤ 主：统帅。

【导读】

突厥被打败后归降，究竟将其遗部安置在河套以南还是以北地区，贞观君臣对此有不同意见。魏征和李大亮认为应安置在河套以北地区，其理由是怕危及中原安全，或者认为这是劳民伤财，有害无益；而温彦博则主张应安置在河套以南地区。这场辩论虽然只是一个具体的政策，但却涉及到如何认识和处理与少数民族的关系问题。由于太宗当时的政策主枢是和亲，因此采用了温彦博的主张。最后由于突厥人的预谋暗杀，使太宗又改其政策，并且从思想上回到了传统的“非我族类，其心必异”的“华夷之辨”的正统观念上。

贞观十四年，侯君集平高昌之后，太宗欲以其地为州县。魏征曰：“陛下初临天下，高昌王先来朝谒，自后数有商胡[①]称其遏绝贡献，加之不礼大国诏使，遂使王诛载加[②]。若罪止文泰，斯亦可矣。未若因抚其民而立其子，所谓伐罪吊民，威德被于遐外，为国之善者也。今若利其土壤以为州县，常须千余人镇守，数年一易。每来往交替，死者十有三四，遣办衣资，离别亲戚。十年之后，陇右[③]空虚，陛下终不得高昌撮[④]谷尺布以助中国。所谓散有用而事无用，臣未见其可。”太宗不从，竟以其地置西州，仍以西州为安西都护府[⑤]，每岁调发千余人防遏其地。

【注释】

① 商胡：经商的胡人。② 载加：一再增加。③ 陇右：唐初十道之一，辖境在今甘肃六盘山以西、青海省青海湖以东及新疆东部。④ 撮（cuō）：量词。⑤ 安西都护府：唐六都护府之一，统辖安西四镇。都护府，官署名。管理辖境内的边防、行政及各族事务。

黄门侍郎褚遂良亦以为不可，上疏曰：“臣闻古者哲后[①]临朝，明王创业，必先华夏而后夷狄，广诸德化，不事遐荒。是以周宣[②]薄伐，至境而反；始皇远塞[③]，中国分离。陛下诛灭高昌，威加西域，收其鲸鲵[④]，以为州县。然则王师初发之岁，河西供役之年，飞刍挽粟[⑤]，十室九空，数郡萧然，五年不复。陛下每岁遣千余人而远事屯戍，终年离别，万里思归。去者资装，自须营办，既卖菽粟，倾其机杼[⑥]。经途死亡，复在言外。兼遣罪人，增其防遏，所遣之内，复有逃亡，官司捕捉，为国生事。高昌涂路，沙碛千里，冬风冰冽，夏风如焚，行人遇之多死。《易》云：‘安不忘危，治不忘乱。’设令张掖尘飞，酒泉烽举[⑦]，陛下岂能得高昌一人菽粟而及事乎？终须发陇右诸州，星驰电击[⑧]。由斯而言，此河西者方于心腹，彼高昌者他人手足，岂得縻费中华，以事无用？陛下平颉利于沙塞，灭吐浑于西海，突厥余落，为立可汗，叶浑遗萌[⑨]，更树君长，复立高昌，非无前例，此所谓有罪而诛之，既服而存之。宜择高昌可立者，征[⑩]给首领，遣还本国，负戴洪恩，长为藩翰。中国不扰，既富且宁，传之子孙，以贻后代。”疏奏，不纳。

【注释】

① 后：国王。② 周宣：周宣王，其征伐猃狁，追逐至边境而止。③ 始皇远塞：秦始皇派大将蒙恬发兵三十万人，收河南地，设四十四县；筑长城，因地形以筑险塞，东自辽东，西至临洮，连续万余里。④ 鲸鲵(ní)：古人称雄鲸作鲸，雌鲸作鲵。此指凶悍的强敌。⑤ 飞刍挽粟：快速运送军用粮草。⑥ 菽(shū)粟：粮食。机杼(zhù)：织布机，此指布帛。⑦ 张掖：郡名，在今甘肃省，为通往西域及漠北的要冲。酒泉：郡名，在今甘肃省，河西走廊上的重镇。⑧ 星驰电击：似流星奔驰，如电光闪击。形容极其迅速。⑨ 西海：郡名，在今青海省青海湖附近一带。萌：民。⑩ 征：征聘，招聘。

至十六年，西突厥遣兵寇西州，太宗谓侍臣曰："朕闻西州有警急，虽不足为害，然岂能无忧乎？往者初平高昌，魏征、褚遂良劝朕立麹文泰子弟，依旧为国，朕竟不用其计，今日方自悔责。昔汉高祖遭平城之围而赏娄敬[①]，袁绍败于官渡而诛田丰[②]，朕恒以此二事为诫，宁得忘所言者乎！"

【注释】

① 昔汉高祖遭平城之围而赏娄敬：汉高祖欲击匈奴，娄敬劝阻，汉高祖不听，亲率大军至平城，被匈奴围攻于白登，七日后围解，汉高祖退兵，召娄敬，拜为关内侯。② 袁绍败于官渡而诛田丰：建安五年(200)，袁绍被曹操击败于官渡，退至黎阳。有人对田丰说："你必定要得到重用。"田丰则称："如今袁绍败退，内心怨忿，我可能活不成了。"其后，袁绍果然诛之。

【导读】

高昌国被灭后，围绕选该国后代贤者统治还是设郡县统治，贞观君臣看法不一致，魏征、褚遂良等都主张前者，即"伐罪吊民，威德被于遐外，为国之善者也"。但太宗不纳，最终导致西突厥来犯，太宗悔矣。这则史实体现出传统政治哲学的德泽广被、不以力服的安边观念。

卷 十

论行幸第三十七

贞观初，太宗谓侍臣曰："隋炀帝广造宫室，以肆行幸。自西京至东都，离宫别馆，相望道次[1]，乃至并州、涿郡[2]，无不悉然。驰道皆广数百步，种树以饰其傍[3]。人力不堪，相聚为贼。逮至末年，尺土一人，非复己有。以此观之，广宫室，好行幸，竟有何益？此皆朕耳所闻，目所见，深以自诫。故不敢轻用人力，惟令百姓安静，不有怨叛而已。"

【注释】

① 相望道次：形容离宫别馆极多，相距不远，顺道路依次排列分布。② 并州：治所在今山西省太原市。涿郡：治所在今北京市西南。③ 傍：旁。

贞观十一年，太宗幸洛阳宫，泛舟于积翠池，顾谓侍臣曰："此宫观台沼[1]并炀帝所为，所谓驱役生民，穷此雕丽，复不能守此一都，以万民为虑。好行幸不息，民所不堪。昔诗人云：'何草不黄？何日不行[2]？''小东大东，杼轴其空[3]。'正谓此也。遂使天下怨叛，身死国灭，今其宫苑尽为我有。隋氏倾覆者，岂惟其君无道，亦由股肱无良。如宇文述、虞世基、裴蕴[4]之徒，居高官，食厚禄，受人委任，惟行谄佞，蔽塞聪明，欲令其国无危，不可得也。"司空长孙无忌奏言："隋氏之亡，其君则杜塞忠谠之言，臣则苟欲自全，左右有过，初不纠举，寇盗滋蔓，亦不实陈。据此，即不惟天道，实由君臣不相匡弼。"太宗曰："朕与卿等承其余弊，惟须弘道移风[5]，使万世永赖矣。”

【注释】

① 沼：小池。②“何草不黄”句：讽刺周幽王用兵不息，军旅自岁始草生而出，至岁晚百草枯黄仍未归，百姓困苦。语出《诗经·何草不黄》。③“小东大东”句：语出《诗经·大东》。这里指隋朝统治者对人民的残酷压榨。④ 裴蕴：隋炀帝时任民部侍郎、御史大夫，迎合帝意，朋比结党，后死于宇文化及发动的兵变。⑤ 弘道移风：发扬光大正道，改变社会风气。

贞观十三年，太宗谓魏征等曰：“隋炀帝承文帝余业，海内殷阜[①]，若能常处关中，岂有倾败？遂不顾百姓，行幸无期，径往江都，不纳董纯、崔象[②]等谏诤，身戮国灭，为天下笑。虽复帝祚长短，委以玄天[③]，而福善祸淫，亦由人事[④]。朕每思之，若欲君臣长久，国无危败，君有违失，臣须极言。朕闻卿等规谏，纵不能当时即从，再三思审，必择善而用之。”

【注释】

① 殷阜(fù)：形容国家富足。② 董纯：隋臣，以从杨素平定汉王杨谅叛乱之功拜柱国，进封郡公。崔象：崔民象，奉信郎，大业十二年(616)因劝谏隋炀帝勿幸江都，被杀。③ 玄天：幽深莫测的天空，上天。④ 人事：人为之事，人力。

贞观十二年，太宗东巡狩，将入洛，次于显仁宫[①]，宫苑官司多被责罚。侍中魏征进言曰：“陛下今幸洛州，为是旧征行处，庶其安定，故欲加恩故老。城郭之民未蒙德惠，官司苑监多及罪辜，或以供奉之物不精，又以不为献食。此则不思止足，志在奢靡，既乖行幸本心，何以副百姓所望？隋主先命在下多作献食，献食不多，则有威罚。上之所好，下必有甚，竞为无限，遂至灭亡。此非载籍所闻，陛下目所亲见。为其无道，故天命陛下代之。当战战栗栗，每事省约，参踪前列，昭训子孙，奈何今日欲在人之下？陛下若以为足，今日不啻足矣；若以为不足，万倍于此，亦不足也。”太宗大惊曰:"非公,朕不闻此言。自今已后,庶几无如此事。"

【注释】

① 显仁宫:隋炀帝大业元年(601)所建造的行宫。

【导读】

行幸本为君王视察民情、了解治政得失之举。元代戈直称:"有虞之制,五载一巡守;成周之盛,六年一时巡。……其车从至为简省,其供给至为俭约,胡民以其所行为幸,所不行为不幸。"但是后世一些帝王以其为豪奢的一种手段,致使朝廷大生腐败之风。太宗游洛阳宫触景生情,思隋亡之训,诚纳忠谏,免于行幸无期,务求俭约,主明臣忠,弘道移风。唐太宗以身作则,弘俭节用,体恤民情,安定民心,使唐初社会发展由乱而治。

论畋猎第三十八

秘书监虞世南以太宗颇好畋猎,上疏谏曰:"臣闻秋狝冬狩①,盖惟恒典②;射隼从禽③,备乎前诰。伏惟陛下因听览之余辰④,顺天道以杀伐,将欲摧班碎掌⑤,亲御皮轩⑥,穷猛兽之窟穴,尽逸材于林薮⑦。夷凶翦暴,以卫黎元,收革擢羽⑧,用充军器,举旗效获⑨,式遵前古。然黄屋之尊,金舆之贵⑩,八方之所仰德,万国之所系心⑪,清道而行,犹戒衔橛⑫。斯盖重慎防微,为社稷也。是以马卿直谏⑬于前,张昭变色⑭于后,臣诚细微,敢忘斯义?且天弧星罼⑮,所殪⑯已多,颁禽赐获,皇恩亦溥⑰。伏愿时息猎车,且韬长戟⑱,不拒刍荛之请,降纳涓浍之流⑲,袒裼徒搏⑳,任之群下,则贻范百王,永光万代。"太宗深嘉其言。

【注释】

① 秋狝(xiǎn)冬狩(shòu):据《周礼》载,大司马仲秋教治兵以狝田,致禽以祀祊,仲冬教大阅以狩田,献禽以享烝。狝,秋天狩猎。② 恒典:永久不变的制度。③ 隼(sǔn):一种猛禽。从:追逐。④ 听览之余辰:

听取进谏，审阅奏章后的空闲时间。⑤ 班：虎身上的斑纹，借指老虎。掌：熊掌，借代熊。⑥ 皮轩：用虎皮装饰的猎车。⑦ 逸材：超人之才，此指特别凶猛的野兽。林薮（sǒu）：丛木曰林，泽无水曰薮。此指猛兽聚集的地方。⑧ 夷凶剪暴：铲除凶恶，消灭残暴。黎元：百姓。收革擢羽：收集兽皮，拔取羽毛。⑨ 效获：贡献猎获物。⑩ 黄屋：古代帝王坐车用黄缯为车盖的内面，此借指帝王的坐车。金舆：用金玉装饰的车厢，此借指帝王的坐车。⑪ 系心：归附之心。⑫ 衔橛（jué）：衔，马勒口。橛，马衔木。⑬ 马卿直谏：司马相如曾随汉武帝在长杨狩猎，汉武帝喜欢亲自猎杀熊、野猪，相如上疏谏，汉武帝从之。⑭ 张昭变色：张昭，东吴孙权的主要谋臣，孙权曾乘马射虎，张昭严肃地加以劝谏。⑮ 弧、罼（bì）：弧，弓。罼，畋猎用的长柄网。⑯ 殪（yì）：杀死。⑰ 溥（pǔ）：普遍。⑱ 且韬长戟（jǐ）：收藏起长戟。⑲ 浍（kuài）：水沟。⑳ 袒（tǎn）裼（xī）：脱衣露体。

谷那律[①]为谏议大夫，尝从太宗出猎，在途遇雨，太宗问曰："油衣[②]若为得不漏？"对曰："能以瓦为之，必不漏矣。"意欲太宗弗数游猎，大被嘉纳。赐帛五十段，加以金带。

【注释】

① 谷那律：魏州昌乐（今属山东）人，曾任国子博士，谏议大夫，熟悉经书。② 油衣：雨衣，一般用桐油涂在衣服上，用来防雨。

贞观十一年，太宗谓侍臣曰："朕昨往怀州[①]，有上封事者云：'何为恒差山东众丁于苑内营造？即日徭役，似不下隋时。怀、洛以东，残人不堪其命，而田猎犹数，骄逸之主也。今者复来怀州田猎，忠谏不复至洛阳矣。'四时蒐田[②]，既是帝王常礼，今日怀州，秋毫不干于百姓。凡上书谏正，自有常准，臣贵有词，主贵能改。如斯诋毁，有似咒诅。"侍中魏征奏称："国家开直言之路，所以上封事者尤多。陛下亲自披阅，或冀臣言可取，所以侥幸之士得肆其丑。臣谏其君，甚须折衷，从容讽谏。汉元帝尝以酎[③]祭宗庙，出便门，御楼船。御史大夫薛广德当乘舆免冠曰：'宜从桥，陛下不听臣言，臣自刎，以颈血污车轮，陛下不入庙矣。’元帝不悦。光禄卿张猛进曰：‘臣闻主圣臣直，乘船危，就桥安。圣主不乘危，广德言可听。’元帝曰：‘晓人不当如是耶！’乃从桥。以此而言，张猛可谓直臣谏君也。”太宗大悦。

【注释】

① 怀州：唐州名，治所在今河南省沁阳市。② 蒐(sōu)田：春天打猎。③ 酎(zhòu)：经过三次酿造的酒，味淳厚，故用来献祭宗庙。

贞观十四年，太宗幸同州沙苑[①]，亲格猛兽，复晨出夜还。特进魏征奏言：“臣闻《书》美文王不敢盘于游田，《传》述《虞箴》称夷、羿以为戒[②]。昔汉文临峻坂[③]欲驰下，袁盎揽辔[④]曰：‘圣主不乘危，不侥幸，今陛下骋六飞[⑤]，驰不测之山，如有马惊车败，陛下纵欲自轻，奈高庙何？’孝武好格猛兽，相如进谏：‘力称乌获，捷言庆忌[⑥]，人诚有之，兽亦宜然。猝遇逸材之兽，骇不存之地，虽乌获、逢蒙[⑦]之伎不得用，而枯木朽株[⑧]尽为难矣。虽万全而无患，然而本非天子所宜。’孝元帝郊泰畤[⑨]，因留射猎，薛广德称：‘窃见关东困极，百姓离灾。今日撞亡秦之钟[⑩]，歌郑、卫之乐，士卒暴露，从官劳倦，欲安宗庙社稷，何凭河暴虎[⑪]，未之戒也’？臣窃思此数帝，心岂木石，独不好驰骋之乐？而割情屈己，从臣下之言者，志存为国，不为身也。臣伏闻车驾近出，亲格猛兽，晨往夜还。以万乘之尊，暗行荒野，践深林，涉丰草，甚非万全之计。愿陛下割私情之娱，罢格兽之乐，上为宗庙社稷，下慰群寮兆庶[⑫]。”太宗曰：“昨日之事，偶属尘昏[⑬]，非故然也，自今深用为诫。”

【注释】

① 同州：唐州名，治所在今陕西省大荔。沙苑：地名，在陕西大荔之南，地多沙草，宜放牧。② 盘于游田：迷恋于狩猎。箴：古代文体之一，内容以劝诫为主。夷、羿：后羿，善射，不理国政，被家众所杀。③ 峻坂(bǎn)：陡坡。④ 袁盎：楚人，汉文帝时为中郎将。辔：马缰绳。⑤ 六飞：古代天子乘坐六匹马驾驭的车子。⑥ 乌获：战国秦武王时的大力

士，传说能举起三千斤重的龙文鼎。庆忌：春秋时吴王僚之子，据说他敏捷无比，能走追奔兽，手接飞鸟。⑦ 逢蒙：夏代善于射箭之人。⑧ 枯木朽株：枯朽的树木。比喻软弱无力的人或衰微的力量。⑨ 郊：古代君王于冬至日祭天于南郊称作郊。泰畤(zhì)：祭泰一神之坛。畤，祭天地五帝之坛。⑩ 亡秦之钟：已灭亡了的秦朝的乐钟。⑪ 凭河暴虎：涉水渡河，徒手打虎。比喻冒险行事。⑫ 寮：指一起做官的同事。⑬ 尘昏：因尘埃蒙蔽而昏暗，此指一时糊涂。

贞观十四年，冬十月，太宗将幸栎阳[1]游畋，县丞刘仁轨[2]以收获未毕，非人君顺动之时，诣行所[3]，上表切谏。太宗遂罢猎，擢拜仁轨新安令[4]。

【注释】

① 栎(lì)阳：在今陕西省临潼北。② 刘仁轨：字正则，汴州(今河南开封)人，武则天时任仆射。③ 诣行所：前往皇帝临时驻地。④ 新安：今河南省新安县。

【导读】

太宗自小喜好飞鹰走马，精于骑射。十七八岁时，就东征西讨，二十岁助父亲李渊发动兵变，奠定大唐开国基础。即位之后，平定边疆，英勇善战。一生的戎马生活，使畋猎成为其兴趣爱好。谏臣以太宗自身安危考虑，谏其弗数畋猎，即使畋猎也要不违农时。太宗欣然纳谏，克制喜好，割情屈己，志存为国。

论灾祥第三十九

贞观六年，太宗谓侍臣曰："朕此见众议以祥瑞为美事，频有表贺庆。如朕本心，但使天下太平，家给人足，虽无祥瑞，亦可比德于尧、舜。若百姓不足，夷狄内侵，纵有芝草遍街衢[1]，凤凰巢苑囿，亦何异于桀、纣？尝闻石勒[2]时，有郡吏燃连理木[3]，煮白雉肉吃，岂得称为明主耶？又隋文帝深爱祥瑞，遣秘书监王劭[4]著衣冠，在朝堂对考使[5]焚香，读《皇隋感瑞经》[6]。旧尝见传说此事，实以为可笑。夫为人君，当须至公理天下，以得万姓之欢心。若尧、舜在上，百姓敬之如天地，爱之如父母，动作兴事，人皆乐之，发号施令，人皆悦之，此是大祥瑞也。自此后诸州所有祥瑞，并不用申奏。"

【注释】

① 街衢(qú)：街道。② 石勒：羯族人，十六国时后赵的建立者。③ 连理木：不同根而枝干相连的树木。④ 王劭(shào)：隋文帝时任著作郎。⑤ 朝堂：宫室的堂屋。古代宫室前为堂，后为室。考使，诸州朝集史。⑥《皇隋感瑞经》：隋文帝好祥瑞，王劭便采歌谣、图谶、佛经文字等曲加修饰，撰成此书。

贞观八年，陇右山崩，大蛇屡见，山东及江、淮多大水。太宗以问侍臣，秘书监虞世南对曰："春秋时，梁山[1]崩，晋侯召伯宗[2]而问焉，对曰：'国主山川[3]，故山崩川竭，君为之不举乐，降服乘缦，祝币以礼焉[4]。'梁山，晋所主[5]也。晋侯从之，故得无害。汉文帝元年，齐、楚地[6]二十九山同日崩，水大出，令郡国[7]无来献，施惠于天下，远近欢洽，亦不为灾。后汉灵帝[8]时，青蛇见御座；晋惠帝时，大蛇长三百步，见齐地，经市入朝。按蛇宜在草野，而入市朝，所以为怪耳。今蛇见山泽，盖深山大泽必有龙蛇，亦不足怪。又山东之雨，虽则其常，然阴潜[9]过久，恐有冤狱，宜断省系囚，庶或当天意。且妖不胜德，修德可以销变。"太宗以为然，因遣使者赈恤饥馁[10]，申理冤讼，多所原宥。

【注释】

① 梁山：在今陕西韩城市西，也有人认为是陕西吕梁山。② 晋侯：晋景公。伯宗：晋国大夫。③ 国主山川：国家以山川为主。④ 缦(màn)：车中不饰文彩。祝币：祭祀献神的礼品。⑤ 晋所主：梁山是古梁国山名，为晋国所祭的名山。⑥ 齐、楚地：今山东省泰山以北黄河流

域及胶东半岛地区，为战国时齐地，汉以后仍沿称为齐。战国时楚疆域东北到今山东南部，西南至今广西东北角，后又扩至今江、浙两省，这一地区泛称楚地。⑦ 郡国：汉初郡和王国同为地方高级行政区划，至隋，始废国存郡。⑧ 后汉灵帝：在位时公开卖官爵，修宫殿，任宦官横行，最终激起黄巾起义，汉朝统治崩溃。⑨ 阴潜：阴雨天。⑩ 饥馁(něi)：灾民。

贞观八年，有彗星见于南方，长六丈，经百余日乃灭。太宗谓侍臣曰："天见彗星，由朕之不德，政有亏失，是何妖也？"虞世南对曰："昔齐景公时有彗星见，公问晏子。晏子对曰：'公穿池沼畏不深，起台榭畏不高，行刑罚畏不重，是以天见彗星，为公戒耳！'景公惧而修德，后十六日而星没。陛下若德政不修，虽麟凤数见，终是无益。但使朝无阙政，百姓安乐，虽有灾变，何损于德？愿陛下勿以功高古人而自矜大，勿以太平渐久而自骄逸，若能始终如一，彗星见未足为忧。"太宗曰："吾之理国，良无景公之过。但朕年十八便为经纶王业，北剪刘武周，西平薛举，东擒窦建德、王世充，二十四而天下定，二十九而居大位，四夷降伏，海内乂安。自谓古来英雄拨乱之主无见及者，颇有自矜之意，此吾之过也。上天见变，良为是乎？秦始皇平六国，隋炀帝富有四海，既骄且逸，一朝而败，吾亦何得自骄也？言念于此，不觉惕焉[①]震惧！"魏征进曰："臣闻自古帝王未有无灾变者，但能修德，灾变自销。陛下因有天变，遂能戒惧，反覆思量，深自克责，虽有此变，必不为灾也。"

【注释】

① 惕焉：担心的样子。

贞观十一年，大雨，谷水溢，冲洛城门，入洛阳宫，平地五尺，毁宫寺十九，所漂七百余家。太宗谓侍臣曰："朕之不德，皇天降灾。将由视听弗明，刑罚失度，遂使阴阳舛谬[①]，雨水乖常。矜物罪己，载怀忧惕[②]。朕又何情独甘滋味？可令尚食[③]断肉料，进蔬食。文武百官各上封事，极言得失。"中书侍郎岑文本上封事曰：

臣闻开拨乱之业，其功既难；守已成之基，其道不易。故居安思危，所以定其业也；有始有卒，所以崇其基也。今虽亿兆乂安，方隅宁谧，既承丧乱之后，又接凋弊之余，户口减损尚多，田畴垦辟犹少。覆焘④之恩著矣，而疮痍未复；德教之风被矣，而资产屡空。是以古人譬之种树，年祀绵远，则枝叶扶疏；若种之日浅，根本未固，虽壅之以黑坟，暖之以春日，一人摇之，必致枯槁。今之百姓，颇类于此。常加含养，则日就滋息；暂有征役，则随日凋耗；凋耗既甚，则人不聊生；人不聊生，则怨气充塞；怨气充塞，则离叛之心生矣。故帝舜曰："可爱非君，可畏非民。"孔安国曰："人以君为命，故可爱。君失道，人叛之，故可畏。"仲尼曰："君犹舟也，人犹水也。水所以载舟，亦所以覆舟。"是以古之哲王虽休勿休，日慎一日者，良为此也。

【注释】

① 舛谬：错乱。② 载怀忧惕：记在心中，忧虑警惕。③ 尚食：掌管帝王膳食的官署。④ 覆焘：焘，同"帱"，覆盖。

伏惟陛下览古今之事，察安危之机，上以社稷为重，下以亿兆在念。明选举，慎赏罚，进贤才，退不肖。闻过即改，从谏如流。为善在于不疑，出令期于必信。颐神养性①，省游畋之娱；去奢从俭，减工役之费。务静方内②，而不求辟土；载櫜③弓矢，而不忘武备。凡此数者，虽为国之恒道，陛下之所常行。臣之愚昧，惟愿陛下思而不怠，则至道之美与三、五比隆④，亿载之祚与天地长久。虽使桑穀为妖，龙蛇作孽，雉雊于鼎耳，石言于晋地⑤，犹当转祸为福，变灾为祥，况雨水之患，阴阳恒理，岂可谓天谴而系圣心哉？臣闻古人有言："农夫劳而君子养焉，愚者言而智者择焉。"辄陈狂瞽，伏待斧钺⑥。

太宗深纳其言。

【注释】

① 颐：调养。② 方内：国内，四境之内。③ 櫜（gāo）：收藏甲衣或弓箭的袋子。④ 三、五：三皇五帝。比隆：比拟。⑤ 桑穀：桑树、楮树。雉（zhì）雊（gòu）于鼎耳：《史记·殷本纪》载，武丁祭成汤，第二天有飞雉登鼎而鸣，武丁惧，祖己曰："王勿忧，先修政事。"武丁从之，殷道复兴。石

言于晋地:《左传》昭公八年春,有石言于晋。⑥ 养:食。辄陈狂瞽:妄自陈述无见无识的狂言乱语。瞽,眼瞎,引申为没有见识。斧钺:古代军法用于杀人的刑具,泛指刑戮。

【导读】

祥瑞谴告之说,在孔子思想中已经出现。孔子曰:"凤鸟不至,河不出图,吾已矣夫!""颜渊死。子曰:噫!天丧予!天丧予!"为祥瑞之说的最初形态。董仲舒通过其天、地、人相类的理论对祥瑞之说加以论证说:"美事召美类,恶事召恶类,类之相应而起也。……帝王之将兴也,其美祥亦先见;其将亡也,妖孽亦先见。物故以类相召也。"从而将为政得失与祥瑞灾异联系起来,治政好坏可引发祥瑞或灾异之象。历代君王大都迷信灾异祥瑞之兆,太宗作为封建君王,超脱于祥瑞灾异之说,而从根本上寻找治政得失的原因,以科学的态度分析治政成败。坚信妖不胜德,修德可以消变;如能坚持居安思危,善始善终,必可转祸为福、灾变为祥。

论慎终第四十

贞观五年,太宗谓侍臣曰:"自古帝王亦不能常化,假令内安,必有外扰。当今远夷率服,百谷丰稔,盗贼不作,内外宁静。此非朕一人之力,实由公等共相匡辅。然安不忘危,治不忘乱,虽知今日无事,亦须思其终始。常得如此,始是可贵也。"魏征对曰:"自古已来,元首股肱①不能备具。或时君称圣,臣即不贤;或遇贤臣,即无圣主。今陛下明,所以致治。向若直有贤臣,而君不思化,亦无所益。天下今虽太平,臣等犹未以为喜,惟愿陛下居安思危,孜孜不怠耳!"

【注释】

① 元首股肱(gōng):原指头与手足,此指君主与辅君。

贞观六年,太宗谓侍臣曰:"自古人君为善者,多不能坚守其事。汉高祖，泗上一亭长耳[①]，初能拯危诛暴，以成帝业，然更延十数年，纵逸之败，亦不可保。何以知之？孝惠[②]为嫡嗣之重，温恭仁孝，而高帝惑于爱姬之子，欲行废立，萧何、韩信功业既高，萧既妄系[③]，韩亦滥黜[④]，自余功臣黥布[⑤]之辈惧而不安，至于反逆[⑥]。君臣父子之间悖谬若此，岂非难保之明验也？朕所以不敢恃天下之安，每思危亡以自戒惧，用保其终。"

【注释】

① 泗上：泗水亭，刘邦曾任泗水亭长。② 孝惠：刘盈，汉高祖太子，吕后所生。③ 萧既妄系：萧何的遭遇。萧何，汉丞相，曾经为百姓求上林苑中空地为耕地，被高祖下狱，几天后才释放。④ 韩亦滥黜：韩信的遭遇。韩信，淮阴人，辅助高祖取天下。有人告韩信谋反，高祖设计把韩信捉到洛阳，并杀害。⑤ 黥(qíng)布：姓英名布，曾因犯法黥面，故称黥布。⑥ 反逆：反叛逆乱。

贞观九年，太宗谓公卿曰："朕端拱无为，四夷咸服，岂朕一人之所致，实赖诸公之力耳！当思善始令终[①]，永固鸿业，子子孙孙，递相辅翼。使丰功厚利施于来叶[②]，令数百年后读我国史，鸿勋茂业粲然可观[③]，岂惟称隆周、炎汉及建武、永平[④]故事而已哉！"房玄龄因进曰："陛下㧑挹[⑤]之志，推功群下，致理升平，本关圣德，臣下何力之有？惟愿陛下有始有卒，则天下永赖。"太宗又曰："朕观古先拨乱之主皆年逾四十，惟汉光武年三十三。但朕年十八便举兵，年二十四定天下，年二十九升为天子，此则武胜于古也。少从戎旅，不暇读书，贞观以来，手不释卷，知风化之本，见政理之源。行之数年，天下大治而风移俗变，子孝臣忠，此又文过于古也。昔周、秦已降，戎狄内侵，今戎狄稽颡，皆为臣妾，此又怀远胜古也。此三者，朕何德以堪之？既有此功业，何得不善始慎终耶！"

【注释】

① 令：美好。② 来叶：来世。③ 粲(càn)然可观：光辉耀眼值得一看。④ 永平：东汉明帝的年号。⑤ 㧑(huī)挹(yì)：谦逊，退让。

贞观十二年，太宗谓侍臣曰："朕读书见前王善事，皆力行而不倦，其所任用公辈数人，诚以为贤。然致理比于三、五之代，犹为不逮，何也？"魏征对曰："今四夷宾服，天下无事，诚旷古所未有。然自古帝王初即位者，皆欲励精为政，比迹于尧、舜[①]；及其安乐也，则骄奢放逸，莫能终其善。人臣初见任用者，皆欲匡主济时，追纵于稷、契[②]；及其富贵也，则思苟全官爵，莫能尽其忠节。若使君臣常无懈怠，各保其终，则天下无忧不理，自可超迈前古也。"太宗曰："诚如卿言。"

【注释】

① 比迹于尧、舜：事迹可与尧、舜并列。② 追纵于稷、契：赶上稷、契的功绩。

贞观十三年，魏征恐太宗不能克终俭约[①]，近岁颇好奢纵，上疏谏曰：

臣观自古帝王受图定鼎[②]，皆欲传之万代，贻厥孙谋。故其垂拱岩廊，布政天下。其语道也，必先淳朴而抑浮华；其论人也，必贵忠良而鄙邪佞；言制度也，则绝奢靡而崇俭约；谈物产也，则重谷帛而贱珍奇。然受命之初，皆遵之以成治；稍安之后，多反之而败俗。其故何哉？岂不以居万乘之尊，有四海之富，出言而莫己逆，所为而人必从，公道溺于私情，礼节亏于嗜欲故也？语曰："非知之难，行之惟难；非行之难，终之斯难。"所言信矣。

伏惟陛下年甫弱冠[③]，大拯横流[④]，削平区宇，肇开[⑤]帝业。贞观之初，时方克壮，抑损嗜欲，躬行节俭，内外康宁，遂臻至治。论功则汤、武不足方，语德则尧、舜未为远。臣自擢居左右，十有余年，每侍帷幄，屡奉明旨。常许仁义之道，守之而不失；俭约之志，终始而不渝。一言兴邦，斯之谓也。德音在耳，敢忘之乎？而顷年已来，稍乖曩志，敦朴之理，渐不克终。谨以所闻，列之如左：

陛下贞观之初，无为无欲，清静之化，远被遐荒。考之于今，其风渐坠，听言则远超于上圣，论事则未逾于中主[⑥]。何以言之？汉文、晋武俱非上哲，汉文辞千里之马，晋武焚雉头之裘[⑦]。今则求骏马于万里，市珍奇于域外，取怪于道路，见轻于戎狄，此其渐不克终，一也。

【注释】

① 克终俭约：能最终保持勤俭节约。② 定鼎：古人视九鼎为国家的重要礼器，置放于王都宗庙里，故一般称都为定鼎，也引申为建立王朝。③ 年甫弱冠：二十岁左右。④ 横流：洪水泛滥，此指混乱的世道。⑤ 肇(zhào)开：创建，初始。⑥ 中主：中等的、一般的君主。⑦ 汉文辞千里之马：汉文帝时，有献千里马者，文帝命退还，并给进贡者回家路费。晋武焚雉头之裘：晋武帝时，太医司马程据献雉头裘，晋武帝认为奇技异服为典礼所禁止，故将裘衣焚毁于殿前。

昔子贡问理人[①]于孔子，孔子曰："懔乎，若朽索之驭六马。"子贡曰："何其畏哉？"子曰："不以道导之，则吾仇也，若何其无畏[②]？"故《书》曰："民惟邦本，本固邦宁。"为人上者，奈何不敬？陛下贞观之始，视人如伤[③]，恤其勤劳，爱民犹子，每存简约，无所营为。顷年已来，意在奢纵，忽忘卑俭，轻用人力，乃云："百姓无事则骄逸，劳役则易使。"自古以来，未有由百姓逸乐而致倾败者也，何有逆畏其骄逸而故欲劳役者哉？恐非兴邦之至言，岂安人之长算？此其渐不克终，二也。

【注释】

① 子贡：孔子弟子。理人：治理百姓。② "不以"句：不用仁义引导百姓，百姓就会仇视我，怎么能不担心呢？语出《孔子家语·致思》。③ 视人如伤：对待人民就像他们生了病一样，唯恐惊扰他们。

陛下贞观之初，损己以利物，至于今日，纵欲以劳人，卑俭之迹岁改[①]，骄侈之情日异。虽忧人之言不绝于口，而乐身之事实切于心。或时欲有所营，虑人致谏，乃云："若不为此，不便我身。"人臣之情，何可复争？此直意[②]在杜谏者之口，岂曰择善而行者乎？此其渐不克终，三也。

【注释】

① 岁改：一年年地改变。② 直：仅仅，只是。

立身成败,在于所染[①],兰芷鲍鱼[②],与之俱化,慎乎所习,不可不思。陛下贞观之初,砥砺[③]名节,不私于物,惟善是与[④],亲爱君子,疏斥小人。今则不然,轻亵小人,礼重君子。重君子也,敬而远之;轻小人也,狎而近之。近之则不见其非,远之则莫知其是。莫知其是,则不间而自疏;不见其非,则有时而自昵。昵近[⑤]小人,非致理之道;疏远君子,岂兴邦之义?此其渐不克终,四也。

【注释】

① 在于所染:在于所接触的东西。指所处的环境。② 兰:兰草;芷(zhǐ),白芷。以香草比喻好人或美德。鲍鱼,盐渍的鱼,气味腥臭。比喻坏人或恶行。③ 砥砺:磨练。④ 与:交好,亲近。⑤ 昵近:亲热地接近。

《书》曰:"不作无益害有益,功乃成;不贵异物贱用物[①],人乃足。犬马非其土性不畜,珍禽奇兽弗育于国。"陛下贞观之初,动遵尧、舜,捐金抵璧[②],反朴还淳。顷年以来,好尚奇异,难得之货,无远不臻,珍玩之作,无时能止。上好奢靡而望下敦朴,未之有也。末作滋兴[③],而求丰实,其不可得亦已明矣。此其渐不克终,五也。

【注释】

① 用物:日常用品,一般的物品。② 抵:丢弃。③ 末作:古代指商业、手工业等行业。

贞观之初,求贤如渴,善人所举,信而任之,取其所长,恒恐不及。近岁已来,由心好恶,或众善举而用之,或一人毁而弃之,或积年任而用之,或一朝疑而远之。夫行有素履[①],事有成迹,所毁之人,未必可信于所举,积年之行,不应顿失于一朝。君子之怀,蹈仁义而弘大德;小人之性,好谗佞以为身谋。陛下不审察其根源,而轻为之臧否,是使守道者日疏,干求者[②]日进。所以人思苟免,莫能尽力。此其渐不克终,六也。

【注释】

① 素履：平日的言行事迹。② 干求者：营求官职地位的人。

陛下初登大位，高居深视，事惟清静，心无嗜欲，内除毕弋[1]之物，外绝畋猎之源。数载之后，不能固志，虽无十旬之逸[2]，或过三驱之礼。遂使盘游之娱，见讥于百姓，鹰犬之贡，远及于四夷。或时教习之处，道路遥远，侵晨[3]而出，入夜方还。以驰骋为欢，莫虑不虞之变，事之不测，其可救乎？此其渐不克终，七也。

【注释】

① 毕弋（yì）：毕，狩猎用的长柄网。弋，用线绳系在箭上而射。② 十旬之逸：长时间的游乐。③ 侵晨：凌晨。

孔子曰："君使臣以礼，臣事君以忠。"然则君之待臣，义不可薄。陛下初践大位，敬以接下，君恩下流，臣情上达，咸思竭力，心无所隐。顷年已来，多所忽略。或外官[1]充使，奏事入朝，思睹阙庭[2]，将陈所见，欲言则颜色不接，欲请又恩礼不加，间因所短，诘其细过，虽有聪辩之略，莫能申其忠款[3]。而望上下同心，君臣交泰[4]，不亦难乎？此其渐不克终，八也。

【注释】

① 外官：相对于京官的地方官。② 思睹阙庭：想见天子。③ 款：真诚，恳切。④ 交泰：时运亨通，此指融洽、协调。

"傲不可长，欲不可纵，乐不可极，志不可满。"四者，前王所以致福，通贤[1]以为深诫。陛下贞观之初，孜孜不怠，屈己从人，恒若不足。顷年已来，微有矜放[2]，恃功业之大，意蔑[3]前王，负圣智之明，心轻当代，此傲之长也。欲有所为，皆取遂意，纵或抑情从谏，终是不能忘怀，此欲之纵也。志在嬉游，情无厌倦，虽未全妨政事，不复专心治道，此乐之将极也。率土乂安，四夷款服，仍远劳士马，问罪遐裔[4]，此志将满也。亲狎者阿旨而不肯言，疏远者畏威而莫敢谏，积而不已，将亏圣德。此其渐不克终，九也。

【注释】

① 通贤：通晓古今事理的贤人。② 矜放：骄矜放纵。③ 意蔑：心中蔑视。④ 遐裔：边远之地的外族。

昔陶唐、成汤之时，非无灾患，而称其圣德者，以其有始有终，无为无欲，遇灾则极其忧勤，时安则不骄不逸故也。贞观之初，频年霜旱，畿内户口并就关外，携负老幼，来往数年，曾无一户逃亡、一人怨苦，此诚由识陛下矜育[①]之怀，所以至死无携贰[②]。顷年已来，疲于徭役，关中之人，劳弊尤甚。杂匠之徒，下日[③]悉留和雇；正兵之辈，上番[④]多别驱使。和市[⑤]之物不绝于乡闾，递送之夫相继于道路。既有所弊，易为惊扰，脱因[⑥]水旱，谷麦不收，恐百姓之心，不能如前日之宁帖[⑦]。此其渐不克终，十也。

臣闻"祸福无门，唯人所召"；"人无衅焉，妖不妄作"。伏惟陛下统天御寓十有三年，道洽寰中[⑧]，威加海外，年谷丰稔，礼教聿兴，比屋喻于可封[⑨]，菽粟同于水火[⑩]。暨乎今岁，天灾流行。炎气致旱，乃远被于郡国；凶丑作孽，忽近起于毂下[⑪]。夫天何言哉？垂象示诫[⑫]，斯诚陛下惊惧之辰，忧勤之日也。若见诫而惧，择善而从，同周文之小心，追殷汤之罪己。前王所以致理者，勤而行之；今时所以败德者，思而改之。与物更新，易人视听[⑬]，则宝祚无疆，普天幸甚，何祸败之有乎？然则社稷安危，国家治乱，在于一人而已。当今太平之基，既崇极天之峻；九仞之积，犹亏一篑之功[⑭]。千载休期[⑮]，时难再得，明主可为而不为，微臣所以郁结而长叹者也。

【注释】

① 矜育：怜悯抚育。② 携贰：怀有二心。③ 下日：服役结束之日。④ 上番：调到京都服役。⑤ 和市：唐代以购买为名掠夺民财的一种变相赋税。⑥ 脱因：或许由于。⑦ 宁帖：平安稳定。⑧ 道洽寰（huán）中：道义遍布天下。⑨ 聿（yù）：语助词，无义。比屋：家家户户。喻：愉快。可封：可以旌表。⑩ 菽粟同于水火：菽粟同水火一样普遍。比喻天下太平，人民富足。⑪ 毂（gǔ）下：京城。⑫ 垂象示诫：上天显示征兆，提出警告。⑬ 与物更新：与万民一道除旧布新，开创新局面。易人视听：改变人们的看法和说法。⑭ "九仞（rèn）之积"句：指半途而止，则前

功尽弃。⑮ 休期：好时期。

臣诚愚鄙，不达事机，略举所见十条，辄以上闻圣听。伏愿陛下采臣狂瞽之言，参以刍荛之议，冀千虑一得，衮职有补[1]，则死日生年，甘从斧钺。

疏奏，太宗谓征曰："人臣事主，顺旨甚易，忤情尤难。公作朕耳目股肱，常论思献纳。朕今闻过能改，庶几克终善事。若违此言，更何颜与公相见？复欲何方以理天下？自得公疏，反覆研寻[2]，深觉词强理直，遂列为屏障，朝夕瞻仰。又录付史司[3]，冀千载之下识君臣之义。"乃赐征黄金十斤，厩马二匹。

【注释】

① 衮(gǔn)职有补：对君王的缺失有所补益。衮职，天子。② 研寻：研究探讨。③ 史司：史官。

【导读】

这是魏征的《十渐不克终疏》，洋洋千言，历述了太宗多方面善始但未能坚持的过失，全面总结了帝王克终要注意的十个方面的问题：不守清静，寻宝求珍；轻使民力，不守俭约；劳役人民，营迁宫室；近贤远佞而实不至；寻宝求异，喜好奢靡；常信谗言，不任贤能；游猎玩乐，不加自制；使臣以礼，多所忽略；骄志渐长，不能克终；徭役日重，困扰百姓。"祸福无门，唯人自召"，魏征劝谏太宗要自我反省，要善始善终，实因国家治乱，系于一人之故。太宗接受了魏征之谏并给予奖赏。

贞观十四年，太宗谓侍臣曰："平定天下，朕虽有其事，若守之失图[1]，功业亦复难保。秦始皇初亦平六国，据有四海，及末年不能善守，实可为诫。公等宜念公忘私，则荣名高位，可以克终其美。"魏征对曰："臣闻之，战胜易，守胜难。陛下深思远虑，安不忘危，功业既彰，德教复洽，恒以此为政，宗社无由倾败矣。"

贞观十六年，太宗问魏征曰："观近古帝王，有传位十代者，有一代两代者，亦有身得身失者。朕所以常怀忧惧，或恐抚养生民②不得其所，或恐心生骄逸，喜怒过度。然不自知，卿可为朕言之，当以为楷则。”征对曰：“嗜欲喜怒之情，贤愚皆同。贤者能节之，不使过度，愚者纵之，多至失所。陛下圣德玄远，居安思危，伏愿陛下常能自制，以保克终之美，则万代永赖。”

【注释】

① 失图：政策失误。② 生民：人民，百姓。

【导读】

吴兢将《论慎终》作为《贞观政要》全书的最后一篇是有其用意的，一方面象征全书的终结，一方面也表明“慎终”对经世济国的重要性。老子曰：“慎终如始，则无败事。”“慎终”谓从一而终，持守善道，此一美德无论对个人修养还是国家治理都具有重要作用。“一日得失看黄昏，一生成败看晚节。”一个人做到善始并不难，但由于人性的弱点，分析、认识能力的减退能保有善终则为艰难。唐太宗晚年亦逐渐出现骄奢、好功、不纳臣谏等倾向，所以魏征进《十渐不克终疏》以谏诤太宗保存晚节、善始慎终。将此篇置于最后，也在于引起后世帝王的警戒，并给予唐太宗一个客观的评价。

《历代名著精选集》书目

黄帝内经	周易
诗经	周礼
左传	国语
论语	孟子
老子	庄子
管子	晏子春秋
商君书	墨子
荀子	韩非子
六韬·三略·阴符经	鬼谷子·本经阴符七术
孙子兵法	孙膑兵法
山海经	列子
吕氏春秋	战国策
楚辞	吴越春秋
新语	新书
礼记	孝经
淮南子	史记
汉书	东观汉记
后汉书	三国志
博物志	西京杂记
搜神记	华阳国志

水经注
洛阳伽蓝记
世说新语
颜氏家训
抱朴子
高僧传
文心雕龙
诗品·二十四诗品
金刚经
六祖坛经
贞观政要
史通
大唐西域记
茶经
唐宋传奇
唐语林
唐诗三百首
宋词三百首
资治通鉴
梦溪笔谈
朱子语类
近思录
东京梦华录
武林旧事
容斋随笔
元朝秘史
元曲三百首
本草纲目
阳明传习录
日知录
徐霞客游记
五杂俎
陶庵梦忆
闲情偶寄
东华录
阅微草堂笔记
扬州画舫录
曾国藩家书
人间词话